T0380538

Gamification Design

SN Flashcards Microlearning

Schnelles und effizientes Lernen mit digitalen Karteikarten – für Arbeit oder Studium!

Diese Möglichkeiten bieten Ihnen die SN Flashcards:

- Jederzeit und überall auf Ihrem Smartphone, Tablet oder Computer **lernen**
- Den Inhalt des Buches lernen und Ihr Wissen **testen**
- Sich durch verschiedene, mit multimedialen Komponenten angereicherte Fragetypen **motivieren lassen** und zwischen drei Lernalgorithmen (Langzeitgedächtnis-, Kurzzeitgedächtnis- oder Prüfungs-Modus) wählen
- Ihre eigenen Fragen-Sets **erstellen**, um Ihre Lernerfahrung zu **personalisieren**

So greifen Sie auf Ihre SN Flashcards zu:

1. Gehen Sie auf die **1. Seite des 1. Kapitels** dieses Buches und folgen Sie den Anweisungen in der Box, um sich für einen SN Flashcards-Account anzumelden und auf die Flashcards-Inhalte für dieses Buch zuzugreifen.
2. Laden Sie die SN Flashcards Mobile App aus dem Apple App Store oder Google Play Store herunter, öffnen Sie die App und folgen Sie den Anweisungen in der App.
3. Wählen Sie in der mobilen App oder der Web-App die Lernkarten für dieses Buch aus und beginnen Sie zu lernen!

Sollten Sie Schwierigkeiten haben, auf die SN Flashcards zuzugreifen, schreiben Sie bitte eine E-Mail an **customerservice@springernature.com** und geben Sie in der Betreffzeile „**SN Flashcards**" und den Buchtitel an.

Stefan Wagenpfeil

Gamification Design

Wie spielerische Elemente die Nutzung
von Geschäftsanwendungen beflügeln

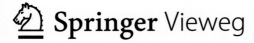

Stefan Wagenpfeil
Wirtschaftsinformatik, PFH Göttingen
Lüdenscheid, Deutschland

ISBN 978-3-662-69841-9   ISBN 978-3-662-69842-6   (eBook)
https://doi.org/10.1007/978-3-662-69842-6

Die Deutsche Nationalbibliothek verzeichnet diese Publikation in der Deutschen Nationalbibliografie; detaillierte bibliografische Daten sind im Internet über https://portal.dnb.de abrufbar.

Planung/Lektorat: Leonardo Milla
Springer Vieweg ist ein Imprint der eingetragenen Gesellschaft Springer-Verlag GmbH, DE und ist ein Teil von Springer Nature.
Die Anschrift der Gesellschaft ist: Heidelberger Platz 3, 14197 Berlin, Germany

Wenn Sie dieses Produkt entsorgen, geben Sie das Papier bitte zum Recycling.

Für Mina und Ella!

Geleitwort

Willkommen in der faszinierenden Welt der Gamification, einem Universum, in dem Spiel und Arbeit nicht mehr getrennt, sondern eng miteinander verflochten sind. Dieses Buch führt Sie auf eine Entdeckungsreise durch die transformative Kraft der Spielmechaniken in nichtspielerischen Kontexten. Gamification ist längst kein bloßer Trend mehr, sondern eine tiefgreifende Bewegung, die darauf abzielt, Motivation, Engagement und Interaktion in verschiedensten Bereichen wie Bildung, Gesundheit, Unternehmen und darüber hinaus zu steigern. Gamification spielt eine wichtige Rolle für Geschäftsanwendungen jeglicher Art und hilft uns, das Nutzererlebnis durch spielerische Elemente deutlich zu verbessern.

In unserer heutigen Gesellschaft, in der Aufmerksamkeit eine hart umkämpfte Währung ist, bietet Gamification innovative Lösungen, um Menschen nicht nur zu erreichen, sondern sie aktiv einzubinden und zu inspirieren. Durch die Anwendung von Techniken, die aus der Welt der Spiele entlehnt sind, transformieren Organisationen und Einzelpersonen die Art und Weise, wie Ziele erreicht, Lernprozesse gestaltet und Kundenbeziehungen gepflegt werden.

Dieses Buch wird Sie nicht nur in die theoretischen Grundlagen von Gamification einführen, sondern auch praktische Einblicke und Fallstudien vorstellen, die die umfassenden Möglichkeiten dieser Methodik verdeutlichen. Von der Steigerung der Mitarbeiterproduktivität über die Förderung gesundheitlicher Prävention bis hin zur Neugestaltung pädagogischer Strategien – die Anwendungsgebiete sind so vielfältig wie die Spiele selbst.

In diesem Buch werden wir das Spielerische ernst nehmen und lernen, wie das spielerische Design unser alltägliches Leben und jede Art von Anwendung bereichern kann. Ob Sie Student, Unternehmer, Lehrender, Anwendungsdesigner, Projektleiter, Produktentwickler oder einfach nur jemand sind, der nach neuen Wegen sucht, um das menschliche Engagement zu fördern, dieses Buch wird Ihnen die Werkzeuge und das Wissen an die Hand geben, um durch die Welt der Gamification zu navigieren.

Tauchen Sie ein in die Welt, in der jedes Problem ein Spiel ist, das darauf wartet, gespielt zu werden.

Vorwort

Über dieses Buch

Diese Buch kann als Grundlage für Universitäts- oder Hochschulvorlesungen im Bereich Informatik, Wirtschaftsinformatik, Betriebswirtschaft oder User-Experience/User-Interface-Design verwendet werden. Zusätzlich zum Buch kann ein Foliensatz beim Verlag angefordert werden, der neben sämtlichen Abbildungen und Grafiken auch fertig vorbereitete didaktische Unterrichtseinheiten zu den einzelnen Abschnitten enthält.

Insgesamt folgt das Buch daher auch einem nutzbaren didaktischen Konzept, sodass Sie als Leser einerseits einen logischen Aufbau vorfinden, andererseits aber auch didaktische Elemente zur Selbstkontrolle und zum Vertiefen der Inhalte vorfinden. Diese sehen bspw. wie folgt aus:

> Die Kernpunkte eines Abschnitts werden in einem in einem farblich abgesetzten Block herausgestellt.

Am Ende jedes Kapitels finden Sie eine Reihe von Selbsttestaufgaben, mit denen Sie Ihren Kenntnisfortschritt überprüfen können. Im Anhang des Buches sind dann die zugehörigen Lösungen abgedruckt.

Aus Gründen der besseren Lesbarkeit wird in diesem Buch überwiegend das generische Maskulinum verwendet. Dies impliziert immer beide Formen, schließt also die weibliche Form mit ein.

Als Käufer dieses Buches können Sie kostenlos unsere Flashcard-App „SN Flashcards" mit Fragen zur Wissensüberprüfung und zum Lernen von Buchinhalten nutzen. Für die Nutzung folgen Sie bitte den folgenden Anweisungen:

1. Gehen Sie auf https://flashcards.springernature.com/login
2. Erstellen Sie ein Benutzerkonto, indem Sie Ihre Mailadresse angeben und ein Passwort vergeben.
3. Verwenden Sie den folgenden Link, um Zugang zu Ihrem SN Flashcards Set zu erhalten: https://sn.pub/556cxz

Sollte der Link fehlen oder nicht funktionieren, senden Sie uns bitte eine E-Mail mit dem Betreff „SN Flashcards" und dem Buchtitel an customerservice@springernature.com.

Stefan Wagenpfeil

Inhaltsverzeichnis

Abbildungsverzeichnis

Spielen und Spieltheorie

Mit der kostenlosen Flashcard-App „SN Flashcards" können Sie Ihr Wissen anhand von Fragen überprüfen und Themen vertiefen. Für die Nutzung folgen Sie bitte den folgenden Anweisungen:

1. Gehen Sie auf https://flashcards.springernature.com/login
2. Erstellen Sie ein Benutzerkonto, indem Sie Ihre Mailadresse angeben und ein Passwort vergeben.
3. Verwenden Sie den folgenden Link, um Zugang zu Ihrem SN Flashcards Set zu erhalten: https://sn.pub/556cxz

Sollte der Link fehlen oder nicht funktionieren, senden Sie uns bitte eine E-Mail mit dem Betreff „SN Flashcards" und dem Buchtitel an customerservice@springernature.com.

Das Spielen liegt tief in der Natur des Menschen – und auch einiger anderer Lebewesen – verankert. Wir haben Spaß an Spielen, wir lernen durch das Spielen, wir entwickeln Strategien, wir verbringen gerne unsere Zeit damit. Im Zeitalter der Digitalisierung wurde das Spielen auch zunehmend in die digitale Welt, auf unsere Computer verlagert. Alleine in Deutschland gibt es ca. 40 Mio. Nutzer, die regelmäßig Spiele am Computer spielen [1] und pro Jahr für knapp 3 Mrd. EUR Umsatz sorgen. Spielen ist also nicht nur ein gesellschaftliches, sondern auch ein hochgradig kommerzielles Phänomen. Verschiedene Studien haben bewiesen, dass ein

S. Wagenpfeil, *Gamification Design*, https://doi.org/10.1007/978-3-662-69842-6_1

spielerischer Zugang zu mehr Motivation, Identifikation, Effizienz und auch zu besseren Resultaten führen kann. Und zwar egal, in welchem Bereich. Sobald man es schafft, den Spieltrieb mit in die geplanten Aufgaben zu integrieren, gehen die Dinge einfacher, besser, positiver von der Hand.

Und so ist es auch nicht verwunderlich, dass seit einigen Jahren konkret daran gearbeitet wird, spielerische Elemente in diverse Softwareprodukte zu integrieren. Im Jahr 2002 hat Nick Pelling den Begriff *Gamification* in einem Blog-Post verwendet, in dem er vorgeschlagen hat, Anwendungen, die grundsätzlich überhaupt nichts mit Spielen zu tun haben, durch den Einsatz spielerische Elemente umzugestalten. Seiner Definition nach war Gamification *„Applying game-like accelerated user interface design to make electronic transactions both enjoyable and fast"* [2]. Offenbar war Pelling allerdings seiner Zeit voraus, denn in den folgenden knapp zehn Jahren passierte in diesem Umfeld exakt nichts.

Erst 2011 wurde der Begriff einer breiten Masse bekannt und von Sebastian Deterding als *„the use of game design elements in non-game contexts"* definiert [3] sowie von Kevin Werbach 2014 *„the process of making activities more game-like"* [4]. Eine neuere Definition aus dem Jahr 2023 von Andrej Marczewski lautet *„the process of making something a game or game-like"* [5].

All diese Definitionen zeigen mehr oder weniger in dieselbe Richtung: Spielerische Elemente, die ursprünglich nur in Computerspielen vorkommen, sollen für die Entwicklung normaler (Business-)Anwendungen eingesetzt werden, um Nutzer zu motivieren, bessere (Arbeits-)Ergebnisse zu erzielen und Spaß beim Einsatz der Anwendung zu vermitteln. Mittlerweile ist der Bereich Gamification eine anerkannte Disziplin der Informatik und des Anwendungsdesigns geworden und hält mehr und mehr Einzug in nahezu jede Art von Anwendung.

> Gamification nutzt spielerische Elemente, um Nutzer jeder Art von Anwendung zu motivieren.

In diesem einleitenden Kapitel werden wir uns zunächst mit den wichtigsten Begriffen und Definitionen beschäftigen (siehe Abschn. 1.1), um anschließend in Abschn. 1.2 die grundlegende Mechanik von Spielen kennenzulernen. In diesem Zusammenhang spielen insbesondere die Begriffe Spaß (Abschn. 1.4) und Ethik (Abschn. 1.5) eine wichtige Rolle, um das Spiel auch im passenden Kontext wahrzunehmen. In Abschn. 1.6 wird dann das Game Based Solution Design eingeführt, in dem wichtige Begriffe, wie bspw. Serious Gaming oder auch Gamification erklärt und voneinander abgegrenzt werden.

1.1 Begriffe und Definitionen

Damit wir uns dem Bereich Gamification auf sicherem Terrain nähern können, werden in diesem Abschnitt zunächst eine Reihe von Begriffen, Definitionen und Konzepten erläutert, die dann als Grundlage dienen, um Gamification oder gamifizierte Anwendungen zu analysieren oder zu spezifizieren.

1.1.1 Spielen

Beginnen wir beim Fundament. Das Spielen ist die ursprüngliche Motivation der Gamification. Der Duden definiert Spielen als *„sich zum Vergnügen, Zeitvertreib und allein aus Freude an der Sache selbst auf irgendeine Weise betätigen, mit etwas beschäftigen"* [6]. Es geht also im Kern darum, Vergnügen zu empfinden, nicht auf Produktivität zu achten, sondern an dem, was man gerade tut, Freude zu empfinden. Dem angelehnt ist auch die Definition des Wortes spielerisch für unsere Zwecke sehr hilfreich: *„von Freude am Spielen zeugend, absichtslos-gelockert, ohne rechten Ernst, nicht ernsthaft"* [7].

Wir halten also fest, dass es um Vergnügen und Freude geht (siehe Abb. 1.1). Dass im Mittelpunkt keine ernsthafte Absicht steht und es durchaus auch ohne den rechten Ernst zugehen darf. Sehr schön!

Dies bedeutet allerdings nicht, dass es nicht auch bereits beim ziellosen Spielen gewisse Regeln gibt. Nur sind diese für den Spielenden nicht so wichtig, es geht tatsächlich um das Spielen des Spielens Willen.

Abb. 1.1 Spielen ist Spaß und zielloser Zeitvertreib. (Bildquelle: [8])

1.1.2   Das Spiel

Als Spiel wird gemeinhin eine freiwillige Aktivität verstanden, die Spaß und Freude bringt. Jedem Spiel sind gewisse Regeln und eine gewisse Handlung zueigen. Selbst wenn Sie alleine für sich etwas spielen, als Kind über die Wiese toben und einen Drachen steigen lassen, gibt es die implizite Regel, dass es schöner ist, wenn der Drachen fliegt und nicht hinter Ihnen hergeschleift wird. Im Spiel mit anderen werden Regeln und die Handlung des Spiels umso wichtiger. Fußball funktioniert nur, weil zufälligerweise 22 Menschen (plus ein Schiedsrichter) sich darauf geeinigt haben, wie das Spiel funktioniert. Auch der Schiedsrichter nimmt bei Spielen eine wichtige Rolle ein, denn jedes Spiel verleitet mehr oder weniger unmittelbar dazu, Regeln zu verletzen. Dies kann bewusst durch Schummeln oder unbewusst, z. B. durch ein Foul, weil man zu langsam war und den Fuß des Gegners statt den Ball getroffen hat, passieren [9].

Spiele müssen nicht zwangsläufig ein festgelegtes Ziel haben. Sie existieren innerhalb der gesetzten Regeln alleine durch die Vorstellungskraft der beteiligten Spieler. Bei vielen Spielen geht es darum, Dinge zu entdecken oder die Grenzen einer Struktur zu erkunden. Für Kinder sind Spiele essenziell, weil sie sie mit ihrer Umgebung und sich selbst vertraut machen. Denken Sie auch daran, dass Kinder nicht spielen, nur weil sie es können, sondern weil sie Spaß daran finden und neue Erfahrungen suchen [10].

1.1.3   Spielzeug

Viele Spiele kommen ohne sie aus, allerdings sind Spielzeuge ein interessantes Konzept. Sie sind Objekte oder deren Repräsentation, die ihre ganz eigenen Regeln haben und auch ohne äußere Rahmenbedingungen funktionieren. Spielzeuge haben meist kein direkt zugeordnetes Ziel, sie sind häufig Mittel zum Zweck. Der Spielzeugbagger kann in einer Reihe von Spielen und zu deren Zielverfolgung eingesetzt werden – muss es aber nicht. Für sich alleine gesehen hat er gewisse Regeln (z. B. die Bedienung und das, was Sie damit ausbaggern können), aber kein übergeordnetes Ziel. Chris Crawford definiert ein Spielzeug bspw. als *„if no goals are associated with a plaything, it's a toy"* [11]. Hier kommt bereits die Fantasie des Spielers mit dazu. Kinder (und glücklicherweise auch noch manche Erwachsene) können in einem simplen Stock einen Zauberstab, ein Schwert, eine Flöte, ein Reitpferd, und vieles mehr sehen. Häufig werden Spielzeuge in bestimmten Umgebungen genutzt, die ihren physikalischen Rahmenbedingungen einen sicheren Raum geben (siehe Abb. 1.2). Ein mit Luft gefüllter Strandwasserball würde sich in einer Umgebung mit Kakteen wahrscheinlich nicht gut zum Spielen eignen. Seine physikalischen Rahmenbedingungen funktionieren am besten im Wasser. Den kleinen Spielzeugbagger befüllen Sie ebenfalls am besten mit weichem Sand, anstatt zu versuchen, ihn mit groben, schweren Gesteinsbrocken zu beladen. Das berühmte „Verstecken"-Spiel funktioniert am besten in Umgebungen, in denen es auch Verstecke gibt usw. Spielsachen lassen sich also in bestimmten Umgebungen besser nutzen als in anderen. Manch-

Abb. 1.2 Spielzeuge haben individuelle Rahmenbedingungen und können Teil eines Spiels sein oder für sich alleine stehen. (Bildquelle: [8])

mal entsteht aus dem ziellosen Spielen mit oder ohne Spielzeug eine Struktur – es ergeben sich erste Regeln, die dann zu einem einfachen Spiel werden. Aus diesen Regeln können Wettkämpfe werden.

1.1.4 Das Spielfeld

Wenn Sie Ihre Spielzeuge nur in einem bestimmten Rahmen einsetzen können, so lässt sich dieser Rahmen formalisiert als Spielfeld bezeichnen. Nur hier können Ihre Spielzeuge sinnvoll eingesetzt werden, nur hier machen die aufgestellten Regeln Sinn, nur hier kann das Spiel funktionieren. Dem kindlichen Sandkasten entsprechend hat sich auch in der modernen Sprache für solche geschützten und dem Spiel zuträglichen Räume der Begriff *Sandbox* eingebürgert. In einer Sandbox kann nicht viel kaputt gehen, es gelten gewisse Regeln und Rahmenbedingungen, es darf und soll gespielt werden (siehe Abb. 1.3). Es ist nämlich ziemlich unwahrscheinlich, dass der Wasserball aus dem vorherigen Beispiel in der Sandbox namens Swimmingpool Schaden nimmt.

1.1.5 Wettkampf

Es gibt drei grundlegende Unterschiede zwischen einem Spiel und einem Wettkampf: Ziele, Regeln, Herausforderungen. Wettkämpfe haben konkrete Ziele, die erreicht

Abb. 1.3 Eine Sandbox ist ein geschützter Raum, in dem die Regeln des Spiels gelten und nichts „kaputt" gehen kann. (Bildquelle: [8])

werden können oder müssen (siehe Abb. 1.4). Diese müssen allerdings im Rahmen einiger definierter und unter den Spielern vereinbarter Regeln erreicht werden. Um diese zu erreichen, wird bei einem Wettkampf nicht der einfache, direkte Weg vom Start zum Ziel gewählt, es gibt stattdessen Herausforderungen, die den Spieler daran hindern, bzw. es schwierig machen sollen, das Ziel zu erreichen [9, 10].

Eine der wichtigsten Herausforderungen im Wettkampf ist der Gegner. Sie können sich das vorstellen wie ein Fußballspiel ohne gegnerische Mannschaft. Dann können Sie immer den direkten Weg vom Anstoß bis ins (leere) gegnerische Tor wählen. Der Spaß bleibt auf der Strecke. Erst die Herausforderung, ein Gegner der seinerseits versucht, den Ball ins Tor zu bekommen, macht einen Wettkamp interessant. Am Ende des Wettkampfs steht auch ein Ergebnis fest, was eine zusätzliche Motivation darstellt. Man möchte der Gewinner sein, man möchte den Pokal gewinnen, man möchte besser sein als der andere. Dies ist wahrscheinlich tief in der Evolutionsgeschichte verankert, führt aber auch heute noch zu großer Motivation. Diese Motivation bringt uns auch dazu, zu trainieren, sich auf Wettkämpfe vorzubereiten und uns durch anstrengende Übungsprozesse zu quälen (siehe Abb. 1.5).

1.1.6   Regeln

In Spielen und gerade auch in Wettkämpfen gibt es Regeln. Unabhängig davon, wie diese ausgeprägt sind, was sie bedeuten, welche Möglichkeiten sie eröffnen, lassen sich Regeln in drei Kategorien einteilen [12].

Abb. 1.4 Beim Wettkampf gibt es Regeln, Herausforderungen und Gewinner. (Bildquelle: [8])

Abb. 1.5 Wettkämpfe regen den Wunsch an, zu trainieren. (Bildquelle: [8])

Die erste Kategorie umfasst die **inhärenten Regeln.** Dies sind Regeln, die das Spiel oder Spielzeuge sozusagen von innen beeinflussen, also nicht durch äußere Einflüsse entstehen. Ein Ball beispielsweise hat eine ganze Reihe solch inhärenter Regeln: er wird durch die Schwerkraft beeinflusst, hat ein Gewicht, einen Umfang, einen Luftwiderstand usw. Diese Dinge sind dem Ball inhärent gegeben. Sie können Regeln aufstellen, wie Sie wollen, das wird sich auch nicht ändern.

Die zweite Kategorie sind die sog. **Systemregeln.** Diese werden vom Spieldesigner aufgestellt, um dem Spiel Rahmenbedingungen oder Herausforderungen zu geben. Hierzu gehört bspw. im Volleyball die Regel, dass der Ball von einer Mannschaft maximal dreimal berührt werden darf. Dem Ball wäre eine vierte Berührung sicherlich egal, auch aus physikalischen Gründen spricht nichts dagegen – auf Basis der Systemregeln des Spiels wäre dies jedoch ein klarer Verstoß und die generische Mannschaft bekäme den Punkt. Beim Festlegen solcher Systemregeln kann der Spieldesigner beliebige Hindernisse mit einbauen. Es obliegt dann dem Spiel, dem Schiedsrichter oder dem fairen Wettbewerb, diese Regeln einzuhalten.

Als dritte Kategorie können sogenannte **Metaregeln** angeführt werden. Diese geben an, wie sich ein Spiel im Lauf der Zeit entwickelt. Anders als Systemregeln werden Metaregeln nicht festgeschrieben, es kann auch nicht gegen sie verstoßen werden. Aber die Erfahrung beim Spielen zeigt, wie sich Spielende in bestimmten Spielsituationen am besten verhalten, um dem Ziel, das Spiel zu gewinnen, näher zu kommen. Im Fußball gibt es die berühmte Abseitsregel (eine Systemregel). Dass man diese allerdings nutzt, um die Verteidiger möglichst immer in einer Linie nach vorne rücken zu lassen und den Gegner somit bewusst ins Abseits stellt, ist eine Metaregel, die sich durch den Spielfluss ergeben hat. Sie merken schon, wir nähern uns hier durchaus schon einer gewissen Strategie des Spielens.

In der Tat lassen sich diese Metaregeln in vier Kernbereiche unterteilen [5]: Kommunikation, Sozialisierung, Privates und Kontext. Diese vier Bereiche werden wir nun näher beleuchten:

In kollaborativen Spielen spielt die **Kommunikation** zwischen den Spielern eine sehr wichtige Rolle. Diese kann verbal erfolgen, indem sich Spieler gegenseitig Kommandos zurufen. Sie kann aber auch nonverbal über reine Intuition erfolgen. Gut eingespielte Mannschaften kennen die Aktionen der Mannschaftskollegen oft „im Schlaf", sie antizipieren deren nächste Bewegung oder deren nächsten Spielzug. Die Körpersprache und die Emotion, in der die Kommunikation erfolgt, spielt ebenfalls eine wichtige Rolle [13].

Der Kernbereich **Sozialisierung** umfasst Elemente aus dem Verhalten, Normen und Werte sowie kulturelle Hintergründe. Erinnern Sie sich daran, wie Kinder das Spiel „Vater, Mutter, Kind" umsetzen. Sie folgen hier intuitiv den Regeln des jeweiligen Kulturraumes und verhalten sich so, wie sie es von ihren Eltern erlernt haben. Diese Art der Sozialisierung ist insbesondere bei Onlinespielen ein wichtiger Faktor. Spiele, die für einen bestimmten Kulturraum designt sind, können in einem anderen Kulturraum zu Problemen führen oder im Extremfall überhaupt nicht funktionieren. Das Normen- und Werteschema der Spieler muss also zum Spiel passen – und umgekehrt. Denken Sie nur mal an die für uns selbstverständliche Leserichtung von links oben nach rechts unten. Aus dieser Leserichtung heraus ergibt sich in vielen

Anwendungen eine logische Anordnung von Menüpunkten, Steuerungselementen oder ganzen Arbeitsabläufen. Im arabischen (von rechts nach links) oder chinesischen (von oben nach unten) sieht die Sache anders aus. Hier finden sich auch in Anwendungen die Menüpunkte an anderen, ebenfalls jeweils logischen Stellen wieder. Auch die Visualisierungen können sehr unterschiedlich sein. Stellen Sie sich die Visualisierung eines Assistenten vor. Hier könnte man in westlichen Ländern problemlos die Darstellung einer jungen Frau verwenden. In manchen Ländern müsste diese aber einen Schleier tragen, in anderen Ländern würden sich Nutzer von einer Frau gar nicht erst etwas „erklären" lassen. Traurig, aber wahr. Sie sehen, sowohl Kulturraum als auch Normen und Werte sind wichtig, wenn Sie Anwendungen konzipieren.

Der **Private** Bereich spiegelt unsere individuellen Vorlieben, Erfahrungen und Bedürfnisse. Jeder Mensch ist anders und verfügt über eine spezifische Perzeption (also die Aufnahme von Geschehnissen). Moralvorstellungen können verhindern, dass Spieler bestimmte Spiele spielen oder bestimmte Rollen innerhalb eines Spiels einnehmen. Die eigenen Vorlieben können dazu führen, dass Spieler lieber in der Verteidigung als im Angriff spielen. Auch Angst ist ein großer Motivator oder Einflussfaktor und darf beim Design von Spielen nie unterschätzt werden. Ebenso wenig wie die unglaubliche Motivation, die aus dem Überwinden von Angst entstehen kann. Spiele haben hier weitreichende psychologische Effekte, die auch im medizinischen Kontext genutzt werden.

Schließlich gibt es noch die Kategorie, in der der **Kontext** verortet ist. Spiele sind immer in einem Kontext zu betrachten, d. h. in der Umgebung und innerhalb der Rahmenbedingungen, die auf das Spiel und die Teilnehmer einwirken. Wo wird das Spiel gespielt? Kann der Ort oder die Umgebung Auswirkungen auf den Verlauf des Spiels haben? In welcher Stimmung sind die Teilnehmer? Spieler, die traurig sind, werden ggf. andere Spielergebnisse produzieren als Spieler, die glücklich sind. Wenn im Kontext des Spiels Spielzeuge verwendet werden, so können auch diese einen dramatischen Unterschied verursachen. Schon mal Tennis mit einem kaputten Schläger gespielt? Oder Online Games auf einem Rechner mit langsamem Internet?

> Das Spielen dient im Allgemeinen dem Spaß und der Freude. Spiele folgen einem bestimmten Muster und können Regeln besitzen, die in Wettkämpfen münden. Spielzeuge unterstützen das Spiel.

1.2 Die Mechanik von Spielen

Game Mechanics sind die grundlegenden **Prozesse, Regeln und Methoden,** die in Spielen verwendet werden, um unterhaltsame und herausfordernde Spielerlebnisse zu schaffen. Sie bestimmen, wie das Spiel funktioniert und wie Spieler mit dem Spiel und untereinander interagieren. Diese Mechaniken sind das Fundament der

Spielentwicklung und spielen eine zentrale Rolle bei der Gestaltung der Spielerfahrung [14].

Zu den häufig verwendeten Spielmechaniken gehören **Punktesysteme,** die als einfache und weitverbreitete Form der Belohnung dienen und den Erfolg der Spieler messen. **Fortschrittssysteme** ermöglichen es Spielern, im Verlauf des Spiels neue Fähigkeiten zu erlangen oder neue Bereiche freizuschalten, oft verbunden mit Levelaufstiegen und verbesserter Ausrüstung. **Bestenlisten** schaffen ein Wettbewerbsumfeld, indem sie Spieler nach Leistung ordnen und sie motivieren, ihre Leistungen zu verbessern.

Herausforderungen, Quests und Missionen bieten den Spielern spezifische Aufgaben mit definierten Zielen und sind zentral für das Vorantreiben der Handlung oder die Erweiterung des Spielerlebnisses. Eingebautes oder künstlich erzeugtes **Ressourcenmanagement** fordert die Spieler heraus, gesammelte Materialien wie Geld, Rohstoffe oder Energie weise einzusetzen, um ihre Ziele zu erreichen. Entscheidungen und deren Konsequenzen beeinflussen oft den weiteren Verlauf der Geschichte und machen das Spielerlebnis dynamischer und persönlicher.

Zufallselemente wie Würfelwürfe oder Kartenzüge fügen Unvorhersehbarkeit und Spannung hinzu, während das Gameplay-Tempo durch Mechaniken wie rundenbasiertes oder Echtzeit-Spiel festgelegt wird. **Multiplayer und soziale Interaktionen,** ob online oder lokal, nutzen Kooperation oder Wettbewerb, um das Spielerlebnis zu bereichern. Zudem motivieren **Achievements und Trophäen** Spieler, zusätzliche Herausforderungen zu suchen oder das Spiel auf verschiedene Arten zu erkunden.

Spielmechaniken arbeiten zusammen, um ein tiefes und ansprechendes Spielerlebnis zu schaffen, wobei die Auswahl und Kombination von den spezifischen Zielen des Spiels und der gewünschten Spielerfahrung abhängt.

Beim Design von gamifizierten Anwendungen geht es hauptsächlich darum, die eigentliche Businesslogik von Anwendungen durch motivierende Elemente anzureichern, damit die Nutzer mehr Zeit in der Anwendung verbringen oder mehr Spaß beim Bedienen der Anwendung empfinden (siehe Abb. 1.6) [15].

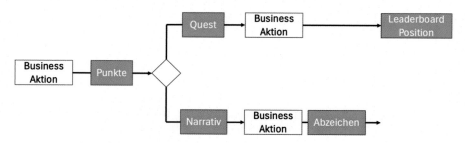

Abb. 1.6 Geschäftsprozesse werden mit Elementen des Gamification angereichert

1.3   Game Design

Während der Begriff „Design" häufig mit der reinen Visualisierung von Inhalten verbunden wird, hat er im Softwareengineering eine deutlich weiter gefasste Bedeutung. Softwaredesign umfasst nicht nur die Darstellung von Funktionen für Benutzer, sie umfasst vor allem die Planung, Konzeption, Beschreibung und Architektur der internen Mechanismen von Software. Da auch diese Zusammenhänge visualisiert werden, ist in diesem Prozess tatsächlich auch eine grafische Komponente enthalten, die sich allerdings meist auf Diagramme, Prozessbeschreibungen, Architekturschaubilder oder Ähnliches beschränkt. Im Folgenden wird der Begriff „Design" daher auch im Kontext der Softwareentwicklung verwendet.

Ein weitverbreitetes Framework zum Design von Spielen ist das MDA (Mechanics, Dynamics, Aesthetics)-Framework. Dieses entstammt ursprünglich der klassischen Welt des Gamings, hat sich aber gerade auch beim Einsatz für gamifizierte Anwendungen als hilfreich erwiesen [16].

Basierend auf dem MDA-Framework lassen sich eine Reihe von Elementen identifizieren, die einen initialen Blick auf Gamification ermöglichen (siehe auch Abb. 1.7):

- **Mechanik:** Die Regeln, die festlegen, was in der Anwendung gemacht werden kann und soll. Sie werden typischerweise von einem Anwendungs- oder Gamedesigner festgelegt.
- **Plan:** Regeln, die das „wie" und „wann" bestimmter Ereignisse festlegen.
- **Dynamik:** Wie arbeitet die Mechanik und der Nutzer in Echtzeit zusammen, welche Zustände können entstehen?
- **Feedback:** Hier wird definiert, in welcher Form das System Ergebnisse repräsentiert und den Nutzer darüber informiert.
- **Tokens:** stellvertretend für alle virtuellen Objekte, die innerhalb des Spiels Bedeutung haben können.
- **Interaktion:** wie und wo es Kontaktpunkte zwischen dem System und dem Nutzer gibt.
- **Ästhetik:** die optische Umsetzung, aber auch das Bedienen von Emotionen.

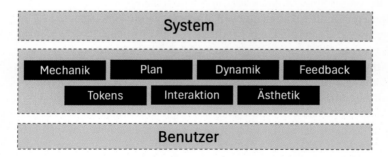

Abb. 1.7 Ein einfaches Framework zum Design von Spielen

Diese initiale Auflistung soll zunächst helfen, ein etwas griffigeres Verständnis des Umfelds zu erlangen, in dem Gamification stattfindet. Im Verlauf dieses Buches werden Sie selbstverständlich Details zu all diesen Punkten finden. Zunächst wollen wir aber noch einen Blick auf eher psychologische Aspekte beim Design von spielerisch angereicherten Anwendungen werfen.

> Game Design nutzt eine Reihe von Elementen, um die Beziehung des Nutzers zum Spiel zu intensivieren.

1.4   Spaß und Freude

Es gibt erstaunlich viele verschiedene Ansätze, mit denen man sich dem Thema „Spaß" nähern kann. Beginnen wir mal mit der naheliegendsten Definition aus dem Duden: *„Spaß ist eine ausgelassen-scherzhafte, lustige Äußerung, Handlung o. Ä., die auf Heiterkeit, Gelächter abzielt. Spaß ist die Freude oder das Vergnügen, das man an einem bestimmten Tun hat"* [17]. Aus der eigenen Erfahrung heraus wissen wir jedoch, dass Spaß auch eine sehr starke individuelle Komponente besitzt. Dinge, die dem einen Spaß machen, müssen dem anderen nicht zwingend ebenfalls gefallen. Wir können Emotionen am Handeln, den Bewegungen, der Mimik Anderer ablesen (siehe Abb. 1.8) [18].

Im vorigen Abschnitt haben wir bereits das MDA-Framework kennengelernt, in dem die Aesthetics eine wichtige Rolle spielen. Sie sind auch der Bereich, in dem wir den Umgang mit Spaß verorten können und somit auch mit den Emotionen, die ein Nutzer bei der Interaktion mit dem System empfindet. Marc LeBlanc hat hierzu acht verschiedene emotionale Reaktionen identifiziert [20]:

- **Sensation:** Spiele können die Sinne anregen, Empfindungen auslösen.
- **Fellowship:** Spiele können soziale Interaktionen fördern.
- **Fantasy:** Spiele schaffen eigene Welten, regen die Fantasie an.
- **Discovery:** Spiele sind unbekanntes Land und wollen erforscht werden.
- **Narrative:** Spiele sind Geschichten, die sich entwickeln.
- **Expression:** Spiele bieten Plattformen, um sich ausdrücken zu können.
- **Challenge:** Spiele sind Herausforderungen.
- **Submission:** Spiele dienen dem gedankenlosen Zeitvertreib.

Diese allgemeine Klassifizierung wird von Marczewski weiter verfeinert [5] und insgesamt 21 verschiedene Arten von Spaß definiert (im Folgenden fett dargestellt). Diese werden in fünf Untergruppen eingeteilt:

In der ersten Gruppe befinden sich diejenigen Formen von Spaß, die damit zu tun haben, dass der Nutzer etwas *erreichen* möchte. Hierzu zählt die **Neugier,** etwas herauszufinden und auszuprobieren, was als Nächstes geschieht. Das **Lernen,** also

Abb. 1.8 Emotionen sind überall und vielschichtig! (Bildquelle: [19])

der klassische Erwerb von Wissen und Fähigkeiten bis hin zur Meisterschaft. Auch die Fähigkeit der **Problemlösung** ist ein Element dieser Gruppe. Das Lösen von Puzzles, das Entwickeln von Strategien, das Bewältigen von **Herausforderungen,** all das sind Arten von Spaß, die damit zu tun haben, dass der Benutzer etwas erreichen möchte.

Die zweite Gruppe umfasst die Formen von Spaß, die mit *Freiheit* zu tun haben. Das **Entdecken,** also das beliebige Herumstöbern, Untersuchen und Finden von Grenzen, zählt ebenso dazu wie das eng verbundene **Herausfinden** von Dingen. Wenn dies geschieht, kann das Element der **Überraschung** ebenfalls Spaß auslösen, genauso wie die Möglichkeit, **Kreativität** auszuüben, Dinge zu erschaffen oder aufzubauen.

Der Spaß am *Sozialen Umfeld* wird in der dritten Gruppe adressiert. Hier befindet sich die **Familie** als ein wichtiger Ursprung von Spaß und Freude. Das **Zusammenarbeiten** mit anderen kann ebenso wie der **Wettbewerb** mit anderen ein Auslöser für Spaß sein. **Zusammengehörigkeit** im Sinne von Gruppenbildung, Folgen, Führen, mit anderen zusammen sein, kann ein starker Auslöser sein, der auch oft in **Hilfsbereitschaft** mündet.

Die vierte Kategorie zielt eher auf den *geplanten individuellen Spaß* ab. Hier geht es um **Narrative,** also Geschichten und Handlungsstränge, die dem Nutzer Spaß machen, um den **Fortschritt** innerhalb einer Handlung, die Anregung der individuellen **Fantasie** und das vollständige **Eintauchen** (auch Immersion genannt) in eine Umgebung.

In der letzten Gruppe von Dingen befinden sich diejenigen, die *ungeplanten indi-viduellen Spaß* bereiten. Hierzu gehören bspw. **Humor,** also eine sehr individuelle Eigenschaft, die ganz unterschiedlich ausgeprägt sein kann. Genauso wie die **Scha-denfreude,** die Menschen Freude bereitet, wenn anderen ein Missgeschick passiert. **Empfindungen,** bspw. ausgelöst durch Bewegung, Gerüche, Aktivitäten, Berüh-rungen spielen hier ebenso eine wichtige Rolle wie der **Flow,** also der unbedingte Wunsch, mit der aktuellen Aktivität weiterzumachen.

> Es gibt viele unterschiedliche Emotionen, die durch Gamification angespro-chen werden können.

Die hier vorgestellten Emotionen und Faktoren für das Entstehen von Spaß zeigen bereits, dass es beim Design von Gamification kein „Schema-F" geben wird. All diese Punkte sind sehr individuell und somit von Nutzer zu Nutzer grundverschieden ausgeprägt. Es wird daher eine wichtige Aufgabe der Gamification sein, die Nutzer der Anwendung möglichst gut zu kennen und gezielt Elemente einzusetzen, die den Nutzern Spaß bereiten.

1.5 Ethik

Ethik spielt in jeder Art von Anwendung, insbesondere aber auch im Game Design, eine zentrale Rolle, da sie tiefgreifende Auswirkungen auf Spieler und Gesellschaft haben kann. Die ethische Gestaltung von Spielen betrifft eine Vielzahl von Aspekten, von der Entwicklung über die Vermarktung bis hin zum tatsächlichen Inhalt des Spiels. Einige der Hauptaspekte werden im Folgenden kurz näher erläutert [21,22].

- **Inklusivität und Diversität:** Ethik im Game Design fordert, dass Spiele inklusiv gestaltet werden, sodass Menschen unterschiedlicher Herkunft, Geschlechter und Fähigkeiten sich in den Spielen repräsentiert fühlen und sie genießen können. Dies umfasst sowohl die Charakterdarstellung als auch die Zugänglichkeit der Spiele für Menschen mit körperlichen oder geistigen Einschränkungen.
- **Vermeidung von schädlichen Inhalten:** Spieleentwickler müssen ethische Über-legungen anstellen, um Inhalte zu vermeiden, die schädlich sein könnten, wie extreme Gewalt, Hassreden oder die Verherrlichung von problematischem Ver-halten wie Drogenmissbrauch oder Glücksspiel. Solche Inhalte können besonders beeinflussend auf jüngere oder anfälligere Spieler sein.
- **Datenschutz und Datensicherheit:** Mit der zunehmenden Verbindung von Spie-len mit Onlineplattformen und sozialen Medien ist der Schutz persönlicher Daten ein wichtiges ethisches Thema im Game Design. Entwickler müssen sicherstellen, dass sie die Privatsphäre der Spieler respektieren und ihre Daten sicher aufbewah-ren.

- **Fairness und Transparenz:** Ethik im Game Design erfordert auch, dass Spiele fair gestaltet sind und nicht zur Ausbeutung von Spielern durch unfaire Monetarisierungsstrategien führen. Dies beinhaltet Transparenz in Bezug auf Kosten, die möglicherweise im Spiel anfallen, und die Vermeidung von Mechanismen, die Spieler zum kontinuierlichen Geldausgeben drängen, wie Lootboxen oder Pay-to-Win-Elemente.
- **Verantwortungsbewusstes Community Management:** Die Schaffung und Pflege einer gesunden Spielgemeinschaft ist eine weitere ethische Verantwortung von Spieledesignern. Dies umfasst Maßnahmen zur Bekämpfung von Onlinebelästigung, zur Förderung positiver Interaktionen zwischen den Spielern und zum Schutz vor Missbrauch.
- **Nachhaltigkeit:** Mit wachsender Besorgnis über ökologische Nachhaltigkeit können auch ethische Überlegungen zur Umweltauswirkung von Spieleentwicklung und -vertrieb in den Vordergrund treten. Dies kann die Auswahl von Servern mit geringerem Energieverbrauch, die Reduzierung von Abfällen in der Produktion von Spielehardware und ähnliche Maßnahmen umfassen.

Indem Sie ethische Überlegungen in den Mittelpunkt des Game Designs stellen, können Sie nicht nur die Qualität und den Genuss ihrer Spiele verbessern, sondern auch dazu beitragen, dass die Spieleindustrie als Ganzes positiv zur gesellschaftlichen Entwicklung beiträgt. Dies schafft eine verantwortungsbewusstere und nachhaltigere Spielkultur – oder auf unternehmensinterne Anwendungen übertragen, eine verantwortungsbewusstere und nachhaltigere Unternehmenskultur.

Gamification geht immer mit einer ethischen Verantwortung einher.

Vergessen Sie nie, dass Sie mittels Gamification die Emotionen Ihrer Nutzer adressieren und dass dies ein sensibler und potenziell gefährlicher Bereich ist. Je gezielter Sie diese Emotionen einsetzen, desto größer das Motivationspotenzial für Ihre Nutzer, aber leider auch die Gefahr von potenziellem Missbrauch. In Abschn. 4.3.1 werden wir auf die rechtlichen Rahmenbedingungen und auch auf die speziellen Schutzmaßnahmen für Jugendliche sowie die Aufsichtspflicht der Betreiber von gamifizierten Anwendungen eingehen.

1.6   Game-Based Solution Design

Werden Anwendungen oder Lösungen geplant, die unter Zuhilfenahme von spielerischen Elementen für mehr Motivation sorgen sollen, so spricht man häufig von *Game-Based Solution Design.* Der wohl bekannteste Begriff aus diesem Bereich ist die *Gamification,* allerdings lohnt es sich, eine genauere Differenzierung vorzunehmen. Abb. 1.9 zeigt die vier Hauptkategorien, in die Game-Based Solution Design

Abb. 1.9 Differenzierung der Begriffe im Game-Based Solution Design

unterteilt werden kann. Diese werden in den folgenden Abschnitten näher erläutert und folgen den in [14, 23, 24] vorgestellten Prinzipien.

Wir können Anwendungen entlang von vier Dimensionen klassifizieren: Spielverlauf (ja, nein), Spaß und Unterhaltung sowie Sinn und Zweck. Diese vier Dimensionen helfen uns auch, eine grundlegende Einordnung der Begriffe vorzunehmen. In Abb. 1.9 erkennen Sie, dass Anwendungen sich aus dem Bereich Serious Games durch einen ausgefeilten Spielverlauf und ein hohes Maß an Sinnhaftigkeit auszeichnen, wohingegen game-inspirierte Anwendungen überwiegend den Zeitvertreib, Spaß und die Unterhaltung fördern sollen. In der Praxis verwischt diese Grenze relativ schnell, dennoch lohnt es sich, hier einige weitere Details zu betrachten.

1.6.1 Games

Computerspiele lassen sich auf verschiedene Weisen kategorisieren, um die Vielfalt an Genres, Spielmechaniken, Plattformen, Zwecken und visuellen Stilen zu erfassen, die in der Spieleindustrie vertreten sind.

Das **Genre** ist die bekannteste Kategorisierungsmethode für Computerspiele und beschreibt das grundlegende Gameplay sowie die Art der Herausforderungen, die ein Spiel bietet. Zu den Genres gehören Actionspiele, die schnelle Reflexe erfordern, Adventurespiele, die auf Erkundung und Problemlösung setzen, Rollenspiele, die Charakterentwicklung und eine zu erkundende Welt bieten, und Strategiespiele, die taktisches und strategisches Denken betonen. Weitere Genres sind Simulationsspiele, die reale Aktivitäten nachahmen, Sportspiele und Puzzle- sowie Geschicklichkeitsspiele. Abb. 1.10 zeigt beispielhaft die Verteilung der Videospielgenres auf Smartphone und Tablet.

Die **Spielmechanik** beschreibt, wie Spieler mit dem Spiel interagieren und welche Regeln das Spielgeschehen bestimmen. Es gibt Spiele mit offenen Welten, die

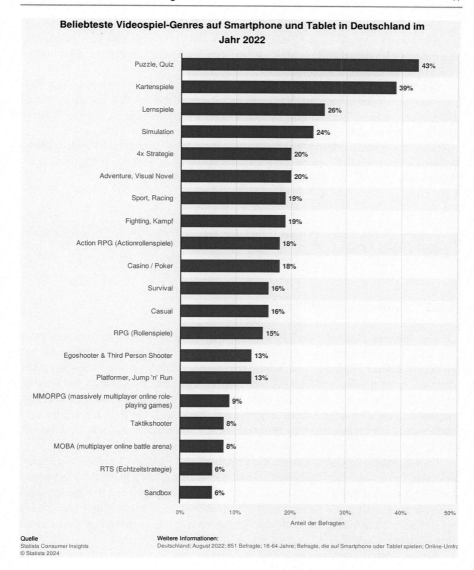

Abb. 1.10 Beliebteste Videospielgenres auf Smartphone und Tablet in Deutschland im Jahr 2022 [25]

eine freie Erkundung ermöglichen, narrative Spiele, die sich auf die Erzählung konzentrieren, Multiplayerspiele für kooperative oder kompetitive Interaktionen und
Spiele, die Virtual Reality für ein immersives Erlebnis nutzen.

Auch die gewählte **Plattform** ist ein weiteres Kriterium für die Kategorisierung
von Spielen. Dazu zählen PC-Spiele, Konsolenspiele, mobile Spiele für Smartphones
und Tablets sowie Browserspiele, die direkt im Webbrowser gespielt werden.

Unter dem Aspekt des **Zwecks** finden sich Spiele, die speziell für Bildungszwecke, wie Lernspiele oder Serious Games für Trainings- und Gesundheitsmanagementziele, entwickelt wurden sowie Exergames, die körperliche Aktivität mit Videospielmechaniken kombinieren.

Der **visuelle Stil** spielt ebenfalls eine Rolle bei der Klassifizierung von Spielen. Einige Spiele setzen auf 2D-Grafiken, während andere eine dreidimensionale Darstellung bieten. Zudem gibt es Retro- oder Pixelkunstspiele, die einen älteren Grafikstil verwenden.

Diese Kategorien erleichtern das Identifizieren, Analysieren und Vergleichen von Spielen und ermöglichen eine gezielte Diskussion über Trends, Technologien und Spielerfahrungen in der dynamischen Welt der Computerspiele.

> Games zeichen sich durch ihr Genre, die genutzte Plattform, den Zweck und den visuellen Stil aus.

1.6.2   Game-Inspired/Playful Designed

„Game-Inspired Design" oder „Playful Design" bezieht sich auf die Integration von spielerischen Elementen und Prinzipien aus der Welt der Spiele in nichtspielerische Kontexte. Dieses Konzept verwendet Aspekte, die typischerweise in Spielen zu finden sind, wie Interaktivität, Herausforderung, Neugier und Belohnung, und überträgt sie auf Bereiche wie Softwareanwendungen, Websites, Dienstleistungen und sogar physische Produkte oder Arbeitsumgebungen. Ziel ist es, die Benutzererfahrung zu verbessern, das Engagement zu steigern und die Interaktion mit dem Produkt oder der Dienstleistung anregender zu gestalten.

Im Gegensatz zu Gamification, die umfangreiche Spielmechaniken wie Punktesysteme, Levels und Errungenschaften nutzt, konzentriert sich Playful Design darauf, **Leichtigkeit und Spaß** in das Design zu bringen, um die tägliche Interaktion ansprechender zu gestalten. Es handelt sich oft um subtile, ästhetische Elemente, die eine spielerische Note verleihen, ohne notwendigerweise das vollständige Gefühl eines Spiels zu erzeugen.

Einige Anwendungsbeispiele sind Webdesign, das interaktive, spielerisch gestaltete Elemente wie reagierende Animationen nutzt, Produktdesign, bei dem Produkte spielerische Features erhalten, die die Benutzung unterhaltsamer und intuitiver machen, und Arbeitsplatzgestaltung, wo spielerische Elemente in Büroumgebungen integriert werden, um Kreativität und Mitarbeiterengagement zu fördern.

Die Vorteile von Game-Inspired oder Playful Design sind vielfältig. Es kann das **Benutzerengagement** steigern, indem es Unterhaltungselemente integriert, die die Nutzer zur Interaktion anregen. Die **Benutzererfahrung** kann verbessert werden, da die Interaktion mit Systemen als weniger mühsam und bereichernder empfunden wird. Zudem kann ein spielerisches Design in Arbeitsumgebungen Stress reduzieren und sowohl die Kreativität als auch die allgemeine Zufriedenheit am Arbeitsplatz erhöhen.

Insgesamt ermöglicht Game-Inspired oder Playful Design den Designern, die positiven Aspekte von Spielen in einer breiten Palette von Anwendungen zu nutzen, um die Motivation, das Engagement und die Freude der Nutzer zu steigern.

> Game-Inspired/Playful Design steigert Engagement und Motivation.

1.6.3   Serious Gaming

Serious Gaming bezeichnet den Einsatz von Spielen und spielähnlichen Umgebungen zu Zwecken, die über reine Unterhaltung hinausgehen. In Serious Games wird das interaktive und motivierende Potenzial von Videospielen genutzt, um Bereiche wie Bildung, Training, Sensibilisierung oder Problemlösung zu unterstützen. Diese Spiele sind darauf ausgerichtet, Lernprozesse zu fördern, Verhaltensänderungen zu bewirken oder spezifische Fähigkeiten zu verbessern, während sie gleichzeitig ein hohes Maß an Benutzerengagement beibehalten.

Serious Games finden in einer Vielzahl von Bereichen Anwendung, darunter in Bildungseinrichtungen, wie Schulen, Hochschulen oder Universitäten, wo sie zum Erlernen von Fächern wie Geschichte oder Wissenschaft eingesetzt werden, indem sie komplexe Konzepte auf interaktive Weise vermitteln. Im beruflichen und militärischen Kontext werden sie für Training und Simulationen verwendet, um realistische Szenarien zu schaffen, in denen Nutzer sicher trainieren können. Im Gesundheitswesen helfen sie Patienten bei der Verwaltung ihrer Behandlungen oder bei der Rehabilitation und im Geschäftsumfeld dienen sie zur Schulung von Mitarbeitern in Führung und Management.

Die Spiele zeichnen sich durch ihr didaktisches Design aus, sind mit spezifischen Lernzielen gestaltet und nutzen Spielelemente wie Punkte, Levels und Belohnungen, um die Nutzer zu motivieren und bei der Sache zu halten. Ihre Interaktivität fördert aktives Lernen, während Nutzer durch unmittelbares Feedback zu ihren Aktionen die Möglichkeit haben, aus Fehlern zu lernen und ihre Strategien anzupassen.

Serious Games verbinden somit die Vorteile konventioneller Videospiele – hohes Engagement und die Darstellung komplexer Systeme in einer zugänglichen Form – mit dem Ziel, positive Veränderungen zu bewirken oder spezifische Lernergebnisse zu erzielen.

> Serious Games sind klassische Business- oder Branchenanwendungen, die ihre Ziele in Form von Spielen erreichen.

1.6.4　Gamification

Während sich Serious Gaming auf die Entwicklung und Nutzung von Spielen mit dem spezifischen Ziel beschäftigt, ernsthafte Anwendungen unterstützen, ist Gamification hingegen die **Anwendung von spieltypischen Elementen und Techniken** in Nichtspielkontexten, um die Motivation zu steigern, das Engagement zu fördern und das Verhalten der Nutzer positiv zu beeinflussen. Typische Elemente der Gamification sind Punkte, Abzeichen, Bestenlisten und Fortschrittsanzeigen. Das Hauptziel der Gamification ist es, die Teilnahme und Interaktion mit einem Produkt oder einer Dienstleistung zu erhöhen, indem alltägliche Aktivitäten spielerischer und somit ansprechender gestaltet werden. Gamification wird häufig in Bereichen wie Kundenbindung, Mitarbeiterproduktivität, Fitness und Gesundheitsmanagement eingesetzt.

Vergleichend lässt sich sagen, dass Serious Gaming vorrangig das Lernen und den Erwerb von Fähigkeiten durch dedizierte Spiele fokussiert, während Gamification darauf abzielt, Motivation und Engagement durch die Integration von Spielelementen in bestehende Prozesse und Systeme zu steigern. Beide Ansätze nutzen das Potenzial von Spielen, sind aber in ihrer Anwendung und ihren Zielen deutlich unterschiedlich.

> Gamification wendet spieltypische Elemente in Nichtspielkontexten an.

1.7　Zusammenfassung

Mit diesem ersten Kapitel haben Sie den Einstieg in die Begriffswelt und theoretischen Grundlagen von Spielen, Regeln, Wettkämpfen, Game Design, Spaß, Ethik und Gamification gefunden. Durch die Einführung der Begriffe und die damit verbundenen Überlegungen sollten Sie nunmehr ein Grundverständnis für den Sinn von Spielen, die wichtigsten Rahmenbedingungen und die Einsatzmöglichkeiten erlangt haben. Sie können eine Abgrenzung zwischen Games, Game-Inspired Design, Serious Gaming und dem Begriff Gamification vornehmen und Anwendungen nach ihrer Ausrichtung einordnen.

Abb. 1.11 zeigt abschließend für dieses Kapitel nochmal die Relevanz der in diesem Buch vorgestellten Konzepte auf. Allein in Deutschland beträgt der jährliche Umsatz mit Computerspielen 2,5 Mrd. EUR. Weltweit beläuft sich der Umsatz auf über 200 Mrd. EUR. Dies sind allein aus betriebswirtschaftlicher Sicht Größenordnungen, die man ernst nehmen muss und die längst nicht mehr als Spielerei abgetan werden kann. Der Games- und Gamification-Bereich hat sich in den letzten Jahren zum seriösen Geschäftsmodell gerade auch für Businessanwendungen entwickelt und zu belegbar besseren Anwendungen geführt.

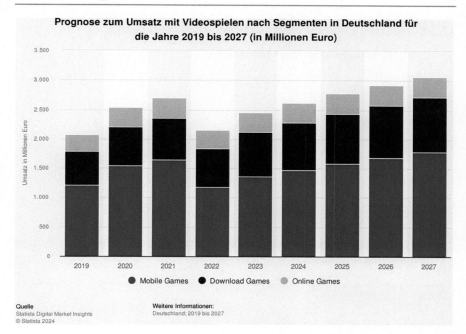

Abb. 1.11 Prognose zum Umsatz mit Videospielen nach Segmenten in Deutschland für die Jahre 2019 bis 2027 [26]

1.8   Selbsttestaufgaben

1.1 – Spielzeuge

Was zeichnet Spielzeuge aus?

1.2 – Wettkampf

Was ist der Unterschied zwischen Spiel und Wettkampf?

1.3 – Handlung

Welche Elemente können genutzt werden, um die Handlung eines Spiels voran-zutreiben?

1.4 – Game Design

Welche Bestandteile gibt es im Game Design Framework?

1.5 – Spaß

Welche Emotionen kann Spaß hervorrufen?

1.6 – Narrative

Was sind Narrative?

1.7 – Ethik

Warum ist Community Management wichtig?

1.8 – Game Based Solution Design

Welche Dimensionen können zur Differenzierung des Game-Based Solution Design genutzt werden?

1.9 – Game Kategorien

Welche Kategorisierungsmöglichkeiten gibt es für Games?

1.10 – Playful Design

Welche Aufgabe hat Game-Inspired/Playful Design?

1.11 – Serious Gaming

Welche beiden Dimensionen der Differenzierung werden im Serious Gaming ausgeprägt?

1.12 – Gamification

Wodurch zeichnet sich Gamification aus?

Gamification

2

In diesem Kapitel werden die Elemente und Hintergründe von Gamification analysiert und erarbeitet. Zunächst werden in Abschn. 2.1 der Motivationsbegriff und die grundlegenden Überlegungen zur Klassifikation von Nutzermotivation eingeführt. Anschließend werden die in Grundkonzepte der Gamification, wie Punkte, Badges (Abschn. 2.2.1.1), Ranglisten und Leaderboards (Abschn. 2.2.1.4), Feedback und Soziale Interaktion (Abschn. 2.2.4) erklärt und in den Kontext verschiedener Anwendungen gestellt. Fallbeispiele helfen jeweils, hier eine konkrete Vorstellung von deren Umsetzung zu erlangen. Je weiter fortgeschritten Nutzer in der jeweiligen Software sind, desto mehr müssen Konzepte wie Herausforderungen (Abschn. 2.2.2) und Möglichkeiten der Anpassung und Personalisierung eingeführt werden, um die Nutzung von Anwendungen auch weiterhin spannend zu gestalten.

2.1   Der Motivationsbegriff

In diesem Abschnitt werden wir uns grundlegend mit dem Thema Motivation beschäftigen. Hierbei legen wir den Fokus gleichzeitig auf die beiden Kernfragestellungen, die in der Gamification behandelt werden: Warum tut jemand etwas und wie können wir jemanden dazu bewegen, etwas zu tun? Während der zweite Aspekt, also wie wir jemanden dazu bewegen können, etwas zu tun, die konkrete Umsetzung von Konzepten aus der Gamification beinhaltet und in den nachfolgenden Kapiteln ausführlich beschrieben wird, zielt der erste Aspekt zunächst auf ein genaues Verständnis unseres Gegenübers ab. Es stellt sich schnell heraus, dass je nach Anwendungsfall viele verschiedene Benutzergruppen oder -typen betrachtet werden müssen. Wird Gamification beispielsweise eingesetzt, um betriebliche Abläufe zu optimieren, so ist die Benutzergruppe typischerweise der Mitarbeiter im Unternehmen. Wenn wir hingegen Gamification einsetzen, um Kunden zu gewinnen oder für unsere Produkte

S. Wagenpfeil, *Gamification Design*,
https://doi.org/10.1007/978-3-662-69842-6_2

zu begeistern, dann haben wir potenzielle Käufer der Produkte zu betrachten. Wenn sich unsere Leistung durch Werbung oder Abomodelle finanzieren soll, dann haben wir es häufig mit Endbenutzern zu tun, die ihre Motivation, in unserer Anwendung zu bleiben, vielleicht aus dem Spieltrieb herausziehen [27,28]. In jedem Fall ist es wichtig, zu verstehen, mit wem wir es zu tun haben.

2.1.1 Ebenen der Motivation

Um genauer zu analysieren, auf welcher Ebene und für welche Zielgruppe eine Motivationsbetrachtung erfolgen soll, können eine Reihe von Modellen herangezogen werden. Eines der wichtigsten und grundlegendsten Modelle ist die Bedürfnispyramide von Maslow [29]. Bereits 1943 hat Maslow hierfür ein bis heute gültiges und sehr hilfreiches Modell beschrieben, um die menschlichen Bedürfnisse zu kategorisieren. Auch wenn das Modell in der Wissenschaft bisweilen als zu abstrakt oder zu anthropologisch angehaucht gewertet wird, dient es als sehr guter Einstiegspunkt für die Analyse von Motivationsfaktoren. Maslow beschreibt fünf Ebenen der Motivation (siehe auch Abb. 2.1):

- **Überleben:** Auf dieser Motivationsebene geht es tatsächlich darum, den unmittelbaren Bedarf für das tägliche Überleben zu sichern. Jeder Mensch muss essen, trinken, atmen.
- **Sicherheit:** Eine planbare Zukunft, die Aussicht, auch in den nächsten Tagen und Wochen das unmittelbare Überleben gesichert zu haben, stellt den Kern der Motivation auf dieser Ebene dar.
- **Zugehörigkeit:** Menschen fühlen sich gerne zugehörig. Sei es die Familie, Freunde, aber auch Social Media, Zugehörigkeit stellt eine wichtige Motivati-

Abb. 2.1 Bedürfnispyramide
nach Maslow [29]

onsquelle dar, die beispielsweise bei Lifestyleprodukten eine zentrale Rolle einnimmt.

- **Bedeutung:** Viele Menschen streben nach einem höheren Sinn ihres Handelns und ziehen ihre Motivation bspw. daraus, etwas für die Umwelt oder den Tierschutz zu tun, nachhaltig zu leben/zu arbeiten. Um diese Gruppe von Personen zu adressieren, braucht es starke Werte.
- **Verwirklichung:** Die höchste Motivationsstufe, das Streben nach Inspiration für andere, Selbstverwirklichung, ein höchstes Maß an Identifikation.

Die einzelnen Motivationsebenen können aufeinander aufbauen, grundsätzlich könnte man argumentieren, dass Nutzer, die ihr Überleben gesichert haben, als Nächstes planen werden, Sicherheit zu erlangen usw. Allerdings möchte sich nicht jeder Nutzer zugehörig fühlen, Bedeutung in seinem Handeln sehen oder sich selbst verwirklichen. Das muss bei der Analyse der Benutzergruppe berücksichtigt werden. Generell gilt es, ein ehrliches und möglichst nichtidealisiertes Bild seiner Nutzer zu erfassen, denn nur dann lässt sich später eine geeignete Gamification-Strategie entwickeln.

> Motivation ist individuell und hochgradig abhängig vom Nutzer.

Wie eingangs bereits erwähnt, lassen sich die Maslow-Bedürfnisebenen für verschiedene Zielgruppen analysieren. Wenn wir beispielsweise den Fokus auf unsere Mitarbeiter legen, so lassen sich folgende Kernsätze oder Zitate den einzelnen Ebenen zuordnen: der berühmte „Dienst nach Vorschrift", den Mitarbeiter einfach nur abarbeiten, um Geld zu verdienen, gehört sicherlich in die Motivation des „Überlebens". Eine Aussage wie „Hauptsache ich hab' nen Job, die bezahlen eh nicht genug" ist typisch für die Ebene der „Sicherheit". Mitarbeiter, die von sich sagen „Ich bin Teil von etwas Größerem, aber auch weg, wenn ich etwas besseres finde" würde man auf die Ebene der „Zugehörigkeit" stellen, wenn Sie allerdings Aussagen hören wie „Ich leiste einen entscheidenden Teil zum Gesamtergebnis und habe Erfolg dabei", dann reden wir sicherlich über die Ebene der „Bedeutung". Auch Mitarbeiter können sich auf der Ebene der „Verwirklichung" befinden und würden dann bspw. Sätze sagen, wie „Ich liebe es, hier zu arbeiten und kann andere durch meine Arbeit inspirieren". Sie sehen, ein Unternehmen kann seinen Mitarbeitern eine Menge bieten und es ist daher wichtig, die Motivation der einzelnen Mitarbeiter zu kennen, um sie gezielt zu fördern, zu fordern oder auch in Ruhe zu lassen, wenn sie weder gefördert noch gefordert werden wollen.

> Im Produktdesign muss klar sein, welche Bedürfnisse das Produkt adressieren soll.

Analog lässt sich das Modell von Maslow auch auf den Produktnutzen für Ihre Kunden übertragen und daraus natürlich auch eine Verkauf-/Kaufmotivationsstrategie entwickeln. Wenn Sie bspw. Alltagsprodukte wie Nahrungsmittel, Verbrauchsmaterialien, also eher langweilige und austauschbare Produkte verkaufen und keine Elemente der höheren Motivationsebenen adressieren können, dann müssen Sie höchstwahrscheinlich rein über den Preis Ihre Produkte verkaufen, denn wir befinden uns dann auf der „Überlebensebene". Ein guter Vertreter für die „Sicherheit" sind Verwaltungssysteme, die effizient und korrekt Geschäftsprozesse abbilden, also Produkte mit hoher Qualität, aber wenig Inspiration darstellen. Auf Produktebene erreichen Sie „Zugehörigkeit" häufig durch besondere Marken, Image oder Aussehen der Produkte, das von anderen erkannt und gesehen werden soll. Ein gutes Beispiel hierfür sind Marken wie Apple, Louis Vuitton, Porsche usw. Gerade die Berufssparte der Influencer spielt sehr häufig auf dieser Motivationsebene, da hier gleichzeitig die „Zugehörigkeit" der Follower zu bestimmten Social-Media-Kanälen mitspielt. Influencer bedienen diese Ebene also sehr umfänglich. Produkte der Ebene „Bedeutung" sind typischerweise nachhaltig, fördern das Gemeinwohl, retten den Planeten, sind CO_2-neutral, haben einen höheren Wert, den Kunden bereit sind durch zusätzliche Gebühren zu bezahlen. Spannend ist der Bereich der „Verwirklichung", denn hier finden sich häufig Plattformen oder Querschnittstechnologien, die ihren Kunden die Möglichkeit bieten, eigene Produkte auf den Markt zu bringen. Ein Beispiel hierfür sind die großen App Stores von Apple und Google, die ihren Kunden (also den dort registrierten Entwicklern) eine Plattform zur Veröffentlichung eigener Apps (und damit zur Verwirklichung eigener Geschäftsideen) bieten. Aber auch Social Media an sich ist ein Plattformprodukt, auf der sich Menschen verwirklichen können. Gleiches gilt für viele VR/AR-Plattformen, in denen eigene virtuelle Welten und die zugehörigen Geschäftsmodelle entwickelt werden können, wie bspw. Roblox oder Fortnite.

> Gamification findet in der Maslow-Pyramide typischerweise in den mittleren Ebenen „Zugehörigkeit" und „Bedeutung" statt, da davon ausgegangen werden kann, dass Nutzer auf diesen Ebenen über eine gewisse Eigenmotivation verfügen und in gewisser Weise höhere Ziele verfolgen.

Wenn man davon ausgeht, dass sich die meisten Einsatzgebiete für Gamification auf den mittleren Ebenen der Maslow-Pyramide auftun, dann macht es Sinn, diese nochmal etwas näher zu beleuchten. Abb. 2.2 zeigt eine etwas detailliertere Aufschlüsselung und führt eine Reihe zusätzlicher Begriff ein.

Die Grundbedürfnisse dieser Betrachtung sind soweit selbsterklärend. Allerdings dürfen sie in einem gamifizierten Umfeld nicht außer Acht gelassen werden. Beispielsweise spielt der Faktor „Geld" bei nahezu jeder Art von Anwendung eine Rolle und lässt sich hervorragend als Motivator einsetzen. Wenn Nutzer durch bestimmte Tätigkeiten nicht nur Punkte, sondern Geld verdienen können, ist das ein enormer

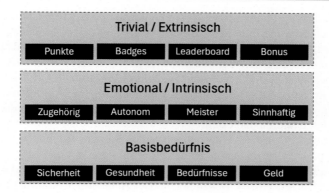

Abb. 2.2 Verfeinerte Bedürfnisebenen in der Gamification [29]

Anreiz, sich an Anwendungen zu beteiligen. Sie adressieren damit zwar ein Basis-bedürfnis, allerdings ein sehr starkes. Ähnlich sieht es mit dem Thema „Gesundheit" aus, was ja von zahlreichen Selbsthilfegruppen oder auch Anwendungen aus dem medizinischen Kontext genutzt wird.

Sobald die Bedürfnisse dieser Ebene befriedigt und geregelt sind, kommt die Emotionale/Intrinsische Ebene ins Spiel. Intrinsisch bedeutet hier, dass es sich über-wiegend um Werte und Motivationen handelt, die für den Nutzer selbst wichtig sind. Aus Sicht des Anbieters geht es im Wesentlichen darum, die Gefühle des Nutzers zu adressieren und spezifisch zu motivieren.

Auf der Trivialen/Extrinsischen Ebene befinden sich die klassischen – häufig PBL (Points, Badges, Leaderboards) genannten – Elemente der Gamification. Diese dienen oft auch der Selbstdarstellung der Benutzer und adressieren ähnliche Bedürf-nisse wie die Lifestyleelemente aus der vorher genannten Maslow-Pyramide. Ent-scheidend ist hier, dass diese Elemente nach außen präsentiert werden, d. h., die gesammelten Punkte oder Badges sind für Dritte sichtbar und können somit einen zusätzlichen Motivationsschub beim Nutzer auslösen.

> Nutzer haben extrinsische, intrinsische und Basis-Bedürfnisse.

2.1.2   Flow, Herausforderungen und Fähigkeiten

Bislang haben wir uns eher mit den grundlegenden und statischen Ebenen der Moti-vation beschäftigt. Etwas feingranularer betrachtet, stellt man jedoch fest, dass sich die Motivation sehr schnell verändern kann. Wenn Dinge beispielsweise als lang-weilig empfunden werden, sinkt die Motivation, sich damit zu beschäftigen – selbst wenn sie auf einer höheren Motivationsebene stattfinden. Mit diesem Wechsel der Empfindung bei der Ausübung von Tätigkeiten beschäftigt sich die Flowtheorie nach

Csikszentmihalyi [30] und betrachtet die Freude und Immersion (also das Fokussieren, Abtauchen in die Tätigkeit), die Menschen bei deren Ausübung empfingen.
Man hat festgestellt, dass Tätigkeiten unter Vorhandensein von Freude und Immersion deutlich besser, effizienter und positiver durchgeführt werden. Wenn Personen
in ihre Arbeit vertieft sind, dann nennt man dies Flowzustand [14]. Und eben dieser
Flow wird durch zwei Faktoren maßgeblich beeinflusst: die Anforderungen und die
Fähigkeiten. In Abb. 2.3 werden die Übergänge und Abhängigkeiten des Flows von
diesen beiden Faktoren dargestellt.

Ein wichtiger Aspekt der Flowtheorie ist, dass Systeme auf ihre Nutzer individualisiert angepasst werden müssen, da der Flow nur dann optimal ausgeprägt werden
kann, wenn das System Herausforderungen stellt, die zu den individuellen Fähigkeiten eines Nutzers passen. Bei zu hohen oder zu niedrigen Anforderungen kommt
es hingegen zu Über- oder Unterforderung und einem Abflachen der Motivation des
Nutzers. Wird der Fortschritt bspw. in Echtzeit visualisiert (siehe Abschn. 2.2.1.4), so
kann dies dazu beitragen, den Flowzustand hervorzurufen oder beizubehalten [31].

> Um den passenden Flowzustand zu erreichen, ist es wichtig, die individuellen
> und aktuellen Fähigkeiten der Nutzer zu kennen.

Der Flow spielt somit eine zentrale Rolle im Verständnis gamifizierter Nutzerinter-
aktionen. Dieser zentralen Rolle werden eine Reihe von Modellen gerecht, die bspw.
in [5] oder [30] aufgearbeitet werden. Der Begriff des Flows wird hier in Form einer
Art Laufbahn dargestellt, die Nutzer der Anwendung permanent fordern und fördern
soll (siehe Abb. 2.4)

Befindet sich ein Nutzer im Fluss (auch Flow Channel genannt), so ist dies die
optimale Mischung zwischen Langeweile und Frustration – oder positiver formuliert,

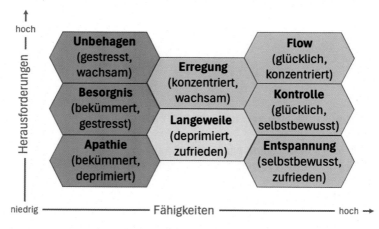

Abb. 2.3 Flowtheorie nach Csikszentmihalyi [30]

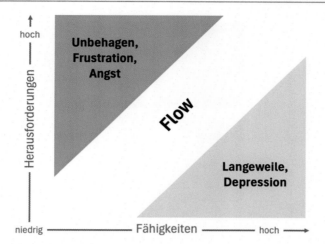

Abb. 2.4 Grundlegender Flow nach Marczewski [5]

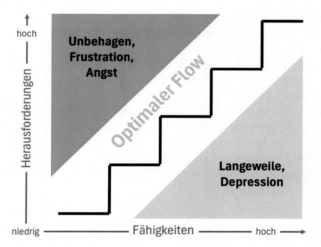

Abb. 2.5 Der ideale Flow

der Nutzer ist begeistert, interessiert und gefordert. Um diese Mischung aufrecht zu erhalten, müssen Nutzer in einer Art Zickzackkurs in der optimalen Zone bewegt werden. Sie erhalten ständig neue Herausforderungen, an denen sie wachsen (vertikale Kanten) und erwerben dadurch Kenntnisse, die sie anwenden können (horizontale Kanten). Abb. 2.5 zeigt diese Zielbewegungen.

Um diese Zielbewegung zu erreichen, werden typischerweise vier Phasen durchlaufen (siehe Abb. 2.6):

- Übung (engl. „Grinding"): In dieser Phase werden einfache Tätigkeiten wiederholt präsentiert, um dem Nutzer Erfahrung zu vermitteln und die Möglichkeit zu geben, Fähigkeiten zu trainieren. Der englische Begriff wird häufig auch mit Schleifen

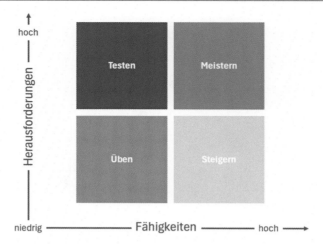

Abb. 2.6 Die vier Phasen im Flowzyklus

übersetzt, was eine Spur „Army Drill Sergeant" durchschimmern lässt, diese Phase aber ganz gut beschreibt. Man muss sich durchbeißen und immer und immer wieder wiederholen.

- Steigern (engl. „Levelling"): Wenn die Fähigkeiten im Vergleich zur aktuellen Herausforderung besser werden, werden die Anforderungen der Herausforderungen (sog. Levels) erhöht.
- Mastering: Dies ist der Punkt, an dem der Skill Level des Nutzers die Anforderungen/Herausforderungen erreicht oder sogar übertrifft. Man hat es „geschafft".
- Testing: Hier ist die Herausforderung höher als die vom Nutzer zu erwartenden Fähigkeiten. In Spielen wird das oft die „Boss Battle" genannt, die die Nutzer zwangsläufig dazu auffordert, ihre Fähigkeiten offenzulegen und Grenzen zu entdecken.

Nun stellt sich heraus, dass diese einzelnen Phasen typischerweise zyklisch durchlaufen werden, um bestimmte Ziele zu erreichen. Zum Üben werden Phasen bspw. typischerweise ohne das Testen durchgespielt (siehe Abb. 2.7). Die Herausforderungen werden zwar höher (Pfeil in Richtung Mastering), aber auch immer wieder auf den Ursprungszustand zurückgesetzt, um die erworbenen Fähigkeiten zu vertiefen.

Anders sieht es bei sog. Challenges aus. Hierbei wird eine besondere Ebene der Herausforderung in Form eines Tests eingezogen. In Spielen häufig „Boss Battle" genannt, kann das auch eine Eignungsprüfung innerhalb einer beliebigen Anwendung sein, die Sie dann befähigt, anspruchsvollere Tätigkeiten durchzuführen. In E-Learning-Systemen würden Sie hierfür bspw. ein Zertifikat erhalten. Sie haben geübt, den Test bestanden und somit Ihre Qualifikation demonstriert (Abb. 2.8).

Sind genügend Challenges erfolgreich absolviert, so kann die Phase des Masterings in den Mittelpunkt gerückt werden. Hier werden die „Boss Battles" in den Mittelpunkt gestellt, Übung entfällt fast vollständig, stattdessen werden durch permanente Herausforderungen Meisterschaften ausgespielt, der Nutzer stellt sein Können

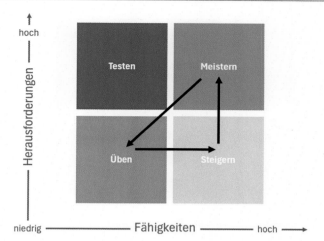

Abb. 2.7 Der ideale Flow

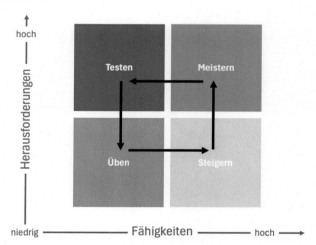

Abb. 2.8 Die Challenge

unter Beweis und schafft es unter Umständen sogar, das komplette System erfolgreich zu absolvieren, zu beherrschen (siehe Abb. 2.9 und 2.10).

Die hier aufgeführten Phasen werden in gamifizierten Anwendungen nunmehr in eine zur Anwendung und zum Nutzer passende Wiederholung überführt, die dann zum optimalen Flowerlebnis führt. In einem ersten Schritt kann man sich das als einfache Iteration vorstellen (siehe Abb. 2.5).

Allerdings ist das Ziel von Gamification, den Benutzer durch solche Iterationen nicht nur in der Anwendung zu halten, sondern seine Kenntnisse auch zu erweitern. Daher werden die Iterationen in den optimalen Flow einsortiert. Abb. 2.11 zeigt, wie im Optimalfall der Flow und die einzelnen Phasen iterativ übereinander gelegt werden. Hier zeigt sich nicht nur das Sprichwort „Übung macht den Meister", son-

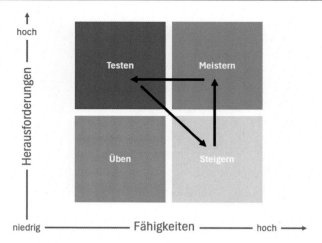

Abb. 2.9 Mastering

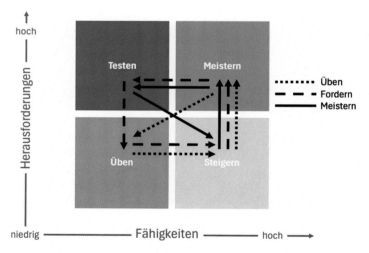

Abb. 2.10 Iterationen, um den Flow zu erzielen

dern auch die Anforderung an gamifizierte Anwendungen, durch eine geschickte
Auswahl der Iterationen, die Nutzer im optimalen Bereich zwischen Frustration und
Langeweile zu halten.

Wenn man sich die Eigenschaften der verschiedenen Flowmodelle näher ansieht,
so stellt man fest, dass die Einschätzung der aktuellen Fähigkeiten eines Nutzers
ein wichtiger Faktor für die Wahl der passenden Herausforderungen ist. Werden die
Fähigkeiten des Nutzers bspw. zu hoch eingeschätzt, d. h., die Fähigkeiten sind nied-
riger als angenommen, dann können unverhältnismäßig hohe Herausforderungen zu
Unbehagen führen. Sind die Fähigkeiten in Wirklichkeit jedoch höher als erwartet, dann würden dieselben Herausforderungen zu Langeweile führen. Das passende

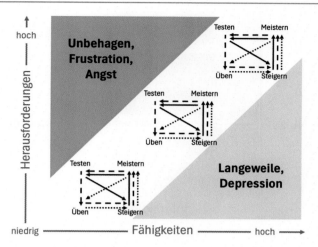

Abb. 2.11 Üben, um ein Meister zu werden

Austarieren ist also wichtig. Die Basis hierfür ist eine genaue Kenntnis der individuellen und aktuellen Fähigkeiten der Nutzer. Da Nutzer sehr unterschiedlich sein können, werden wir uns zunächst mit einigen grundlegenden Persönlichkeitstypen beschäftigen.

Iterative Phasen, um den Nutzer im Flow zu halten, stellen den Kern der Gamification dar.

2.1.3 Persönlichkeitstypen

Wie im vorherigen Abschnitt bereits ausgeführt, gilt es, seine Nutzer so genau wie möglich zu kennen. Neben ihren Bedürfnissen spielt hier die Persönlichkeit an sich eine wichtige Rolle. In verschiedenen Arbeiten wurde gezeigt, dass die Persönlichkeit einen großen Einfluss auf die Reaktion auf gamifizierte Anwendungen hat [32,33]. Abb. 2.12 zeigt einen initialen Einstieg in die Persönlichkeitstypen und wird in den nachfolgenden Abschnitten weiter verfeinert und ergänzt.

Diese initiale Einordnung basiert auf vier Kerntypen: der *Killer* agiert typischerweise gegen seine Mitmenschen oder die Umgebung und möchte durch ein hohes Maß an disruptiver Energie eher zerstören als erschaffen. Zerstören kann hier durchaus auch positiv belegt sein, alte Strukturen aufbrechen, das Chaos zerstören und Ordnung schaffen usw. Der *Socializer* hingegen interagiert mit Mitmenschen, hat Interesse an ihnen und zieht seine Befriedigung aus den sozialen Kontakten. Nutzer, die eher mit ihrer Umgebung agieren, können in die Typen *Explorer* und *Achiever* eingeordnet werden. *Explorer* sind typischerweise neugierig und erforschen/untersuchen

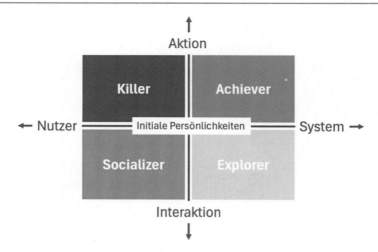

Abb. 2.12 Initiale Einordnung der Persönlichkeiten nach [32]

die Umgebung. Sie ziehen ihre Motivation aus dem Ergründen Ihrer Umgebung, indem Sie auf die Suche nach neuem Wissen gehen, Dinge entdecken oder verborgene Informationen zutage fördern. *Achiever* wollen etwas in ihrer Umgebung erreichen oder erbauen. Sie versuchen, in ihrer Umgebung etwas zu hinterlassen und ziehen die Motivation daraus, kreative Anpassungen vorzunehmen.

Marczewski leitet die Persönlichkeitstypen von Nutzern über die Art der Motivation ab und unterscheidet zwischen intrinsischen (also durch sich selbst motivierten), extrinsischen (nach außen gerichteter Motivation) und disruptiven (die ein System durcheinanderbringen) Nutzertypen [5]. Diese führen zu einer weiteren Verfeinerung der bisherigen Modelle:

Die eher intrinsisch motivierten Nutzertypen sind in Abb. 2.13 gezeigt und lassen sich durch folgende Begriffe gut beschreiben [34]:

Abb. 2.13 Intrinsisch motivierte Nutzertypen

- **Philanthropen:** Diese Gruppe sucht nach dem tieferen Sinn der Anwendung. Es geht ihnen hierbei nicht um die persönliche Anerkennung, sondern darum, der Gemeinschaft gegenüber Gutes zu tun. Ein Beispiel hierfür sind Nutzer, die auf Wikipedia Artikel schreiben oder überarbeiten. Sie ziehen ihre Motivation aus der Überzeugung, für Andere etwas zu erschaffen.
- **Achiever:** Diese Gruppe zieht ihre Motivation daraus, möglichst jede Herausforderung zu meistern. Sie wollen etwas erreichen und sind durch Challenges angespornt. Obwohl sie Zertifikate oder Tokens gerne annehmen, ziehen sie ihre Hauptmotivation intrinsisch aus dem Beweis sich selbst gegenüber, es geschafft zu haben. Ob auch andere Nutzer im System sind, mit denen sie sich messen können, ist für den Achiever eher zweitrangig.
- **Socializer:** Dies sind Nutzer, die ihre Motivation innerhalb einer gamifizierten Anwendung aus dem Knüpfen sozialer Kontakte ziehen. Sie gehören gerne dazu und nehmen derartige Angebote gerne an. Ein gutes Beispiel hierfür sind soziale Netzwerke.
- **Freigeister:** diese Nutzergruppe zieht ihre Motivation aus einem hohen Autonomiebedürfnis. Sie wollen sich nicht extern kontrollieren lassen oder externe Vorgaben erfüllen und fühlen sich daher in Umgebungen am wohlsten, die das Erforschen oder Kreativität in den Mittelpunkt stellen.

Extrinsisch motivierte Nutzergruppen (sog. Player), wie in Abb. 2.14 dargestellt, ziehen Ihre Motivation aus Belohnungen, wie Punkten, Badges oder Leaderboards und können in folgende Unterkategorien aufgeteilt werden [34,35]:

- **Self-Seeker:** Diese Gruppe handelt ähnlich den Philanthropen. Sie unterstützen andere Nutzer, antworten auf Fragen, teilen Wissen und sind hilfsbereit – aber nicht ohne Belohnung. Wenn es keinen Ausgleich für ihr Handeln gibt, hören sie damit auf, da sie kein höheres Ziel verfolgen, sondern sehr individuell über (möglichst gut sichtbare) Auszeichnungen belohnt werden wollen. Diese Nutzergruppe kann bei der Gamifizierung von Anwendungen sehr hilfreich sein, wenn Quantität

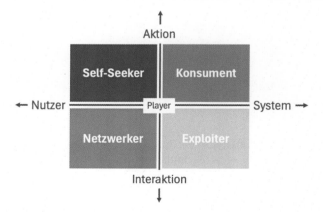

Abb. 2.14 Extrinsisch motivierte Nutzertypen

wichtiger als Qualität ist, da sie sich über das Ausschütten von Belohnungen sehr
gut aktivieren lässt.

- **Konsument:** Sie ändern ihr Verhalten, wenn es dafür Belohnungen gibt. Große
  Reward-Programme, wie bspw. Payback oder Miles & More, zielen speziell auf
  diese Gruppe ab. Dieser Gruppe ist es grundsätzlich relativ egal, wo sie eine
  Leistung beziehen, wenn sich dadurch aber zusätzlich noch etwas sammeln lässt
  oder sie belohnt werden, sind sie jederzeit bereit, die Leistung auch woanders zu
  beziehen.
- **Netzwerker:** Während die Socializer nach Zugehörigkeit suchen, suchen Netzwerker nach hilfreichen Kontakten, von denen sie etwas bekommen können oder
  die ihnen weiterhelfen. Sie folgen Influencern in sozialen Netzwerken, allerdings
  nicht aus Interesse, sondern aus der Hoffnung, von denen wahrgenommen zu
  werden und dadurch ihr Netzwerk/ihre eigene Wichtigkeit zu erhöhen.
- **Exploiter:** Ähnlich wie die Freigeister sucht diese Gruppe gerne die Grenzen des
  Systems. Allerdings nicht, um neue Dinge zu entdecken, sondern um Systeme zu
  knacken und auf diesem Weg an Belohnungen (oder illegal erworbene Punkte)
  zu kommen. Diese Gruppe kann auch zu betrügerischen oder gar kriminellen
  Absichten neigen und es gilt Systeme speziell unter diesem Aspekt abzusichern
  (Abb. 2.15).

Nachdem wir nun eine ganze Reihe von Persönlichkeitstypen und unterschiedlichen
Nutzertypen kennengelernt haben, stellt sich natürlich auch die Frage, wie man nunmehr seine Nutzer am besten zuordnet. Tab. 2.1 zeigt typische Fragestellungen, die
mit den Nutzergruppen verbunden sind und Ihnen die Schärfung Ihrer Zielgruppe
ermöglichen.

Schließlich gibt es noch eine letzte Kategorisierung von Nutzertypen, nämlich die,
die ihre Motivation aus dem Zerstören oder Durcheinanderbringen von Systemen
ziehen. Diese Gruppe der disruptiv motivierten Nutzer lässt sich ebenfalls genauer
unterteilen:

Abb. 2.15 Disruptiv motivierte Nutzertypen

Tab. 2.1 Nutzertypen und deren Fragestellungen

Disruptor	Was kann ich kaputt machen? Wen kann ich verärgern? Was kann ich verbessern/ändern? Wie kann ich gehört werden?
Freigeist	Kann ich kreativ sein? Finde ich meinen eigenen Weg? Wird das Entdecken gefördert oder belohnt? Was gibt es hier zu finden?
Achiever	Was fordert mich hier? Wie kann ich neue Fähigkeiten erlernen? Was muss ich am Ende vorweisen? Wie bin ich erfolgreich?
Player	Was ist für mich drin? Wie gewinne ich? Was ist der einfachste Weg? Wie muss ich mich verhalten, um mein Ziel zu erreichen?
Socializer	Wie kann ich mich mit anderen verbinden? Kann ich mit Freunden spielen? Wie kann ich zusammenarbeiten? Wie werde ich gefunden und bemerkt?
Philanthrop	Wie kann ich anderen helfen? Wie kann ich mit anderen teilen? Wie kann ich die Erfahrungen anderer verbessern?

- **Griefer** (dt. Schleifer): Diese Nutzergruppe findet Spaß daran, andere Benutzer negativ zu beeinflussen. Diese Gruppe verdirbt anderen den Spaß, indem sie unpassende Kommentare absondert oder das Systemverhalten negativ beeinflusst. In gamifizierten Anwendungen wird man tunlichst versuchen, diese Benutzer aus dem System fernzuhalten.
- **Zerstörer:** Sie versuchen, das System aktiv kaputt zu machen, indem sie bspw. Fehler im System suchen, Schlupflöcher nutzen, Attacken auf die Systemumgebung fahren, um das System „abzuschießen". Sie machen das nicht zwingend, weil ihnen das System nicht gefällt, sondern einfach nur, weil sie Spaß daran finden, Dinge zu zerstören.
- **Influencer:** Diese Nutzergruppe versucht, ein System so zu nutzen, dass sie Einfluss auf andere Nutzer nehmen kann. Ähnlich wie in der Politik oder auf Social Media, kann nahezu jede gamifizierte Anwendung mit sozialer Interaktion solche Influencer hervorbringen. Die Rolle von Influencern ist nicht zu unterschätzen. Viele Anwendungen machen sich das auch explizit zunutze, indem sie Influencern erweiterte Rechte geben, die die Hersteller der Anwendungen dann auch nutzen können, um ihre Nutzergruppen besser zu erreichen. Influencer, die sich innerhalb der Anwendungen nicht ausreichend unterstützt sehen, können verloren gehen, zu anderen Anwendungen wechseln, oder – im schlimmsten Fall – zu Griefern werden.
- **Innovator:** Diese Gruppe interagiert mit den besten Absichten mit der Anwendung. Sie versuchen, das System besser zu machen, wenn sie bspw. Fehler finden, melden sie diese oder machen Verbesserungsvorschläge. Oftmals entstehen dadurch auch für den Hersteller wichtige Tools, die sogar in das Produkt übernommen werden können. Achten Sie gut auf diese Gruppe, sie kann Ihnen massiv helfen.

Eine genaue Analyse der Persönlichkeitstypen ermöglicht eine passgenaue Wahl von Elementen der Gamification.

Nachfolgend, in Abb. 2.16, 2.17, 2.18, 2.19, 2.20, 2.21 ein paar Beispiele für die Ausprägungen, die Anwendungen annehmen, um bestimmte Benutzergruppen gezielt anzusprechen.

Abb. 2.16 Disruptor: Das Spiel „Abriss" adressiert speziell Nutzertypen, die gerne Dinge kaputt machen [36]

Abb. 2.17 Explorer: Das Spiel „Pokemon Go" adressiert speziell Nutzertypen, die gerne Dinge (heraus)finden. Hierzu wird Augmented Reality eingesetzt [37]

Abb. 2.18 Griefer: Moderne Fitness-Apps kommen häufig mitsamt Trainer, der die Rolle des „Drill Sergeants" einnimmt und die Nutzer zum Üben und Trainieren bringt [38]

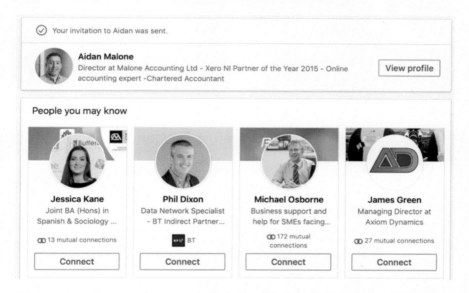

Abb. 2.19 Networker: Das Businessnetzwerk LinkedIn wird gezielt zum Netzwerken genutzt [39]

Nachdem wir in diesem Abschnitt ein klareres Bild unserer verschiedenen Nutzergruppen gezeichnet haben, stellt sich nun die Frage, mit welchen Instrumenten wir diese Nutzergruppen adressieren können. Diese werden im nächsten Abschnitt vorgestellt.

Abb. 2.20 Influencer: Diese Nutzergruppe präsentiert sich gerne und gibt auch persönliche Informationen preis [40]

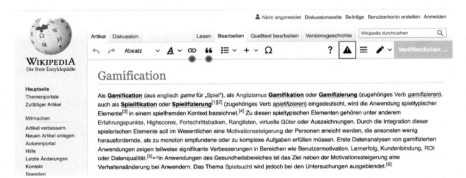

Abb. 2.21 Philanthrop: Diese Nutzergruppe unterstützt und hilft anderen gerne. Ein gutes Beispiel hierfür ist Wikipedia, wo Nutzer Inhalte für andere bereitstellen und editieren [41]

2.2 Elemente der Gamification

Gamification bedient sich der Konzepte aus der klassischen Spieltheorie und aus Computerspielen, um sie in Anwendungen zu integrieren, die typischerweise nicht zwingend etwas mit Spielen zu tun haben. Wenn wir nunmehr versuchen, beliebige Anwendungen durch Gamification zu optimieren, müssen wir uns zunächst auch die typischen Abläufe von Spielen verdeutlichen und die daraus resultierenden Möglichkeiten kennenlernen. Ein wichtiger Aspekt hierbei ist die sog. Player Journey [42] nach Kim, die aus drei Phasen besteht: *Onboarding, Habit-Building* und *Mastery* (siehe Abb. 2.22).

Spieler beginnen diese Reise als Anfänger (engl. „Newbie") mit dem sog. *Onboarding,* durch das sie die grundlegenden Voraussetzungen zum Spielen des Spiels erlangen. Dazu gehört typischerweise die Anmeldung, Erstellung eines Accounts, das Einrichten der Spielumgebung und das Erlernen der ersten Grundlagen. Diese Übungsphase geht dann weiter in die Phase des *Habit-Building,* in der sich der normale Spielablauf verfestigt und der Spieler im Rahmen des Flow (siehe Abschn. 2.1.2) mehr und mehr Kenntnisse erwirbt. Sowohl nach dem *Onboarding* als auch während der normalen Spielphase können Spieler jederzeit die Lust verlieren und das Spiel abbrechen. Einige der Spieler haben den Ansporn, wahre Meister des Spiels zu werden und schließen noch eine weitere Phase, die *Mastery,* mit an, in der sie enthusiastisch den Flow bis an die Grenze verfolgen und das Spiel „durchspielen". Auf Basis dieser grundlegenden Player's Journey hat Marczewski [5] eine erweiterte Gamification User Journey erstellt, die eine sehr gute Grundlage für das Gamifizieren von Anwendungen darstellt. Abb. 2.23 zeigt diese Erweiterung.

Abb. 2.22 Player's Journey nach Kim [42]

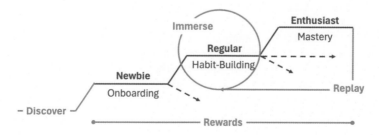

Abb. 2.23 Player's Journey nach Marczewski [5]

In diesem erweiterten Modell gibt es zusätzliche Phasen, die durch Gamification gesteuert und ergänzt werden. Vor dem *Onboarding* wird hier die *Discover*-Phase integriert, die überhaupt erst mal Aufmerksamkeit dafür erzeugt, dass eine bestimmte Anwendung existiert. Dies können die Aufmacherbilder in App Stores sein, Zeitschriftenartikel, Erzählungen anderer Nutzer, Foren, Social Media u. v. m. Diese Phase ist jedoch nicht zu unterschätzen, stellt sie doch häufig die Verbindung zwischen Produktmarketing und dem tatsächlichen Einstieg in ein Produkt dar. Die o. g. Phase des *Habit-Building* wird in diesem Model durch die Phase *Immerse* gekennzeichnet, die nochmals deutlicher den Flow und das Eintauchen in selbigen beschreibt. In dieser Phase sind gute Aktivitäts- und Feedbackschleifen wichtig, um Nutzer im Flow zu halten. Hier geht es auch nicht nur darum, Belohnungen einzusammeln, vielmehr ist das die Phase, in der der Anwendungsdesigner versuchen muss, Nutzer für höhere Ziele oder Werte zu begeistern und gezielt die in Abschn. 2.1.3 eingeführten Nutzertypen zu adressieren. Im besten Fall folgt auch hier die *Master*-Phase, welche den Nutzer dazu bringt, die Anwendung bis zum Ende durchzuarbeiten. Marczewski ergänzt nun zwei wesentliche Punkte [5]: Die Königsdisziplin des Game Design ist es, dass Nutzer das Spiel erneut spielen, obwohl sie erfolgreich alle Ziele erreicht, alle Level durchspielt und alle Belohnungen erhalten haben. Diese *Replay*-Phase zeichnet hervorragende Anwendungen aus, weil selbst die besten Spieler sich nochmal quer durch alle Level spielen wollen. Sämtliche Phasen dieses Modells werden durch *Rewards* unterstützt, also Belohnungen auf verschiedenen Ebenen der Persönlichkeit, die dazu führen, dass Nutzer aller Gruppen sich dauerhaft durch die Anwendung motiviert fühlen und im Flow bleiben. In den nachfolgenden Abschnitten werden wir uns nun genau diese Belohnungen im Detail ansehen.

> Nutzer durchlaufen im Rahmen der Player's Journey verschiedene Phasen, in denen jeweils unterschiedliche Elemente der Gamification zum Einsatz kommen.

2.2.1   Points, Badges und Leaderboards (PBL)

Es gibt viele Arten von Belohnung, die auch auf unterschiedliche Benutzergruppen ausgelegt sein kann. Die drei gängigsten Varianten der Gamification sind sicherlich Punkte, Badges (Abzeichen) und Leaderboards (oft auch PBL abgekürzt). Sie stellen sozusagen die Klassiker unter den Belohnungen dar und werden in nahezu jeder gamifizierten Anwendung eine mehr oder weniger große Rolle spielen. Viele der später vorgestellten Belohnungskonzepte sind Abwandlungen oder Spezialisierungen dieser drei Varianten. Wir werden daher zunächst den Fokus auf Punkte, Auszeichnungen und Leaderboards legen und anschließend weitere Verfeinerungen einführen [5, 15, 43, 44].

2.2.1.1 Punkte

Die Vergabe von Punkten für bestimmte Aktionen ist die einfachste Möglichkeit, Gamification in Anwendungen zu integrieren. Sie werden typischerweise für das Erfüllen von Aufgaben vergeben und stellen somit eine Methode dar, Erfolge von Benutzern messbar zu machen. Ein hoher Punktestand wird hierbei typischerweise mit einem guten Fortschritt innerhalb der Anwendung verbunden. Häufig werden Punkte auch für das Erfüllen von eher langweiligen – aber für die Anwendung oder Plattform wichtige – Aufgaben vergeben, um den Nutzern eine zusätzliche Motivation zu bieten. Punkte sind häufig abstrakte Kennzahlen, die nur innerhalb der Anwendungswelt einen Wert darstellen. Man kann durch das Erreichen bestimmter Punkte dann zusätzliche Funktionen der Anwendung freischalten oder genießt gewisse Privilegien. Der Mehrwert dieser Punkte ist jedoch auf die Anwendung begrenzt. Oftmals werden diese Punkte daher auch mit realen Dingen in Verbindung gebracht werden, um deren Wert zu steigern. Können Punkte einer Anwendung bspw. in echtes Geld umgetauscht werden, so ist die Motivation, möglichst viele Punkte zu sammeln, natürlich deutlich höher. Wenn die gesammelten Punkte für Gutscheine oder Rabatte außerhalb der Anwendung genutzt werden können, ist dies für viele Nutzer ebenfalls ein großer Ansporn. Daher versuchen viele Anbieter durch geeignete Partnerschaften abstrakte Punkte innerhalb der Anwendung mit realen Mehrwerten zu kombinieren. Punkte helfen ganz allgemein, den Fortschritt zu messen, Belohnungen zu verwalten, Auszeichnungen oder Abzeichen auszustellen, das Leaderboard zu organisieren und stellen somit ein zentrales Basiskonzept der Gamification dar. Auch wenn Benutzer diese Punkte manchmal nicht explizit angezeigt bekommen, im Hintergrund werden die meisten Systeme solche Punktesysteme mitführen [45, 46] (Abb. 2.24).

Man kann Punkte als eine Art virtueller Währung betrachten. In gewisser Weise werden Nutzer mit dieser Währung für das Abarbeiten von Aktionen oder das Erreichen von Zielen bezahlt. Diese zunächst individuelle, rein auf den Nutzer bezogene Sichtweise kann dadurch aufgebrochen werden, dass Punkte mit realen Leistungen in Verbindung gebracht werden. Man kann das Punktesystem aber auch so organisieren, dass von ihnen innerhalb der Anwendung Dinge „gekauft" werden können, d. h., man erwirbt mit einer gewissen Punktezahl nicht automatisch eine Auszeichnung, sondern kann die Punkte auf einem virtuellen Marktplatz innerhalb der Anwendung zum „Bezahlen" verwenden. In diesem Fall können Punkte häufig durch den Einsatz einer echten Währung hinzugekauft werden. Dies kann als Abkürzung für höhere Levels des Spiels betrachtet werden, dient meist aber schlicht und ergreifend der Kommerzialisierung von Anwendungen. In manchen Anwendungen ist auch das Tauschen von Punkten oder das gemeinsame Sammeln von Punkten ein wichtiger Faktor, um bspw. die Sozialisierung der Nutzer besser zu unterstützen. Sie können dann im Team Punkte sammeln, sich mit anderen Teams messen, oder Punkte untereinander tauschen. Gerade in derartigen Modellen sind die Nutzertypen aus Abschn. 2.1.3 genau zu analysieren, da sich durch eine gute Kenntnis der Nutzerstruktur neue Geschäftsmodelle ableiten lassen. Im Softwarebereich gibt es beispielsweise schon länger die auf diesem Prinzip basierende *Freemium*-Logik. Hierbei werden Basisfunktionen einer Software frei verfügbar gestellt und bestimmte Extras können entweder durch

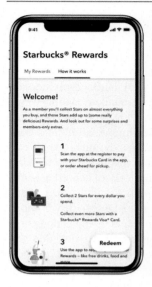
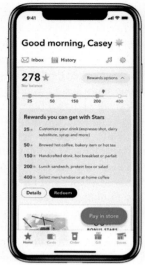

Abb. 2.24 Starbucks vergibt Punkte und Belohnungen. Mit jedem Erwerb eines Getränks werden Punkte gesammelt, die dann wiederum zum Bezahlen eingesetzt werden können. Somit werden virtuelle Punkte in reale Güter umgewandelt. In der App wird auf künftige Belohnungen hingewiesen und erklärt, wie der Nutzer sich in der Anwendung bewegen kann [47]

intensive Nutzung der Software oder durch zusätzliche Gebühren erworben werden. In jedem Fall braucht es hier eine gezielte Analyse der Nutzertypen und des potenziellen Wertes, den eine bestimmte Funktion für einen Benutzer darstellt (Abb. 2.25).

> Punkte stellen die virtuelle Währung jedes Spiels dar. Sie können mit echten Objekten in Verbindung gebracht werden.

Man sollte jedoch nicht außer Acht lassen, dass Punktesysteme für manche Nutzer auch Stress verursachen können. Viele kennen das vielleicht aus dem Studium, wenn das Erreichen einer bestimmten ECTS-Punktezahl auf einmal zu einem gewissen Druck führt. Ähnliches kann auch innerhalb Ihrer gamifizierten Anwendung passieren. Der unmittelbare Vergleich mit anderen Nutzern, ggf. die öffentliche Sichtbarkeit der erreichten Punkte, kann für bestimmte Benutzer abschreckend wirken und sie überfordern. In diesem Fall müssen Mechanismen gefunden werden, die derartigen Stress reduzieren und dafür sorgen, dass sich auch diese Nutzergruppe in der Anwendung wohlfühlt. Man könnte sich beispielsweise überlegen, dass Punkte zunächst privat geführt werden, beliebige Wiederholungen für bestimmte Tests zugelassen sind und die Nutzer selbst entscheiden können, ab wann (und ob) sie ihre Punkte innerhalb einer Gruppe oder öffentlich sichtbar stellen.

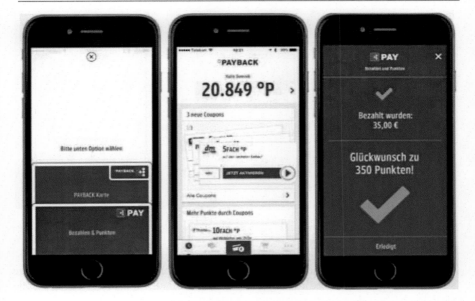

Abb. 2.25 Die Payback-App ist eine der beliebtesten Apps um Punkte zu sammeln. Punkte können durch Umsätze in teilnehmenden Läden gesammelt und später auch zum Bezahlen verwendet
werden. Durch Rabatte animiert Payback seine Nutzer zum Registrieren und Sammeln von Punkten
[48]

2.2.1.2 Badges/Abzeichen

Badges, Abzeichen, Auszeichnungen oder Trophäen stellen die nächste Ebene des
Feedbacks eines Systems dar. Während Punkte mehr oder weniger einen einfachen
Zähler darstellen, repräsentieren Abzeichen ganz bestimmte erreichte Leistungen
(engl. „Achievements"). Abzeichen sind hierbei nicht ausschließlich an erreichte
Punkte gebunden. Sie können beispielsweise auch für die Erbringung von Leistungen innerhalb bestimmter Fristen oder auch für langfristiges Engagement vergeben
werden [49]. Auf diese Weise werden Leistungen kategorisiert aber auch Lob aus-
gesprochen. Es bietet sich an, Abzeichen zu staffeln (bspw. Gold, Silber, Bronze)
oder grafisch ansprechend zu visualisieren. Sie werden häufig einem sozialen Status innerhalb der Anwendung gleichgesetzt und mit Werten und Bedeutung belegt,
sodass die Benutzer, die sich solche Abzeichen verdient haben, auch entsprechend
Stolz darauf sein können. Wenn Sie mit Abzeichen arbeiten, sollten Sie darauf achten,
dass es für die Nutzer nicht langweilig wird. Ein Abzeichen bspw. für alle 100 Likes
zu erhalten, ist irgendwann nicht mehr spannend und verliert den Reiz. Häufig geht
man auch zu ungewöhnlichen Intervallen über und vergibt Abzeichen bspw. nicht für
10 erledigte Aufgaben, sondern für 11. Oder erhöht die Intervalle bei jedem Durchlauf. Abzeichen sollten auch nicht zur Gewohnheit werden, sondern immer etwas
Besonderes darstellen. Gerade in Umgebungen, in denen Sozialisierung eine gewisse
Rolle spielt, bietet es sich häufig an, Abzeichen durch andere Nutzer verleihen zu
lassen. Wenn ein Benutzer bspw. im Forum sehr häufig positiv auffällt, hilfreiche
Kommentare hinterlässt, dann könnten andere Nutzer ihn mit einem Badge auszeich-

Abb. 2.26 Apple nutzt in seinen Fitness-Apps diverse Badges, die aufgrund von Aktivität erworben werden können. Diese Grafik zeigt eine beispielhafte Übersicht [38]

nen, indem Sie ihn nominieren und dieser Nutzer dann ausgewählt wird. Derartige Auszeichnungen haben natürlich eine viel höhere Bedeutung als das Badge, das Sie sich durch 100 Likes verdient haben [46] (Abb. 2.26).

Beim Design Ihrer Anwendung sollten Sie berücksichtigen, dass Abzeichen nur bis zu einem gewissen Grad sinnvoll und spannend sind. Je mehr sich die Nutzer mit ihrem System auseinandersetzen und je mehr Abzeichen sie gesammelt haben, desto uninteressanter könnte das werden. Wenn ein weiteres Abzeichen irgendwann keinen Wert mehr hat, verlieren Sie ihre Nutzer. Dann bleibt nur noch die Sammelleidenschaft, die Nutzer dazu bringt, gerne alle Abzeichen haben zu wollen. Aber wenn ein Nutzer alle vorgesehenen Abzeichen erworben hat, was dann? Sollten Sie einfach weitere Abzeichen ausgeben, würden Sie damit ja unter Umständen den Wert der bisherigen Abzeichen verwässern. Hierfür sollten Sie möglichst früh eine passende Strategie überlegen.

Nach [5] gibt es vier verschiedene Arten von Badges:

- **Achievement:** Diese Abzeichen werden verliehen, wenn Nutzer eine bestimmte Herausforderung gemeistert oder eine bestimmte Aktion erfolgreich durchgeführt haben. Solche Abzeichen sind typischerweise erwartet und können durch gezieltes Üben geplant erworben werden.
- **Acknowledgement/Würdigung:** Diese Abzeichen werden für implizite Aktionen verliehen. Wenn beispielsweise jemand unter ungewöhnlichen Rahmenbedingungen eine besondere Leistung erbracht hat. Sie sind ungeplant und unerwartet und können nicht aktiv erarbeitet werden.
- **Identity:** Sie werden als Zeichen der Zugehörigkeit zu einer Gruppe verliehen. Auch sie können nicht erarbeitet werden, sondern werden bspw. vom Unternehmen zugeteilt.
- **Status:** Diese Abzeichen zeichnen Einzelne unter Vielen für besondere Verdienste aus. Sie müssen typischerweise verdient werden und werden dann von den Team Leads oder Vorgesetzten verliehen (Abb. 2.27).

Abb. 2.27 Selbst in eher funktionalen (und langweiligen) Anwendungen, wie bspw. dem Ticket-system Jira, können Badges helfen, die Motivation zu steigern. Das Gamification AddOn „Jiraffe" führt hier Abzeichen z. B. für das Kommentieren, Lösen von Tickets, Neueröffnen von Tickets u. v. m. ein [50]

Eine Ergänzung zu Abzeichen sind sog. Extraleben. Ursprünglich aus der reinen Spieleentwicklung kommend, lässt sich auch dieses Element auf beliebige Anwendungen übertragen. Hierbei werden Spieler zunächst mit einer gewissen (limitierten) Anzahl von Leben oder Versuchen für das Erreichen bestimmter Aufgaben ausgestattet. Extraleben können dann durch Leistungen innerhalb der Anwendung verdient werden. Auch in gamifizierten Lernumgebungen können Extraleben helfen, eine gewisse Fehlertoleranz abzubilden. Auch wenn ein Test bspw. nicht 100 % korrekt absolviert wurde, kann ein verliehenes Extraleben dazu führen, dass er nicht komplett wiederholt werden muss und der Nutzer mit dem Fortschritt zufrieden ist. Extraleben werden oft auch in Form von sog. Jokern bereitgestellt, die ein Nutzer dann an einem selbst gewählten Punkt der Anwendung einsetzen kann, um den nächsten Level zu erreichen. Auch hier gilt, dass eine fundierte Planung solcher ergänzender Elemente von Beginn an wichtig ist und auf die gewünschte Zielgruppe zugeschnitten sein sollte.

> Abzeichen und Auszeichnungen sind sichtbare Elemente des Erfolges. Sie bewirken positive Emotionen wie das Erleben von Stolz und können die Leistungsmotivation steigern.

2.2.1.3 Levels und Extraleben

Das Aufsteigen in Levels, d. h. der Zutritt zu neuen und meist komplizierteren Anwendungsumgebungen, ist typischerweise von der Erfahrung eines Nutzers abhängig. In Punktesystemen gibt es hierfür häufig Experience Points (XP), anhand derer dann weitere Levels freigeschaltet werden. Analog können auch bestimmte Objekte, Fähigkeiten oder Umgebungen abhängig von XPs sein. Es gibt unterschiedliche Strategien, wann ein nächster Level erreicht werden soll. In Lernumgebungen bspw. wird häufig die Anzahl an Wiederholungen bestimmter Übungen oder die Übungszeit an sich als Kennzahl herangezogen. Dies führt dazu, dass Fleiß belohnt wird [51]. Bei Computerspielen ist es hingegen oft eine bestimmte Herausforderung, die gemeistert werden soll – unabhängig von Übung oder benötigter Zeit. Das Erreichen von Levels sollte in jedem Fall dauerhaft sein, ein Zurückstufen ist äußerst unüblich. Das Level, auf dem sich ein Nutzer aktuell befindet ist typischerweise transparent und es sollte klar sein, warum und wie ein bestimmtes Level erreicht werden kann oder erreicht wurde.

2.2.1.4 Ranglisten und Leaderboards

Bestenlisten zeigen die Punktezahl oder das Spiellevel eines Nutzers in absteigender Reihenfolge. In der Gamification gibt es unterschiedliche Sichtweisen auf die Effektivität von solchen Leaderboards, dennoch gehören sie zu fast jeder gamifizierten Anwendung. Sie sind ein effektiver Weg, um einem Nutzer unmittelbar zu zeigen, wo er innerhalb der Anwendung und im Vergleich mit anderen Nutzern steht. Manche Nutzer fühlen sich dadurch motiviert und angespornt. Es versteht sich aber von selbst, dass diese Art der Anzeige bei anderen Nutzern häufig auch Stress oder Frustration hervorrufen kann, da Leaderboards zwangsläufig auf Leistung fokussieren. Um diesen Faktor zu dämpfen, werden Ranglisten häufig so gestaltet, dass die Motivation und nicht der Druck im Vordergrund stehen. Im Wesentlichen gibt es drei Strategien, um Leaderboards zu organisieren:

- **Absolute Leaderboards:** Hier werden die Ergebnisse aller Nutzer transparent gemacht. Vom Besten bis zum Schlechtesten. Dies kann einerseits motivieren, andererseits natürlich auch peinlich und demotivierend sein.
- **Relative Leaderboards:** Hier werden die Positionen relativ zu anderen, ähnlich guten oder schlechten Nutzern gezeigt. Diese Leaderboards zeigen bspw. nur die fünf Personen vor und hinter dem eigenen Rang an und verschweigen die absolute Position eines Nutzers, indem bspw. vom „besten Drittel der Anfänger" gesprochen wird. Häufig werden auch Formulierungen wie „mit Ihren Punkten gehören Sie zu den besten 12 %" verwendet. Diese wirken eher auf einer psychologischen, als auf einer durch absolute Zahlen messbaren Ebene. Dennoch ist dies eine gute Möglichkeit, Nutzer zu motivieren, deren Selbsteinschätzung zu stärken und dennoch nicht durch die Preisgabe von konkreten Zahlen über tausende Nutzer, die besser sind, zu demotivieren.
- **Nichtkompetitive Leaderboards:** Wenn man sämtliche Positionen und auch die Reihenfolge eines Leaderboards entfernt, dann hat man „nur" noch eine Gruppe von Personen, die in einem ähnlichen Fähigkeitsbereich sind. Der Wettbewerb wird somit eliminiert, an dessen Stelle tritt eine soziale Komponente, die ähnliche Nutzer gruppiert und ihnen so die Möglichkeit bietet, sich gemeinsam zu verbessern (Abb. 2.28).

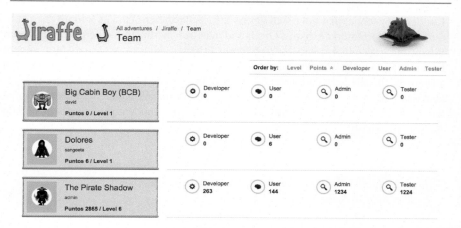

Abb. 2.28 Das bereits erwähnte Jira-AddOn Jiraffe enthält auch eine Leaderboardfunktion, die die erworbenen Punkte und Fähigkeiten darstellt [50]

> Bestenlisten fördern den Wettbewerb und können für zusätzliche Motivation sorgen.

Im Zusammenhang mit Bestenlisten sollte auch nochmals die Verbindung zum realen Leben angeführt werden. Sie können die Akzeptanz und den Wettbewerb innerhalb Ihrer Anwendung massiv steigern, wenn bspw. die drei Besten der Liste monatlich einen Preis aus der echten Welt erhalten. Man kennt dieses Prinzip vom „Mitarbeiter des Monats", der natürlich auch innerhalb einer Anwendung ermittelt und entsprechend prominent dargestellt werden kann. Gerade bei Anwendungen innerhalb des Unternehmens können solche Elemente einen äußerst positiven Effekt haben.

2.2.2 Herausforderungen, Wettbewerb und Kollaboration

Gerade beim Einsatz von Gamification für interne Anwendungen ist einer der wesentlichsten Aspekte der Wettbewerb, den man als Anwendungsdesigner zwischen Mitarbeitern ins Rollen bringen möchte. Hierbei haben mehrere Mitarbeiter dieselbe Herausforderung und werden von der Anwendung in einen direkten Wettbewerb gestellt. Man kennt solche Beispiele von Sales Leaderboards, also den Vertriebsmitarbeitern mit den meisten Umsätzen, Fitnesswettbewerben oder auch von denjenigen Mitarbeitern, die am aktivsten auf den Sozialen (Unternehmens-)Medien unterwegs waren. Wenn man den Wettbewerb zwischen Mitarbeitern erhöhen möchte, dann sollte man jedoch unbedingt auf die passende Wahl der Wettbewerbsparameter achten. Wenn es beim Sales Leaderboard beispielsweise rein um die Anzahl der akquirierten Aufträge geht, könnte das dazu führen, dass sich Mitarbeiter gegenseitig die

Kunden wegschnappen oder sich gegenseitig unterbieten. Und es könnte dazu führen, dass Mitarbeiter, die bspw. Großkunden betreuen, ohnehin einen uneinholbaren
Vorsprung gegenüber dem Rest des Teams erhalten. Hier müsste man dann andere
Kriterien für den Wettbewerb heranziehen, bspw. die Anzahl gewonnener Neukunden
aus einem für alle verwendbaren Adresspool oder einen Faktor, der die Langfristig-
keit von Kundenbeziehungen mit einkalkuliert. Denn ein Kunde, der jeden Monat
wieder kauft sind besser als fünf schnell akquirierte Kunden, die jeweils nur einen
Auftrag platzieren.

> Die geschickte Wahl des Ziels von Wettbewerben motiviert Nutzer zu einem
> bestimmten Verhalten.

In vielen Unternehmen weicht dieser Wettbewerbsgedanke mehr und mehr dem
kollaborativen Zusammenarbeiten im Team. Dieses kann durch die geeignete Wahl
von Klassifikationselementen zum Bewältigen von Herausforderungen unterstützt
werden. Ein gutes Beispiel dafür finden wir im Fußball. Hier ging es früher ausschließlich darum, wer die meisten Tore geschossen hat. Mittlerweile werden aber
auch die Torvorlagen (sog. Assists) mitgezählt, um dem Teamplayer, der dann dem
eigentlichen Torschützen überhaupt erst die Möglichkeit zum Tor eröffnet hat, auch
die entsprechende Wertschätzung zukommen zu lassen. Sie sollten analog hierzu
auch beim Design Ihrer Anwendungen darauf achten, wie Ihre Mitarbeiter im Team
zusammenarbeiten, um das beste Ergebnis für Ihr Unternehmen zu erzielen und die
Bewertungskriterien für Ihre Leaderboards entsprechend anpassen.

2.2.3 Visualisierung, Personalisierung

Die optische Umsetzung spielt in gamifizierten Anwendungen jeglicher Art eine
wichtige Rolle. Sämtliche genannten Elemente müssen der Anwendung entsprechend visualisiert und an geeigneten Positionen dargestellt werden. Dies beinhaltet:

- **Fortschritt:** Der individuelle Fortschritt von Nutzern innerhalb der Anwendung
  sollte gut sichtbar dargestellt werden. Hierfür kann sich ein klassischer Fortschrittsbalken eignen, häufig wird der Fortschritt – ähnlich wie auf Fitnesstra-
  ckern – auch durch sich schließende Ringe oder sonstige grafische Umsetzungen
  dargestellt.
- **Punkte:** Nutzer sollten schnell und einfach ihren aktuellen Punktestand erkennen
  können. Da Punkte für viele Anwendungen die Bewertungsbasis darstellen, ist es
  hilfreich, hier auch die Punkte zum Erreichen des nächsten Badges oder Levels
  anzuzeigen.
- **Level:** Das aktuelle Level, in dem der Nutzer unterwegs ist.

- **Badges:** Auszeichnungen oder Abzeichen, die ein Nutzer erworben hat, werden typischerweise in einem gesonderten Bereich angezeigt. Wichtige Abzeichen werden jedoch auch in allen Listen oder dem Profil des Nutzers aufgeführt.
- **Ranglisten:** Hier gilt es zu entscheiden, was auf einer Rangliste angezeigt wird. Je nach dem, ob es sich um öffentliche oder unternehmensinterne Listen handelt, muss auch das Thema Datenschutz berücksichtig werden. Im Normalfall werden der Nutzername, ein Profilbild oder Avatar, der Punktestand und die wichtigsten erreichten Abzeichen dargestellt.
- **Avatare:** Sie repräsentieren Nutzer in digitalen Anwendungen und können entweder durch Profilfotos, Icons, künstliche Wesen oder Objekte visualisiert werden. Im unternehmensinternen Einsatz werden häufig automatisch Fotos der Mitarbeiter genutzt, in virtuellen Räumen ziehen immer häufiger dem Nutzer ähnliche künstliche animierte Wesen an die Stelle der Profilfotos. Diese können sich dann auch durch virtuelle Welten bewegen und in ihnen interagieren. Die Visualisierung von Avataren kann auf verschiedene Arten erfolgen (fotorealistisch oder stilisiert, bzw. künstlich oder real oder menschlich/nichtmenschlich). Abb. 2.29 stellt die verschiedenen Varianten mit Beispielen gegenüber.
- **Mitspielende:** Anwendungen, in denen eine gewisse Sozialisierung gefördert werden soll, müssen natürlich auch die Mitspielenden entsprechend visualisiert werden. Hierbei gilt es zu definieren, wie viele und welche Mitspielenden überhaupt sichtbar sein sollen. In Spielen wie bspw. Fortnite sind teilweise Millionen Nutzer zur selben Zeit online, die logischerweise nicht alle gleichzeitig visualisiert werden können.

> Personalisierung stärkt die Identifikation des Nutzers mit der Anwendung.

Abb. 2.29 Klassifikation verschiedener Avatarrepräsentationen. (Eigene Darstellung)

Sämtliche Visualisierungen sollten einem einheitlichen Design folgen. Denken Sie daran, dass die Schrift-, Farb- und Formenwelt Ihrer Anwendung unmittelbaren Einfluss auf die Perzeption Ihrer Nutzer hat, also wie sie die Anwendung wahrnehmen. Unternehmensanwendungen sollten bspw. dem Corporate Design des Unternehmens folgen, um das Gefühl der Zugehörigkeit der Mitarbeiter zu stärken (Abb. 2.30).

2.2.4   Feedback und Soziale Interaktion

Aus den sozialen Medien kennt man Begriffe wie Likes, Follower, Verbindungen usw. Diese verschiedenen Elemente stellen eine Art Feedback für den Nutzer dar, denn es wird dadurch unmittelbar ersichtlich, dass eine Wirkung erzielt wurde. Studien belegen [5], dass steigende Followerzahlen oder Likes bei den Nutzern Glücksgefühle auslösen, Dopamin ausschütten und somit zu einem Suchtfaktor werden können. Daher lassen sich diese Konzepte ebenfalls auf gamifizierte Anwendungen übertragen. Die soziale Interaktion kann eine wichtige Komponente von Anwendungen sein, wie bereits mehrfach ausgeführt. Es gilt jedoch nicht nur, zu interagieren, sondern auch zu bestimmen, welche Art von Interaktion innerhalb der Anwendung mit welchen Werten belegt ist. Die Anzahl der Follower kann ein solcher Wert sein, genauso aber auch die Aktivität bezogen auf Inhalte von anderen Nutzern. Es kann ein Bestandteil der Anwendung sein, dass Nutzer andere Nutzer vorschlagen können, um ihnen aufgrund ihrer Hilfestellung bestimmte Auszeichnungen zu verleihen. Genauso könnten Nutzer, die sich durch besonders effiziente Kollaboration im Team hervorgetan haben, einen besonderen Status erlangen. Je nach Zielsetzung

Abb. 2.30 Der Nike Run Club nutzt eine Reihe von Elementen der Gamification. Es werden relative Leaderboards dargestellt (links), Punkte bzw. gelaufene Meter, Schritte usw. visualisiert (mitte) und Statistiken visualisiert (rechts) [52]

Ihrer Anwendung können Sie den Fokus damit sehr stark auf die soziale Interaktion legen. Bei Unternehmensanwendungen im Bereich Education kann ein solcher Aspekt bspw. der Wissenstransfer von einem Mitarbeiter zum nächsten sein [54] (Abb. 2.31 und 2.32).

> Feedback ist eine unmittelbare und wichtige Funktion für den Nutzer.

2.2.5   Game Over

Irgendwann kommt der Punkt, an dem eine gamifizierte Anwendung zu Ende gespielt ist. Alle Abzeichen wurden erlangt, alle Level durchlaufen, alle Punkte eingesammelt, alle Herausforderungen gemeistert. Dann stellt sich die Frage „was nun?". In vielen Spielen gibt es hierfür ein spezielles Konzept, das sog. *Prestige*. Hierbei werden im Endeffekt alle erworbenen Abzeichen, Punkte, Levels zurückgesetzt und durch eine spezielle Trophäe ersetzt, die dann anzeigt, wie oft das Spiel vollständig durchgespielt wurde. Anwendungen aus dem Bereich Education können dieses

Abb. 2.31 Die App Duolingo zum Erlernen von Sprachen setzt massiv auf Gamification. Fortschrittsbalken werden zur Visualisierung des Fortschritts eingesetzt (2. Bild von links), Sozialisierung wird eingesetzt (2. Bild von rechts), um anderen Mitgliedern zu folgen oder anzuzeigen, welche Mitglieder einem selbst folgen. Außerdem werden hier erworbene Abzeichen und Experience-Punkte angezeigt [53]

Abb. 2.32 Instagram dient hier als Beispiel für Soziale Interaktion. Nutzer können Nachrichten austauschen, möglichst direkt miteinander kommunizieren, Inhalte teilen. Natürlich wird auch hier die Anzahl der Followers, Likes, Interaktionen als Punktesystem genutzt [55]

Konzept für spezielle Übungen, Tutorien usw. nutzen, aber auch im unternehmensinternen Kontext kann es hierfür Einsatzgebiete geben.

Wenn ein Nutzer die komplette Anwendung durchlaufen hat, es jedoch kein sinnvolles erneutes Durchspielen gibt, dann haben Sie immer noch die Möglichkeit, die Regeln Ihrer Anwendung zu ändern, um dem Nutzer neue Herausforderungen zu stellen. Dies sollte jedoch nur die letzte Möglichkeit darstellen, denn ein nachträgliches Ändern von Regeln bringt immer eine ganze Reihe von Nebeneffekten mit sich (bis hin zu rechtlichen Problemen). Einmal mehr zeigt dies, wie wichtig es ist, Gamification von vornherein in Anwendungen zu integrieren und ein sauberes und gut durchdachtes Modell für die gamifizierten Elemente zu hinterlegen.

2.3   Zusammenfassung

In diesem Kapitel haben wir uns mit den Grundlagen der Gamification beschäftigt und zunächst den Motivationsbegriff und dann die Elemente der Gamification eingeführt. Sie haben gesehen, welche Ebenen der Motivation es gibt, und insbesondere, wie wir den Flow einsetzen wollen, um unsere Nutzer möglichst lange in dem spannenden Bereich der Anwendung zu halten (siehe Abschn. 2.1.2). In Abschn. 2.1.3 haben wir uns mit der Analyse der typischen Nutzergruppen beschäftigt und festgestellt, dass es eine ganze Reihe von Stereotypen gibt, die wir einerseits zur Zielgruppenanalyse und andererseits für das konkrete Design von Gamification in unseren Anwendungen einsetzen können. In Abschn. 2.2 wurden dann schließlich die konkreten Elemente der Gamification eingeführt und Sie haben gesehen, wie Punkte, Abzeichen, Ranglisten, deren Visualisierung und Wettbewerb mithilfe von Gamification umgesetzt werden können.

2.4   Selbsttestaufgaben

2.1 – Motivation

Welche Ebenen der Motivation kennen Sie?

2.2 – Bedeutung

Was charakterisiert die Motivationsebene der „Bedeutung"?

2.3 – Bedürfnisse

Auf welchen Ebenen der Maslow-Pyramide findet Gamification normalerweise statt?

2.4 – Flow

Welche Dimensionen zieht man zur Formalisierung des Flow heran?

2.5 – Flowphasen

Was sind die typischen vier Phasen im Flowzyklus?

2.6 – Mastering

Welche Phasen sind am Mastering beteiligt?

2.7 – Persönlichkeitstypen

Nennen Sie die Dimensionen für die Einordnung von Persönlichkeiten.

2.8 – Nutzertypen

Welche intrinsisch motivierten Nutzertypen kennen Sie?

2.9 – Zerstörer

Was zeichnet den „Zerstörer" aus?

2.10 – Player Journey

Welche initialen Phasen hat die Player Journey nach Kim?

2.11 – Punkte

Welche Aufgabe erfüllen Punkte?

2.12 – Abzeichen

Warum sind Abzeichen wichtig?

2.13 – Achievement vs. Status

Erklären Sie den Unterschied zwischen Abzeichen für Achievements und Statusabzeichen.

2.14 – Ranglisten

Was sind relative Leaderboards?

2.15 – Personalisierung

Nennen Sie Beispiele für die Klassifikation von Avataren.

2.16 – Soziale Interaktion

Nennen Sie Gründe, warum sich soziale Interaktion positiv auswirken kann.

Modelle

3

Gamification ist nicht nur eine Sammlung von einzelnen Elementen, die möglichst konkret eine Zielgruppe adressieren. Vielmehr umfasst sie auch eine ganze Reihe von Methoden, Vorgehensweisen, Modellen und Konzepten für den zielgerichteten Einsatz in nahezu jeder Art von Anwendung. In diesem Kapitel werden wir uns mit eben diesen Modellen und Methoden beschäftigen, um damit eine fundierte Vorgehensweise zu etablieren. Einer der wichtigsten Aspekte jeder Art von Softwareentwicklung ist eine klare Zieldefinition. Die Ziele, die Sie mit Ihrer Anwendung verfolgen, müssen nicht zwingend dieselben sein, die Sie durch Gamification erreichen wollen. In Abschn. 3.1 werden wir daher eine Reihe von Modellen zur Zieldefinition und zum Ablauf gamifizierter Anwendungen kennenlernen. Wenn Ihre Nutzer die gesteckten Ziele erreicht haben, sollten sie belohnt werden. Auch für das Konzept der Belohnung gibt es eine große Anzahl möglicher Vor- und Herangehensweisen. Diese werden in Abschn. 3.2 betrachtet. Schließlich wollen wir in Abschn. 3.3 noch die Funktionsweisen gamifizierter Anwendungen, also die zugrunde liegende Mechanik betrachten, um somit einen vollständigen Überblick über die Modelle der Gamification zu erhalten.

3.1 Ziele setzen

Aus der klassischen Spieltheorie und insbesondere aus dem Bereich der Computerspiele kann man den Umgang mit Zielen sehr gut lernen. Es gibt kaum ein Spiel, das dem Nutzer ein einziges, riesiges, nahezu unmöglich zu bewältigendes Ziel vorgibt und ihn damit alleine lässt – stattdessen werden viele kleine Ziele aneinander gereiht, die in einer logischen, den Flow unterstützenden Abfolge vom Nutzer bewältigt werden, durch die er lernt und an denen er wachsen kann, bis er durch die Summe dieser vielen kleinen Teilziele – fast schon, ohne es zu merken – das große, riesige Ziel

S. Wagenpfeil, *Gamification Design*,
https://doi.org/10.1007/978-3-662-69842-6_3

Abb. 3.1 Die
wahrgenommene
Wichtigkeit steht im
Verhältnis zur zeitlichen
Distanz [56]

erreicht hat. In Computerspielen wäre dies das finale „Game Over", wenn der letzte
Level erreicht und erfolgreich durchspielt wurde.

Computerspiele zeigen uns außerdem, dass es hilfreich ist, eine Geschichte zu
erzählen, die dann in Levels, Missionen oder Herausforderungen aufgeteilt wird,
welche dann durch Ziele oder Teilziele erlebt wird. Auch ist hier das Erleben ein
wichtiger Faktor, denn bei Spielen geht es selten um das stumpfe Abarbeiten von
Aufgaben, vielmehr ist die Zeit, die man sich im Flow befindet, ein Erlebnis, dass
durch Herausforderungen, Motivation, Üben und Bestätigung für Abwechslung und
Spannung sorgt.

Rein psychologisch fällt es uns leichter, uns auf kleinere, überschaubare Ziele
zu konzentrieren, als auf weiter entfernte, umso größere und evtl. sogar überwälti-
gende Ziele. Ähnliches gilt für die Zeit. Die Construal-Level-Theorie von Y. Trope
[56] besagt, dass unser Gehirn Ereignisse, die in naher Zukunft passieren, deutlich
intensiver wahrnimmt, visualisiert und in der Lage ist, an ihnen zu arbeiten, als
Ereignisse, die in weiter Ferne liegen. Letztere werden häufig als abstrakt, weniger
wichtig, weniger real wahrgenommen (siehe Abb. 3.1).

> Große Ziele werden in kleine Teilziele aufgeteilt.

Diese Erkenntnis hat natürlich auch Auswirkungen auf die Gamification von Anwendungen. Wenn man akzeptiert, dass Nutzer mit weit entfernten, komplexen Zielen
schlechter umgehen können, dann ergibt sich daraus von selbst, dass der Anwendungsdesigner dafür sorgen muss, kurzfristige und möglichst konkrete Teilziele zu
definieren, mit denen die Nutzer sich dann identifizieren können und deren Lösung
sie zuversichtlich stimmt. Daraus resultiert, dass schwierige Aufgaben in kleinere
Aufgaben unterteilt werden. Die Teilaufgaben müssen beherrschbar und zugleich
herausfordernd sein, um im Flow zu bleiben, und sie sollten auf einzelne Nutzertypen zugeschnitten sein. Typischerweise beginnt man daher mit einfachen Aufgaben,
die nach und nach komplizierter werden. Wenn Sie einem Kind das Zählen beibrin-
gen, werden Sie auch nicht sofort damit beginnen, es bis 100 zählen zu lassen. Sie
beginnen mit 3, 5, dann vielleicht 10 Zahlen und steigern es nach und nach.

Ein gutes Beispiel hierfür sind Umfragen. Wenn Sie Ihre Nutzer befragen und
bspw. 100 Fragen stellen wollen, dann könnten Sie diese auf eine Bildschirmseite
packen. Viele Nutzer würden allerdings von vornherein ablehnen, an dieser Umfrage

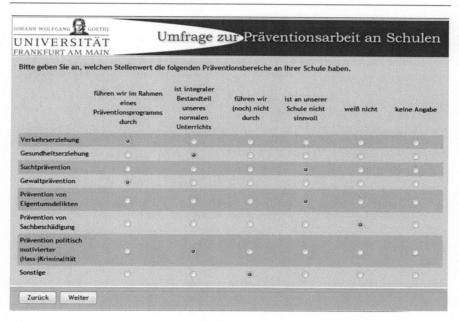

Abb. 3.2 Umfragen werden in kleinere Häppchen unterteilt, um den Benutzer nicht von vornherein durch ein zu großes Ziel abzuschrecken. Grafik übernommen von [57]

teilzunehmen, da sie sich von der schieren Menge an Fragen überfordert fühlen würden. Wenn Sie stattdessen die Fragen in 10er-Paketen stellen, sodass der Benutzer immer nur bequem eine Bildschirmseite vor sich sieht, dann ist die Wahrscheinlichkeit, dass die Nutzer alle Fragen beantworten, sehr hoch. Abb. 3.2 zeigt dies am Beispiel eines Onlinefragebogens. Häufig wird auch noch der Gesamtfortschritt eingeblendet, um dem Benutzer ein Gefühl dafür zu geben, wie viele Häppchen noch kommen. In jedem Fall erhöhen Sie damit die Wahrscheinlichkeit, dass Nutzer alle 100 Fragen beantworten deutlich gegenüber der Darstellung aller Fragen auf einmal.

3.1.1 Rückmeldungen, Feedback

Wenn Sie Ziele setzen, dann sollten Sie auch dafür sorgen, dass Ihre Anwendung die Nutzer über das Erreichen oder Nichterreichen dieser Ziele informiert. Feedback ist für viele Dinge, die wir erledigen, eine wichtige Stellgröße. Ohne Feedback wissen wir nicht, wo wir stehen, ob wir auf dem richtigen Weg sind, ob die Dinge, die wir tun, hilfreich sind und uns zum Ziel führen. Gerade auch in Beruf, im sozialen Umfeld, bei Hobbies, beim Sport etc. ist Feedback eine wichtige Stellgröße.

Gute Feedbackfunktionen gehen auf die Bedürfnisse der Nutzer ein, zeigen relevante Informationen an, erscheinen zur passenden Zeit, sind aussagekräftig und haben für den Nutzer eine Bedeutung. Feedback kann in vielen verschiedenen

Abb. 3.3 Sprechende Hinweise und Meldungen zeigen dem Benutzer, ob und welche Ziele erreicht wurden [38]

Formen gegeben werden. Im einfachsten Fall sind das Meldungen, aber auch Fortschrittsbalken, Punkte oder Badges sind Formen von Feedback. Abb. 3.3 zeigt beispielsweise das Feedback, welches auf Apple Watches beim Erreichen von Trainingseinheiten angezeigt wird.

> Sinnvolles und hilfreiches Feedback ist für die Motivation von Nutzern sehr wichtig.

Die drei wichtigsten Feedbacktypen sind Informationen über Erfolg, Fehler und den generellen Fortschritt des Nutzers. Auf diesem Weg sollen und müssen Nutzer über ihren aktuellen Status und ihre nächsten Schritte zum Erreichen von Teilzielen informiert werden.

3.1.2   Erreichbare Teilziele

Die Definition passender Ziele ist schon längst tief im Management von Unternehmen und Projekten jeglicher Art verankert. Eine generelle und etablierte Methodik stellt die SMART-Methode von Doran dar [58]. SMART ist hierbei ein Akronym für

- **Specific:** Ziele haben einen klar umrissenen Umfang.
- **Measurable** (dt. „messbar"): Ziele sind messbar.
- **Attainable** (dt. „erreichbar"): Ziele können grundsätzlich erreicht werden.

Abb. 3.4 Die Definition von erreichbaren Teilzielen führt zum Erreichen des Gesamtziels

- **Relevant:** Ziele sind wichtig.
- **Time-Bound:** Ziele müssen zu einem bestimmten Termin fertig gestellt sein und haben eine bestimmte Dauer.

Bezogen auf die Gamification von Anwendungen kann man festhalten, dass zwischen dem Beginn einer Anwendung und dem erfolgreichen Absolvieren aller Aufgaben, also dem Gesamtziel, eine Vielzahl kleinerer, erreichbarer Ziele zwischengeschaltet werden (siehe Abb. 3.4). Diese orientieren sich nach dem jeweiligen Kenntnisgrad und den jeweiligen Fähigkeiten des Nutzers und werden im Normalfall immer komplexer. Für jedes Teilziel gibt es Feedbackfunktionen, die den Nutzer über den Fortschritt und das Ergebnis des Teilziels informieren. An manchen Stellen können Meilensteine dazu dienen, ein neues Level zu erreichen, ein Abzeichen zu erhalten oder einen bestimmten Systemzustand zu markieren, bis das Gesamtziel erreicht ist. Für jedes der Teilziele (und in Konsequenz auch für das Gesamtziel) gilt die SMART-Regel.

Definieren Sie Ihre Ziele anhand der SMART-Regel.

An dieser Stelle sei nochmal auf die Persönlichkeitstypen aus Abschn. 2.1.3 hingewiesen. Nicht jeder Nutzer hat dasselbe Empfinden von SMART-Teilzielen. Manche Nutzer können durch den Zeitbezug unter Druck gesetzt werden, wohingegen andere Nutzer dadurch eher angespornt werden. Auch der Begriff der Erreichbarkeit von Zielen ist natürlich hochgradig individuell. Es ist eine der größten Herausforderungen im Design von gamifizierten Anwendungen, die Teilziele so dynamisch und modifizierbar zu halten, dass jeder Persönlichkeitstyp durch sie motiviert werden kann. Das bedeutet auch, dass die Teilziele durch die zugrunde liegende Anwendungslogik permanent angepasst, individualisiert und adaptiert werden müssen, um jeden einzelnen Nutzer im Flow zu halten. Zusätzlich zum „normalen" Zweck von Anwendungen kann dies einen nicht unerheblichen Mehraufwand bei Spezifikation und Implementierung bedeuten.

3.2 Belohnungen

Eine der wichtigsten Feedbackformen sind Belohnungen. In Spielen können diese durch die Vergabe von Punkten, das Freischalten bestimmter Bereiche oder Modi, Zusatzleben u. v. a. m. realisiert werden. All das zeigt dem Spieler unmittelbar, dass er etwas Besonderes erreicht hat und lässt ihn das Spiel mit gesteigerter Motivation fortsetzen. Das lässt sich für Gamification und in jeden Anwendungsbereich übertragen. Belohnungen sollten – ähnlich wie Feedback – relevant sein, einen Zeit- oder Kontextbezug besitzen, und einen gewissen Wert für den Nutzer darstellen.

3.2.1 Qualitätsmerkmale von Belohnungen

Häufig werden schon einfachste Tätigkeiten belohnt, damit verwässert sich der Wert für den Benutzer. Für Belohnungen sollte sich ein Nutzer anstrengen müssen und etwas Besonderes leisten, damit die Belohnung auch als solche wahrgenommen wird. Eine Auszeichnung, wie ein „Ihr-erster-Post-Abzeichen", die quasi jeder Nutzer eines Systems sofort erhält, ist für Nutzer des Systems nicht wertvoll. Eine Auszeichnung für den 10.000sten Follower ist jedoch schon etwas Besonderes. Für die Vergabe von Belohnungen sollten Sie sich daher immer ins Gedächtnis rufen, dass Belohnungen für eine bestimmte Leistung vergeben werden und dass die Leistung an sich den Wert darstellt – und nicht die erhaltene Belohnung. Feiern Sie Ihre Benutzer für diese Leistung. In vielen Anwendungen oder Spielen werden auch Belohnungen für Kontinuität vergeben (siehe Abb. 3.5), auf diesem Weg können Nutzer, die regelmäßig oder intensiv mit der Anwendung arbeiten, besonders motiviert werden.

Abb. 3.5 Das Spiel FarmVille zeichnet Nutzer durch spezielle Belohnungen aus, wenn sie täglich im Spiel aktiv sind. Je länger am Stück sie das machen, desto höher die Belohnung [59]

In der Gamification hat sich eine wichtige Grundregel beim Ausgeben von Belohnungen etabliert: Qualität vor Quantität. Um die Qualität zu definieren, müssen Sie sich beim Design Ihrer Anwendung überlegen, was für Sie eigentlich der Qualitätsmaßstab ist. Geht es bspw. darum, möglichst lange in der Anwendung zu bleiben und möglichst viel Werbung zu konsumieren, dann haben Sie einen anderen Qualitätsmaßstab, als wenn es darum geht, möglichst schnell Daten zu erfassen. Geht es um Reichweite? Um den Aufbau von Netzwerken? Um das Erlernen von Inalten? Darum, möglichst viele Fehler zu finden? Was ist Qualität in Ihrem Anwendungskontext? Erst, wenn Sie diese Frage klar und präzise beantworten können, lassen sich daraus die nötigen Belohnungen für das Erreichen von Zielen ableiten.

Bei Belohnungen gilt: Qualität vor Quantität.

3.2.2 Platz für Fehler

Belohnungen sind allerdings häufig nur die eine Seite der Medaille. Was passiert, wenn wir Fehler machen? Nutzer müssen, um im Flow zu bleiben, die Möglichkeit haben, zu üben und zu lernen. Und dabei passieren zwangsläufig Fehler. Dies mag bei Spielen völlig unkritisch sein, wenn wir an Businessanwendungen denken, können Fehler jedoch schnell sehr unschöne Auswirkungen produzieren. Daher brauchen gamifizierte Anwendungen immer sichere Bereiche, in denen Nutzer ihre Fähigkeiten trainieren können, ohne etwas ernsthaft kaputt zu machen.

Natürlich wird bei der Einführung neuer Systeme oder beim Onboarding neuer Nutzer häufig eine Testlandschaft genutzt, in der Nutzer per Definition nichts „kaputt" machen können. Testlandschaften haben allerdings ihre Grenzen: Benutzer müssen sich immer explizit dort anmelden und finden typischerweise eine andere Systemumgebung vor als im Produktivumfeld. Wenn Anwendungen, die täglich genutzt werden, neue Funktionen erhalten, müssten diese genau genommen immer erst in der Testumgebung ausprobiert und trainiert werden, bevor sie im Produktivsystem zum Einsatz kommen. Wie in Abb. 3.6 gezeigt, gibt es auch Wege, direkt im Produktivsystem neue (oder bestehende) Funktionen zu testen. Microsoft hat sich in Teams bspw. dazu entschieden, jedem Benutzer einen eigenen, persönlichen Bereich zur Verfügung zu stellen, in dem der Nutzer sich mit Funktionen der Software vertraut machen kann, ohne gleich im Unternehmenskontext ungewollte Änderungen vorzunehmen. Auch in CRM- oder ERP-Systemen gibt es häufig interne Testkunden, bei denen Probebuchungen vorgenommen werden können, ohne dass daraus dann sofort Rechnungen generiert werden oder diese in den Bilanzen des Unternehmens erscheinen. Auf diesem Weg bieten Sie Ihren Nutzern die Möglichkeit, unter Echtbedingungen zu trainieren, ohne Schaden anzurichten.

Wagenpfeil, Stefan (Sie) Chat Dateien   ...

Das ist Ihr Raum

Dieser Chat ist nur für Sie... mit sich selbst. Verwenden Sie
den Chat für Entwürfe, zum Senden von Dateien an sich
selbst oder um die Funktionen ein wenig besser
kennenzulernen.

Nachricht eingeben

Abb. 3.6 Microsoft Teams stellt jedem Benutzer einen eigenen, persönlichen Raum zur Verfügung, in dem probiert, getestet, vorbereitet werden kann [60]

> Fehler sind ein wichtiges Element der Gamification. Ebenso der Raum, Fehler machen zu können, ohne Schaden anzurichten.

3.2.3 Taktische Verzögerung

Das Verzögern einer Belohnung kann häufig dazu dienen, den Wert der Belohnung subjektiv zu vergrößern. Wenn Sie länger auf etwas warten müssen, scheint es umso bedeutender zu sein, als wenn Sie dieselbe Belohnung sofort erhalten. Diese Prinzip kann man auch in der Gamification finden. Allerdings nicht nur, um Benutzer künstlich „hinzuhalten", sondern vielmehr, weil Studien gezeigt haben, dass derartige Verzögerungen sich auch auf die kognitiven Fähigkeiten von Nutzern und auf den Trainingsfortschritt auswirken [61, 62].

In den 1970er-Jahren wurde der sog. *Stanford-Marshmallow-Test* [63] durchgeführt, um dieses Phänomen näher zu ergründen. Wir wollen an dieser Stelle einen kleinen Ausflug in dieses Experiment machen, um ein paar wichtige Dinge über die Funktionsweise unseres Gehirns zu erfahren: das Testsetup ist einfach. Ein Kind sitzt an einem Tisch, vor ihm wird ein Marshmallow auf den Tisch gelegt und ein Angebot gemacht: Das Kind kann den Marshmallow sofort essen oder warten, bis der Betreuer des Experiments zurückkommt und dann stattdessen zwei Marshmallows bekommen. Ungefähr ein Drittel der Kinder entschied sich, zu warten. So weit, so gut. Das spannende daran ist allerdings, dass sich über die Jahre herausgestellt hat, dass die Kinder, die auf den zweiten Marshmallow warten konnten, im beruflichen Leben erfolgreicher waren als die anderen. Da der Test bereits in den 1970ern durchgeführt wurde, gibt es hier tatsächlich Langzeitstudien. Die geistige Fähigkeit, kurzfristige Belohnungen zugunsten größerer, langfristiger Ziele zurückzustellen, führt offenbar zu mehr Erfolg im Leben [64]. In einer abgewandelten Form wurde eine Fortsetzung dieses Experiments durchgeführt. Hierbei ging es darum, dass die Kinder, die sich entschieden haben, auf den zweiten Marshmallow zu warten, in zwei Gruppen aufgeteilt wurden. Eine Gruppe erhielt den zweiten Marshmallow, die andere nicht. In weiteren Testdurchführen entstand der nachvollziehbare Effekt, dass die Gruppe, die die Belohnung nicht erhalten hat, trotz ihrer grundlegenden Veranlagung, auf größere Ziele zu warten, dann doch lieber die kurzfristigen Ziele, also den ersten Marshmallow genommen hat.

Für das Konzept der Gamification können wir daraus eine Reihe von Schlüssen ziehen:

- Nutzer warten auf Belohnungen, wenn sie das Gefühl haben, dass sich das Warten lohnt.
- Nutzer warten auf Belohnungen, wenn Sie darauf vertrauen, dass die Belohnung auch tatsächlich kommen wird.
- Das Warten auf Belohnungen kann den subjektiven Wert der Belohnung erhöhen.

> Nutzen Sie taktische Verzögerungen, um den Wert von Belohnungen zu steigern.

3.2.4 Verhältnismäßigkeit

Auch Belohnungen müssen in einem für den Nutzer sinnvollen Verhältnis stehen, um ihren Wert zu rechtfertigen. In Abb. 3.7 ist dieses Verhältnis gezeigt. Hier wird deutlich, dass kleine Belohnungen, die mit geringem Aufwand erreicht werden können, gerne mitgenommen werden. Hoher Aufwand für geringe Belohnungen wird so gut wie nie investiert. Wenn Nutzer mit geringem Aufwand eventuell hohe Belohnungen erhalten können, so sind sie durchaus geneigt, diese gerne anzunehmen (vermutlich gibt es deshalb so viele Menschen, die jede Woche Lotto spielen). Einige Nutzer werden sich auch berufen fühlen, zum Meister aufzusteigen und dann hohe Aufwände zu investieren, um potenziell hohe Belohnungen zu erhalten. Abb. 3.8 zeigt Beispiele der einzelnen Segmente. Im Bereich der zufälligen, eventuell ausbezahlten Belohnungen für geringen Aufwand könnte z. B. eine kostenlose Pizza, ein Kinogutschein, eine Spende für Organisationen oder den persönlichen Bedarf stehen. Der Bereich des Meisters würde hier neben Zertifikaten auch deutlich umfangreichere Belohnungen, wie bspw. eine Urlaubsreise, ein Auto oder auch einen Geldbetrag enthalten. Belohnungen in diesem Bereich sollen ja auch als Ansporn dienen und werden daher auch von vornherein kommuniziert [28,65].

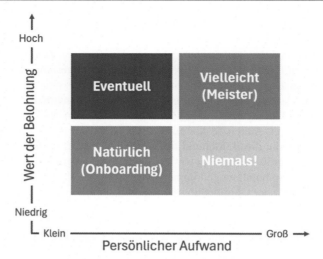

Abb. 3.7 Zusammenhang zwischen Belohnung und Aufwand

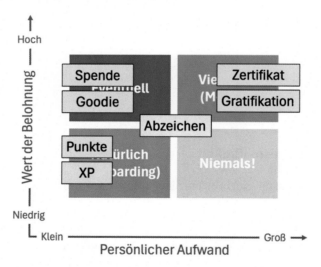

Abb. 3.8 Beispiele für Belohnungen anhand des Aufwands

Der Nutzen von Belohnungen sollte sowohl für die Anwendung als auch für den Anwender möglichst hoch sein.

Während all dieser Phasen ist es wichtig, sich darüber im Klaren zu sein, welchen individuellen Wert die jeweiligen Belohnungen für den Benutzer darstellen. Auch hier können die Persönlichkeitstypen aus Abschn. 2.1.3 eine wichtige Rolle spielen.

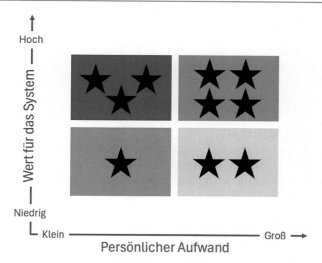

Abb. 3.9 Wert für das System abhängig vom Aufwand

3.2.5 Das Wertemodell

Bislang haben wir den Wert einer Belohnung meistens aus Sicht des Nutzers betrachtet und dabei festgestellt, dass dieser Wert sehr individuell ist und mithilfe der Persönlichkeitstypen näher eingegrenzt werden kann, um ihn für jeden einzelnen Nutzer passend zu gestalten. Allerdings haben wir uns bislang noch keine Gedanken darüber gemacht, welchen Wert (oder genauer gesagt, welche Kosten) eine Belohnung für den Betreiber der Anwendung eigentlich darstellt. In Abb. 3.9 sehen wir eine grundlegende Betrachtung, die die optimale Beziehung zwischen dem persönlichen Aufwand eines Nutzers und dem Wert/dem Nutzen der Aktionen für das dahinterliegende System darstellt.

> Wertemodelle schaffen die nötige Balance im Belohnungssystem.

Auch hier gilt es wieder, die passende Balance zu finden. Dinge, die einen hohen Wert für das System darstellen, aber mit relativ wenig Aufwand für den Nutzer zu erreichen sind, sollten schnell und unkompliziert belohnt werden. Sie sollten Ihre Benutzer nicht in hohe Aufwände schicken, wenn der Mehrwert für das System gering ist. Und wenn Nutzer schon hohe Aufwände investieren, dann sollte der Wert für das System auch entsprechend groß sein.

3.2.6 Planung

In diesem Abschnitt beschäftigen wir uns mit der Frage, wann und wie wir Belohnungen an Benutzer verteilen. Dieser Vorgang wird typischerweise durch sog. *Reward Schedules* beschrieben [66]. Hierbei gibt es eine Reihe von Aspekten und Varianten, die berücksichtigt werden können.

3.2.6.1 Zufällig/Variabel

Diese Belohnungen werden an unbekannten Zeitpunkten oder in variablen Zeitabständen ausgegeben. Sie sind dafür gedacht, Nutzer zu überraschen – ähnlich einem Blumenstrauß, den Sie in unregelmäßigen Abständen Ihrer Partnerin (oder auch Ihrem Partner) mit nach Hause bringen. Sobald hier allerdings eine Erwartungshaltung entsteht, verlieren diese Belohnungen ihren Wert. Sie sollten daher darauf achten, dass der Zufall nicht zu oft zuschlägt.

3.2.6.2 Feste Termine oder Abhängigkeiten

Diese Variante ist am häufigsten verbreitet. Wenn Sie 10-mal auf „Like" klicken und dann das „10-mal auf Like geklickt"-Abzeichen erhalten, dann ist das planbar. Sie wissen vor dem zehnten Klick, dass Sie anschließend das Abzeichen erhalten werden und Sie können davon ausgehen, dass das Abzeichen unmittelbar nach dem Klick erscheint. Diese Art von Belohnung ist gerade zu Beginn während des Onboardings wichtig, um dem Benutzer schnelle Erfolgserlebnisse zu vermitteln. Allerdings verliert sich dieser Effekt schnell in den anspruchsvolleren Phasen der Anwendung.

3.2.6.3 Boni

Derartige Belohnungen werden für besondere Aktionen vergeben, die einen überdurchschnittlichen Aufwand des Benutzers erfordern. Abhängig von der Art der Anwendung und der Persönlichkeitstypen Ihrer Nutzer, können solche zusätzlichen Boni einen sehr positiven Effekt auf die Bereitschaft der Nutzer ausüben, zusätzlichen Aufwand zu betreiben. Allerdings können Boni, die bspw. als fester Bestandteil eingeplant sind auch negative Effekte auslösen.

3.2.6.4 Ablauf

Egal, wie Sie Ihr Belohnungssystem aufbauen, Sie sollten in jedem Fall Ihre Nutzer darüber informieren. Dies geschieht typischerweise zumindest durch die folgenden Nachrichten:

- **Kommunikation:** Informieren Sie Ihre Nutzer zu Beginn und im weiteren Verlauf regelmäßig über Belohnungen und wofür sie stehen.
- **User Journey:** Nutzen Sie Belohnungen, um Herausforderungen der User Journey zu untermauern und die Motivation zu steigern
- **Häufigkeit:** Belohnungen sollten nicht zu häufig ausgeschüttet werden. Machen Sie diese ein wenig rar, um somit deren Wert zu steigern

- **Loyalität:** Belohnen Sie die Nutzer, die viel Zeit mit Ihrer Anwendung verbringen oder über einen langen Zeitraum Ihre Anwendung genutzt haben

3.2.6.5 Überbelohnung

Eine Studie von Lepper aus dem Jahr 1973 [67] hat gezeigt, dass bei zu viel Belohnung ein negativer Effekt entsteht, der Überrechtfertigung oder Überbelohnung genannt wird. Sie besagt, dass die zusätzliche Belohnung von zu einfachen Dingen oder von Dingen, die Personen an sich auch freiwillig ausführen würden, häufig dazu führt, dass die Personen aufhören, diese Tätigkeit auszuführen. In der Gamification kann dies bspw. eintreten, wenn die Belohnung auf einmal wichtiger als die eigentliche Tätigkeit wird. Stellen Sie sich vor, Ihre Nutzer erhalten für jeden Post einen Punkt und bei 100 Punkten einen Einkaufsgutschein. Aus Anwendungssicht wollen Sie damit erreichen, dass Nutzer mehr Posts erstellen. Sie werden allerdings schnell feststellen, dass die Qualität der Posts deutlich abnimmt. Denn wenn man auch für den Post „Hallo" oder „asdfasdfasdf" einen Punkt bekommt, warum sollte der Nutzer sich dann um qualitative Inhalte kümmern – die Belohnung ist wichtiger als deren Grund [35].

3.2.6.6 Passgenauigkeit

Belohnungen sollten in das Gesamtkonzept der Anwendung passen. Stellen Sie sich folgende Situation vor: das Unternehmen muss sparen, den Mitarbeitern werden Zuschläge gekürzt, es finden die ersten Entlassungen statt, die Stimmung ist angespannt, Motivation im Keller. In dieser Situation beschließt das Management, im Gemeinschaftsraum einen Kickerkasten aufzustellen, um die Stimmung zu verbessern. Gut gemeint, allerdings werden schnell die Stimmen laut, dass man das Geld lieber an die Mitarbeiter ausschütten hätte sollen oder dass man sich von solchen Tricks nicht an der Nase herum führen lasse. Die gut gemeinte Aktion wirkt sich verstärkend negativ aus.

Dieses Beispiel zeigt, dass Belohnungen genau zu ihrem Umfeld, dem Status der Anwendung, dem Flow der Nutzer ausgegeben werden müssen, um den optimalen Effekt zu erzielen.

> Belohnungen müssen geplant werden und auf die Anwendung zugeschnitten sein. Dann erzielen sie den optimalen Effekt.

3.3   Technische Rahmenbedingungen

In diesem Abschnitt werden wir uns mit einer Reihe technischer Rahmenbedingungen beschäftigen, die sozusagen die mechanische Grundlage der Gamification darstellt. Die Entscheidungen, die im Design der Anwendung bezogen auf

Gamification getroffen werden, müssen technisch umsetzbar sein – und das was technisch machbar ist, sollte auch für Gamification genutzt werden. Gerade in den letzten Jahren haben Entwicklungen im Bereich der künstlichen Intelligenz und der virtuellen/augmentierten Realität eine Vielzahl von Möglichkeiten eröffnet, die die Konzepte der Gamification in diversen Ausprägungen unterstützen.

3.3.1 Klassische Anwendungen

Desktop-Anwendungen, auch als „native Anwendungen" bezeichnet, sind Programme, die direkt auf einem Computer installiert und ausgeführt werden. Sie wurden über viele Jahre hinweg als primäre Software für die Arbeit an PCs oder Laptops genutzt und spielen auch in der heutigen digitalen Landschaft eine wichtige Rolle. Sie bieten in der Regel eine umfassende Funktionalität und können unabhängig von einer Internetverbindung genutzt werden. Desktop-Anwendungen können die Hardwareressourcen des Computers voll ausnutzen, was sie für rechenintensive Aufgaben wie Grafikbearbeitung oder Softwareentwicklung geeignet macht. Gerade im Gamingumfeld werden extreme Anforderungen an Grafikkarten gestellt, was dazu führt, dass spezielle Hardware für einen flüssigen und grafisch hochauflösenden Spielablauf benötigt wird. Für das Spiel GTA 6 (Grand Theft Auto 6) müssen beispielsweise ca. 200 Gigabyte an Daten heruntergeladen werden, außerdem wird eine entsprechend gute (und teure) Grafikkarte gefordert (siehe Abb. 3.10). Dies ist ein gutes Beispiel für die Notwendigkeit, möglichst unmittelbar auf die Hardware des Rechners zugreifen zu können, um die Möglichkeiten der Gamification auch grafisch ansprechend zu gestalten. Trotz des Trends zu browserbasierten und mobilen Anwendungen bleiben Desktop-Anwendungen ein wichtiger Bestandteil der digitalen Welt. Ihre Leistungsfähigkeit und Anpassungsfähigkeit machen sie für viele Anwendungsfälle unverzichtbar, insbesondere auch in der Medienproduktion, Softwareentwicklung und im professionellen Bereich. Während die Technologie weiter voranschreitet, werden Desktop-Anwendungen weiterhin eine wichtige Rolle bei der Bereitstellung robuster, funktionsreicher Software spielen.

Abb. 3.10 Das Spiel GTA6 glänzt mit fotorealistischer Auflösung, benötigt dafür aber Zugriff auf lokale, gut ausgestattete Grafikhardware [68]

> Klassische (Download-)Anwendungen nutzen die verfügbare Hardware best-
> möglich aus.

3.3.2 Browserbasierte Anwendungen

Browserbasierte Anwendungen haben in den letzten Jahren eine immense Bedeutung
gewonnen. Sie ermöglichen Nutzern, komplexe Software ohne Installation auf einem
lokalen Computer oder mobilen Gerät zu verwenden. Der Zugriff erfolgt einfach über
einen Webbrowser. Von einfachen Texteditoren bis hin zu vollwertigen Unterneh-
menslösungen – diese Anwendungen revolutionieren die Art und Weise, wie wir
arbeiten und interagieren. Browserbasierte Anwendungen setzen auf moderne Web-
technologien, um eine reibungslose Nutzererfahrung zu bieten:

- **HTML5**: Die aktuelle Version der Webseitenauszeichnungssprache ermöglicht
  erweiterte Multimedia- und Grafikfunktionen.
- **CSS.3**: Style Sheets ermöglichen die Gestaltung und Optimierung des Benutze-
  rerlebnisses.
- **JavaScript**: Eine Skriptsprache, die für interaktive Elemente und dynamische
  Inhalte verantwortlich ist.
- **WebAssembly**: Eine neue Technologie, die Programmiersprachen wie C++ und
  Rust erlaubt, im Browser auszuführen.
- **APIs**: Verschiedene Programmierschnittstellen (APIs) erlauben den Zugriff auf
  Hardware- und Softwarefunktionen des Geräts, z. B. Kamera, Standort oder Spei-
  cher.

Der große Vorteil dieser Anwendungen ist es, dass auf dem Clientrechner keine
Installation nötig ist und somit schnell und unkompliziert Updates eingespielt oder
serverseitig die Prozesse optimiert werden können. Nutzer können ihre Arbeit jederzeit an einem beliebigen Rechner mit Internetzugang fortsetzen, sobald sie sich an
der Anwendung angemeldet haben. Gerade für Computerspiele oder Anwendungen,
die erst mal „ausprobiert" werden sollen, stellt dies einen großen Vorteil dar, da
der Nutzer unmittelbar mit der Anwendung beginnen kann und nicht erst aufwendig gigabyteweise Daten übers Netz laden und dann installieren muss. Der größte
Nachteil ist jedoch, dass browserbasierten Anwendungen kein unmittelbarer Hard-
warezugriff zur Verfügung steht. Dadurch laufen einige Anwendungen (insbesondere
Spiele) im Browser deutlich langsamer oder mit schlechterer Grafik als im nativen
Ausführungsmodell. Klassische browserbasierte Anwendungen werden immer häufiger durch Technologien aus dem Web-3-Umfeld ergänzt.

Browserbasierte Anwendungen sind sofort lauffähig, stoßen aber schnell an Performancegrenzen.

3.3.3   Web 3

Web 3, oft als die nächste Generation des Internets bezeichnet, repräsentiert eine fundamentale Transformation in der Art und Weise, wie wir mit dem Web interagieren. Während Web 1.0 in den 1990er-Jahren den Grundstein für statische Informationsseiten legte und Web 2.0 ab den frühen 2000er-Jahren interaktive Plattformen und soziale Netzwerke hervorbrachte, zielt Web 3 darauf ab, ein dezentralisiertes, nutzerzentriertes Internet zu schaffen. Im Kern dreht sich Web 3 um die folgenden Eigenschaften (Abb. 3.11):

- **Dezentralisierung**: Im Gegensatz zu zentralisierten Plattformen, die von großen Unternehmen kontrolliert werden, setzt Web 3 auf dezentrale Netzwerke. Technologien wie Blockchain ermöglichen es, Daten auf verteilten Systemen zu speichern, wodurch Einzelpersonen mehr Kontrolle über ihre Daten erhalten.
- **Eigentumsrechte und digitale Identität**: Nutzer können über digitale Identitäten und Kryptowährungen Besitzansprüche über digitale Assets geltend machen. Dies eröffnet neue Wege, um digitale Inhalte zu monetarisieren und Rechte nachzuweisen.

Abb. 3.11 Lernplattformen, wie bspw. das Heise-LMS sind meist browserbasiert und können somit auf allen Geräten mit Internetbrowser genutzt werden [69]

- **Smart Contracts**: Automatisierte Verträge, die auf Blockchainprotokollen basieren, erlauben es, Transaktionen und Vereinbarungen ohne Zwischenhändler durchzuführen. Dadurch wird die Effizienz gesteigert und das Vertrauen in digitale Transaktionen erhöht.
- **Interoperabilität**: Web 3 strebt eine nahtlose Verbindung zwischen verschiedenen Anwendungen und Netzwerken an, sodass Nutzer ihre digitalen Identitäten und Vermögenswerte problemlos über verschiedene Plattformen hinweg verwenden können.

In der Gamification spielen insbesondere die digitale Identität und Smart Contracts eine wichtige Rolle. Die digitale Identität hilft, Nutzer eindeutig zu identifizieren und ihnen Assets, wie bspw. Abzeichen oder digital erworbene Produkte zuzuordnen. Smart Contracts stellen bei der Kommerzialisierung von Anwendungen eine wichtige Komponente dar und bieten Werbetreibenden bspw. die Möglichkeit, Systemübergreifend Nutzer zu adressieren.

> Das Web 3 ist ein komplettes Ökosystem für Anwendungen.

3.3.4 Mobile Anwendungen und Sensorik

Mobile Anwendungen, kurz gesagt „Apps" stellen eine wichtige Klasse der Anwendungen dar. Sie werden über die App Stores der Anbieter mobiler Betriebssysteme (IOS, Android) geladen und können nativ auf den jeweiligen Smartphones ausgeführt werden. Bei der Entwicklung von Apps wird meist sehr großes Augenmerk auf Usability gelegt, da die Bildschirme der Apps klein und die Eingabemöglichkeiten auf Smartphones begrenzt sind. Apps können außerdem auf die in den Smartphones verbauten Sensoren zugreifen:

- **GPS**: Ermöglicht die Lokalisierung und Navigation (siehe Abb. 3.12).
- **Kamera:** Für Fotografie, Dokumentenscans und Augmented-Reality-Anwendungen (siehe Abb. 3.13).
- **Sensoren:** Bewegungssensoren und Gyroskope ermöglichen Fitness-Tracking und Spielsteuerung. Gerade in Verbindung mit Wearables, wie Smartwatches, eine wichtige Komponente zum Erfassen von Nutzerdaten.
- **Pushbenachrichtigungen**: Halten Nutzer über Updates und Nachrichten auf dem Laufenden.
- **APIs**: Programmierschnittstellen verbinden Apps mit verschiedenen Funktionen des Betriebssystems.

Abb. 3.12 Werbung von McDonald's im App Store. Die mobile App nutzt Gamification und läuft nativ auf dem Smartphone des Nutzers, um bspw. via GPS das nächste Restaurant zu finden [70]

Abb. 3.13 Location-based Advertising nutzt die Position des Geräts und Informationen zum Standort, um passgenaue Werbung anzuzeigen – hier ein Beispiel mittels Augmented Reality

Auch wenn auf Smartphones grundsätzlich auch browserbasierte Anwendungen lauffähig sind, so werden die meisten gamifizierten Anwendungen auf die Entwicklung nativer Anwendungen setzen, da damit die Interaktion mit dem Nutzer deutlich optimierter gestaltet werden kann.

Mobile Anwendungen sind immer dabei und verfügen über zahlreiche Sensoren.

3.3.5   Netzwerke und Echtzeitkommunikation

Echtzeitkommunikation (RTC, Real-Time Communication) beschreibt die unmittelbare und verzögerungsfreie Übertragung von Informationen zwischen zwei oder mehreren Teilnehmern. Sie ist ein entscheidender Faktor in unserer vernetzten Welt, in der schnelle Reaktionen und sofortige Verfügbarkeit von Informationen immer wichtiger werden. Gerade im Bereich der Gamification ist die Interaktion mit anderen Nutzern eine wichtige Komponente, die je nach Anwendungsfall große Bandbreiten erfordert. Die weltweite Abdeckung mit schnellen Kommunikationsnetzen (5 G, 6 G) ist daher sowohl ein politisches, als auch ein gesellschaftliches Ziel, welches die Entwicklung von interaktiven Anwendungen unterstützt. So können bspw. heute bereits problemlos Videokonferenzen über Mobiltelefone abgehalten werden, kollaborativ an 3D-Modellen gearbeitet oder sogar Remoteoperationen durchgeführt werden (siehe Abb. 3.14).

> Echtzeitkommunikation erfordert schnelle und skalierbare Netze

3.3.6   Blockchain

Die Blockchain ist eine innovative Technologie, die als Rückgrat vieler moderner Anwendungen wie Kryptowährungen und digitaler Verträge dient. Sie wurde erstmals 2008 im Rahmen des Bitcoinkonzepts vorgestellt, ist seitdem aber weit über digitale Währungen hinaus gewachsen. Eine Blockchain ist im Wesentlichen eine

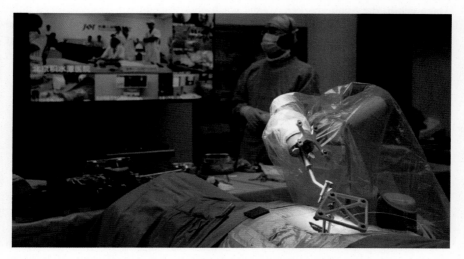

Abb. 3.14   Echtzeitkommunikation via 5 G kann heutzutage bereits genutzt werden, um entfernte chirurgische Operationen durchzuführen [71]

dezentrale Datenbank oder ein digitales Register, das Transaktionen in chronologischer Reihenfolge aufzeichnet. Jede Transaktion wird in einem „Block" gespeichert, der durch kryptografische Methoden mit dem vorherigen Block verbunden ist, wodurch eine „Kette" entsteht. Hierbei spielen die folgenden Faktoren eine wichtige Rolle.

- **Dezentralisierung**: Statt auf einem zentralen Server liegen die Daten auf einem Netzwerk aus miteinander verbundenen Computern, sogenannten Nodes. Jede Node speichert eine Kopie der gesamten Blockchain.
- **Konsensmechanismen**: Ein Konsensmechanismus, wie z. B. Proof of Work (PoW) oder Proof of Stake (PoS), stellt sicher, dass alle Teilnehmer des Netzwerks einer Transaktion zustimmen, bevor diese in die Blockchain aufgenommen wird.
- **Unveränderlichkeit**: Einmal in die Blockchain aufgenommene Daten können nicht mehr geändert oder gelöscht werden, was eine hohe Integrität und Sicherheit garantiert.
- **Kryptografie**: Jeder Block ist durch kryptografische Hashfunktionen geschützt, wodurch Manipulationen erkannt und verhindert werden.

Für gamifizierte Anwendungen ist der Aspekt der Unveränderlichkeit häufig sehr wichtig, weil damit Aktionen, Interaktionen, Transaktionen eines Nutzers für immer eindeutig dokumentiert und nachvollziehbar gestaltet werden. Sie müssen bspw. ein erworbenes Abzeichen oder Zertifikat nicht mehr ausdrucken, sondern haben über die Sicherung in der Blockchain für alle Zeit garantierten und dokumentierten Zugriff darauf.

Aktuell unterliegt die Blockchaintechnologie allerdings auch noch einer Reihe von Herausforderungen, die im Bereich der Gamification gelöst werden müssen: Dazu gehört die Skalierbarkeit, da die wachsende Anzahl von Transaktionen hohe Anforderungen an die Leistung des Netzwerks stellt. Der damit zusammenhängende Energieverbrauch ist aus Nachhaltigkeitsaspekten problematisch. Außerdem arbeitet die Blockchain oft mit anonymen Transaktionen, was weltweit Bestrebungen im Bereich der Regulierung auslöst, um rechtliche Rahmenbedingungen zu schaffen.

> Die Blockchain ist eine dezentrale Instanz für Identifikation und Protokollierung.

3.3.7 Virtuelle, Augmented-, Mixed-Realität und Spatial Computing

Die Begriffe Virtuelle, Augmented-, Mixed-Reality und neuerdings auch der von Apple geprägte Begriff des Spatial Computings beziehen sich allesamt auf die Möglichkeiten, die echte Realität durch den Einsatz virtueller Elemente in verschiedenen Ausprägungsgraden zu überlagern – bis hin zur komplett virtuellen Umgebung, in der

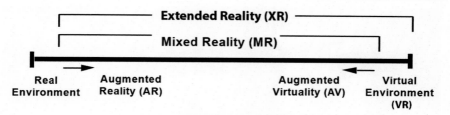

Reality-Virtuality (RV) Continuum

Abb. 3.15 Klassifikation der verschiedenen Realitäten nach Milgram [72]

von der realen Welt nichts mehr sichtbar ist. Eine gute Übersicht der verschiedenen Definitionen findet sich in Abb. 3.15 nach Milgram [72].

Darin wird ein Kontinuum von der realen Welt auf der linken Seite bis zur komplett virtuellen Welt (VR) auf der rechten Seite aufgespannt. Dazwischen befinden sich Mischformen, welche als Mixed Reality (MR) bezeichnet werden. Milgram unterscheidet zwischen Augmented Reality (AR) und Augmented Virtuality (AV). Überwiegen die realen Elemente in der Darstellung, so handelt es sich um AR, überwiegen dagegen die virtuellen Elemente, so handelt es sich um AV. Die Übertragung der Realität über ein Videosignal wird dabei weiter der Realität zugeschrieben. In aktuellen Abhandlungen wird auch häufig der Begriff XR verwendet. Er steht für Extended Reality und beschreibt alle Realitäten, welche digitale Inhalte enthalten. XR umfasst neben MR (welche wiederum AR und AV beinhaltet) auch VR. Der Begriff Spatial Computing, der auf die räumliche Dimension abzielt, wurde von Apple 2023 geprägt und ist dem Bereich der Mixed Reality zuzuordnen. Für alle Anwendungen aus diesem Bereich ist spezielle Hardware nötig. Dies kann im einfachsten Fall ein Smartphone sein, bei welchem das reale Bild durch die Kamera erfasst und mit zusätzlichen Inhalten angereichert wird (siehe Abb. 3.13), im komplizierteren Fall nutzt der Anwender aber eine 3D-Brille, um das komplette Gesichtsfeld durch virtuelle Inhalte überlagern zu können (Abb. 3.16 und 3.17).

Abb. 3.16 Lernanwendungen in VR können Nutzer an beliebige Orte und in beliebige Umgebungen „transportieren". Gerade im Bildungsbereich kann dies ungeahnte Möglichkeiten eröffnen [73]

Abb. 3.17 Visualisierung des Spatial Computings. Virtuelle Objekte werden direkt in das Sichtfeld des Nutzers eingeblendet [74]

> Virtuelle und Augmented Realität überlagern die Realität mit beliebigen Inhalten.

Es versteht sich von selbst, dass Anwendungen, die AR/VR/MR/XR oder Spatial Computing nutzen, unmittelbaren Zugang zum Sichtfeld des Anwenders haben und sich somit hervorragend für die Umsetzung von gamifizierten Elementen eignen. Insbesondere das Persönlichkeitsmerkmal des Entdeckens wird durch solche Anwendungen enorm unterstützt, weil man die gewohnte reale Welt durch beliebige zusätzliche Ebenen anreichern kann oder in virtuellen Welten beliebige Umgebungen erschaffen kann. Gerade auch der Spieltrieb von technologisch motivierten Nutzern wird durch solche Anwendungen adressiert.

3.3.8 Digitaler Zwilling

Der Digitale Zwilling ist ein innovatives Konzept, das reale physische Systeme in digitalen Modellen abbildet. Diese virtuellen Kopien ermöglichen es, das Verhalten und die Eigenschaften ihrer realen Gegenstücke zu simulieren, zu überwachen und zu optimieren. Ursprünglich für die Luft- und Raumfahrt entwickelt, hat sich der Digitale Zwilling heute in verschiedenen Branchen als unverzichtbares Werkzeug erwiesen. Ein Digitaler Zwilling ist eine detaillierte digitale Nachbildung eines physischen Objekts, Systems oder Prozesses. Diese Modelle basieren auf Echtzeitdaten und historischen Informationen, die über Sensoren, IoT-Geräte (Internet of Things) und andere Datenquellen gesammelt werden. Sie können einfache Komponenten, komplexe Maschinen oder sogar ganze Produktionsanlagen abbilden.

Im Kontext von Gamification stellt der Digitale Zwilling meist die digitale Repräsentation eines Nutzers dar, die Informationen zum Fortschritt, Verhalten, Interaktionsmodus u. v. a. m. enthalten kann. Die bereits genannten Avatare, die Nutzer

Abb. 3.18 Digitale Avatare von Ready Player Me [75]

wählen, um ihr Profil innerhalb der Anwendung zu erstellen, sind ein Beispiel dafür. In virtuellen Welten können die Avatare eine komplette Stellvertreterrolle für den Nutzer einnehmen (auch visuell) und stellen somit auch eine Grundlage zur Identifikation des Nutzers dar. In Spielen werden Nutzer häufig ausschließlich über ihre Avatare miteinander kommunizieren, die reale Identität bleibt im Verborgenen (siehe Abb. 3.18). Wenn der reale Benutzer jedoch im Verborgenen verbleibt, so stellt sich leider unmittelbar auch die Frage nach potenziellem Missbrauch. Echte Menschen können sich hinter Avataren verstecken und dann bspw. Falschmeldungen verbreiten, andere Nutzer anpöbeln oder im Extremfall sogar kriminelle Aktivitäten in virtuellen Räumen verüben. Leider ist es noch kein weltweiter Standard, dass digitale Avatare eine Referenz zum realen Individuum enthalten müssen. Ein und derselbe Benutzer kann in verschiedenen virtuellen Welten verschiedene Avatare und Ausprägungen besitzen. Für die Gamification von Anwendungen ist dies eine ernst zu nehmende Herausforderung.

> Digitale Zwillinge sind die Repräsentation echter Objekte in Anwendungen, Spielen oder Simulationen.

3.3.9 Bots, NPCs und KI

Bots, auch als Chatbots oder Internetbots bekannt, sind Softwareprogramme, die automatisierte Aufgaben über das Internet oder innerhalb von Softwareanwendungen ausführen. Sie spielen eine wichtige Rolle in der modernen digitalen Welt und sind in vielen Formen präsent, von einfachen Skripten bis hin zu komplexen künstlichen Intelligenzsystemen. Bots können auf Anweisungen von Nutzern reagieren,

Daten sammeln oder Informationen verarbeiten. Sie arbeiten oft im Hintergrund, um Prozesse zu beschleunigen und Routineaufgaben zu automatisieren. Häufig werden sie auch Non Player Character (NPC) genannt, da sie zwar an Spielen oder Anwendungen teilnehmen, aber keine echten Nutzer repräsentieren. Für Anwender kann es schwierig zu unterscheiden sein, ob sich hinter einem digitalen Avatar ein Bot oder ein echter Nutzer befindet. Gerade durch den Fortschritt in der künstlichen Intelligenz und im maschinellen Lernen wird die Rolle von Bots in der digitalen Welt weiter wachsen. Sie werden nicht nur effizienter und personalisierter, sondern können auch komplexere Aufgaben übernehmen. Unternehmen setzen zunehmend auf Bots, um ihre Kundenerfahrung zu verbessern und interne Prozesse zu optimieren. In den letzten Jahren haben insbesondere große Sprachmodelle, wie bspw. von ChatGPT genutzt, dazu geführt, dass die Konversation mit Bots oder NPCs nicht mehr von der Konversation mit echten Nutzern zu unterscheiden ist.

> KI-basierte Bots nehmen wichtige Assistenzfunktionen ein.

3.3.10 Cloudbasierte Infrastrukturen

In den letzten Jahren hat sich die cloudbasierte Infrastruktur als eine der wichtigsten technologischen Entwicklungen für Unternehmen etabliert. Sie ermöglicht Organisationen, IT-Ressourcen und -Dienste über das Internet zu nutzen, ohne auf eine eigene, lokale Hardware angewiesen zu sein. Dieser Ansatz hat die Art und Weise, wie Unternehmen ihre IT-Architektur planen und verwalten, grundlegend verändert. Anstelle von physischen Servern und Netzwerken vor Ort nutzen Unternehmen die Ressourcen eines Drittanbieters, um flexibel und bedarfsgerecht skalieren zu können. Solche Ressourcen umfassen

- **Rechenleistung:** Virtuelle Maschinen oder Container bieten skalierbare Serverkapazitäten.
- **Speicher:** Cloud-Speicherdienste ermöglichen die sichere Aufbewahrung und Freigabe von Daten.
- **Netzwerkdienste:** Virtuelle Netzwerke verbinden Ressourcen sicher miteinander.
- **Datenbanken:** Cloud-Datenbanken ermöglichen ein effizientes und flexibles Datenmanagement.

Die größten Vorteile derartiger Infrastrukturen sind die weltweite und nahezu unbegrenzte Skalierbarkeit, und die permanente Verfügbarkeit. Insbesondere für gamifizierte Anwendungen sind dies zwei sehr wichtige Kriterien, die über Erfolg oder Misserfolg eines Produktes entscheiden können.

Cloudbasierte Infrastrukturen helfen beim Skalieren von Anwendungen.

3.3.11 Multiplayer Online Games

Eine erwähnenswerte Kategorie der technischen Rahmenbedingungen sind die Multiplayer Online Games. Sie zeichnen sich dadurch aus, dass sowohl die Anforderungen an Echtzeitkommunikation, als auch die Anforderungen an Skalierung eine entscheidende Rolle spielen. Denn hier arbeiten (oder spielen) Nutzer zur selben Zeit in derselben Anwendung und interagieren miteinander. Die Herausforderungen an das Spieldesign sind hierbei sehr hoch, denn wenn teilweise Millionen gleichzeitiger Nutzer in einer virtuellen Spielewelt ihr Unwesen treiben, wird es schnell sehr unübersichtlich und eng. Daher müssen bei diesen Spielen häufig Segmentierungen der Nutzer eingeplant werden (so, dass sich bspw. nur eine gewisse Zahl Nutzer auch tatsächlich sieht und begegnet), es müssen klare und systemverträgliche Interaktionen definiert sein, da sonst schnell Anarchie und Chaos ausbricht, und die Infrastruktur muss entsprechend der Nutzerzahl mitskalieren können. Die gängigsten Arten von Multiplayer Online Games sind:

- **Massively Multiplayer Online Role-Playing Games (MMORPGs):** Diese Spiele bieten eine umfangreiche, persistente Welt, die Tausende von Spielern gleichzeitig erkunden. Spieler erstellen und entwickeln Charaktere, erfüllen Quests, kämpfen gegen Monster und interagieren in einer oft komplexen sozialen Struktur. Beispiele hierfür sind „World of Warcraft" und „The Elder Scrolls Online".
- **Multiplayer Online Battle Arenas (MOBAs):** In MOBAs treten zwei Teams in speziell gestalteten Arenen gegeneinander an, wobei jeder Spieler einen einzigartigen „Helden" oder „Champion" steuert. Strategie und Teamarbeit sind entscheidend für den Erfolg. Bekannte Beispiele sind „League of Legends" und „Dota 2".
- **First-Person Shooter (FPS):** Diese Spiele sind besonders für ihre intensive und schnelle Action bekannt. Spieler sehen die Spielwelt aus der Perspektive der ersten Person und das Gameplay konzentriert sich oft auf Schießereien und andere Kampfaktionen. Beispiele für Multiplayer-FPS sind „Counter-Strike: Global Offensive" und „Call of Duty: Warzone".
- **Real-Time Strategy (RTS):** In diesen Spielen bauen Spieler Basen auf, sammeln Ressourcen und erzeugen Einheiten, um Gegner zu bekämpfen. Alles geschieht in Echtzeit und oft gleichzeitig auf einer Karte, wo mehrere Spieler ihre Strategien umsetzen. Ein bekanntes Spiel dieser Art ist „StarCraft II".
- **Sports Games:** Viele Sportspiele bieten Online-Multiplayer-Modi, in denen Spieler als Teams oder Einzelspieler in Sportarten wie Fußball, Basketball oder Golf antreten. Beispiele sind „FIFA"-Serie für Fußball und „NBA 2K"-Serie für Basketball.

- **Racing Games:** In Rennspielen können Spieler gegen andere auf verschiedenen Rennstrecken antreten. Solche Spiele bieten oft die Möglichkeit, Fahrzeuge zu modifizieren und anzupassen. „Mario Kart 8 Deluxe" und „Forza Horizon" sind beliebte Vertreter dieses Genres.
- **Survival and Battle Royale Games:** Diese Spiele setzen Spieler auf große, oft schrumpfende Karten, wo sie Ressourcen sammeln und gegen andere Spieler kämpfen müssen, um als letzter Überlebender zu bestehen. „Fortnite" und „PlayerUnknown's Battlegrounds (PUBG)" sind prominente Beispiele.
- **Cooperative Games (Co-op):** Diese Spiele sind darauf ausgelegt, dass Spieler zusammenarbeiten, um Ziele zu erreichen oder Levels zu vollenden. Spiele wie „Left 4 Dead" oder „Destiny 2" erfordern Teamarbeit und strategische Planung.
- **Puzzle and Board Games:** Viele klassische Brett- und Kartenspiele sind auch online verfügbar und erlauben es Spielern, strategische Spiele wie Schach, Poker oder Mahjong virtuell mit anderen zu spielen.

> Multiplayer Online Games sind eine hochskalierbare, interaktive Form der Spiele.

Diese verschiedenen Typen von Multiplayer-Online-Spielen bieten eine breite Palette an interaktiven Erlebnissen und ziehen unterschiedliche Arten von Spielern mit verschiedenen Vorlieben und Fähigkeiten an. Durch das gemeinsame Spielen können dauerhafte Gemeinschaften und Freundschaften entstehen, was einen großen Teil der Anziehungskraft dieser Spiele ausmacht. Interessant sind in diesem Zusammenhang die schier unfassbaren Zahlen, die in dieser Branche üblich sind. Minecraft bspw., eines der am weitesten verbreiteten Multiplayer Online Games, kann sich mit 90–130 Mio. aktiven monatlichen Nutzern und einem Umsatz von 365 Mio. US$ pro Jahr rühmen [76].

3.4 Mechanik der Gamification

In den vorangegangenen Abschnitten haben Sie nun eine Vielzahl von Möglichkeiten kennengelernt. Die spannende Frage in jedem Projekt ist es nun, wie man aus diesen Möglichkeiten die beste Wahl trifft, um mittels Gamification eine Anwendung spannender zu gestalten. Daher werden wir im Folgenden eine Reihe von bewährten Verfahren und Vorgehensweisen besprechen und deren Rahmenbedingungen unter Berücksichtigung von Zielen, Belohnungen und Technik beleuchten. Hierbei gibt es einige sehr allgemeine Vorgehensweisen, Strategien für Belohnungssysteme und spezielle Strategien, abhängig von bestimmten Persönlichkeitstypen. Wir bringen nunmehr also die Erkenntnisse der bisherigen Abschnitte zusammen.

3.4.1 Allgemeine Vorgehensweisen

In den nachfolgenden Abschnitten finden Sie einige Empfehlungen und Ratschläge, die allgemein in jeder Anwendung hilfreich sein können.

3.4.1.1 Onboarding und Tutorials
Die Zeit der Handbücher ist nahezu vorbei. Niemand liest sie, niemand mag sie mehr schreiben, sie müssen zwar aus rechtlichen Gründen vorhanden sein, aber unterm Strich sind sie für ihren ursprünglichen Zweck, nämlich den Nutzern eine Anwendung zu erklären, meist irrelevant. Vielmehr geht man dazu über, dass sich die Anwendungen selbst erklären – entweder, weil sie sehr intuitiv sind, oder weil die Anwendung den Nutzer aktiv an die Hand nimmt, um ihm Funktionen zu erklären. Abb. 3.19 zeigt bspw. den Onboarding-Prozess für die LinkedIn App [39]. Sie können solche Elemente abhängig vom Fortschritt in Ihrer Anwendung immer wieder aktiv einstreuen oder in einem eigenen Bereich der Anwendung sammeln, sodass die Nutzer nach und nach alle Funktionen der Anwendung kennenlernen.

> Anwendungen sollten selbsterklärend sein und die Benutzer führen.

3.4.1.2 Wegweiser
Häufig wissen Ihre Nutzer nicht so recht, wo es weitergeht. Wenn Sie an diesen Stellen nicht sofort ein Tutorial ausspielen wollen, dann reicht manchmal ein kurzer Hinweis oder ein kleiner Wegweiser (siehe Abb. 3.20). In vielen Anwendungen, insbesondere aus dem Bereich Augmented Reality, werden Sie auch tatsächlich „echte" Wegweiser benötigen, um die Nutzer in die richtige Richtung zu lenken und ihnen den Weg zu den nächsten Herausforderungen oder Aufgaben zu zeigen (siehe Abb. 3.21). Hier

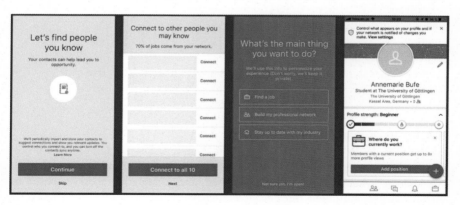

Abb. 3.19 LinkedIn führ die Benutzer gezielt durch den Einrichtungsprozess der Anwendung [39]

Abb. 3.20 Hinweise zeigen, wie Anwendungen zu bedienen sind und welche Funktionen der Nutzer als Nächstes ausführen kann

Abb. 3.21 Natürlich spielen auch klassische Wegweiser eine wichtige Rolle. Diese können auf unterschiedlichen Geräten visualisiert werden

können auch NPCs mit ins Spiel kommen, die Ihre Nutzer dann an die Hand nehmen und ihnen den Weg zeigen.

> Wegweiser stellen mögliche Handlungsstränge übersichtlich dar.

3.4.1.3 Verlustangst oder Zeitdruck

Es ist tief in der Psychologie des Menschen verankert, dass wir Dinge, die wir besitzen, nicht verlieren wollen. Wir wollen nicht, dass uns jemand etwas wegnimmt. Sie können diesen Wunsch gezielt einsetzen, und Ablaufzeitpunkte für bestimmte Abzeichen usw. einführen. Ihre Nutzer werden Angst haben, das Abzeichen zu verlieren und daher nochmal eine Herausforderung annehmen, um es zu erneuern. Viele Apps nutzen dieses Prinzip, um Nutzer künstlich dazu zu bewegen, noch schnell einen Gutschein einzulösen, bevor dieser verfällt, einen Rabatt anzuwenden, oder auch, um sich zu beeilen, die nächste Aktion fertig zu stellen. Auch ein künstlich aufgebauter Zeitdruck, der Nutzer unter Stress setzt, kann hilfreich sein, um einen Fortschritt in der Anwendung zu erzielen. Der Countdown beim Sport spornt Nutzer ggf. nochmal zusätzlich an, die Info, dass Sie noch 1 min Zeit haben, bis Sie ihren nächsten Test abgeben müssen, setzt nochmal Energie frei. Sie sollten in beiden Fällen allerdings darauf achten, dass Stress, Zeitdruck oder Verlustangst nicht auf jeden Nutzer positive Effekte hat – es kann sein, dass Sie damit Ihre Nutzer abschrecken oder demotivieren.

3.4.1.4 Fortschritt

Nutzer müssen zu jedem Zeitpunkt erkennen können, wo sie innerhalb der Anwendung stehen. Der Fortschritt einzelner Herausforderungen sowie der Gesamtfortschritt sind zunächst eine wichtige Information. Allerdings können Sie Ihre Nutzer auch hiermit motivieren, demotivieren, fordern oder überfordern. Wählen Sie eine geeignete Visualisierung aus, die den Nutzer entsprechend motiviert (siehe Abb. 3.22). Denken Sie auch daran, dass der Fortschritt eine wichtige Messgröße für Ihre Anwendung und die damit verbundenen Statistiken ist.

3.4.1.5 Darstellung und Narrativ

Gamifizierte Anwendungen spielen mit Optik und Geschichten. Wenn Sie es schaffen, Ihre Nutzer bewusst oder unbewusst in eine Themenwelt zu transportieren, können Sie den Flow noch intensiver nutzen, um die Ziele Ihrer Anwendungen zu erreichen. Farben, Schriften, Icons, Symbole, Bilder sind ein wichtiges Element. Abb. 3.23 zeigt die eingebauten Möglichkeiten von Android, um mit einfachen Mitteln Farbwelten zu erschaffen und umzusetzen. Das „Auge isst mit" ist eine wichtige Erkenntnis – auch in der Anwendungsentwicklung. Ist Ihre Anwendung optisch ansprechend, so werden Nutzer lieber damit arbeiten, als wenn sie schlecht designt oder hässlich ist. Hierbei ist allerdings auch immer zu berücksichtigen, dass unterschiedliche Nutzertypen jeweils auch einen verschiedenen Geschmack haben können. Neben der optischen Umsetzung können Sie auch zu Narrativen greifen und

Abb. 3.22 Die Anzeige des Fortschritts ist ein wichtiges Instrument der Gamification. Sie kann auf unterschiedliche Weise visualisiert werden [8]

Abb. 3.23 Die optische Umsetzung Ihrer Anwendung hat eine direkte Auswirkung auf die Perzeption der Nutzer. Nutzen Sie Themes und Farbwelten, um Ihre Ziele zu unterstreichen

Ihren Benutzern eine Geschichte erzählen, die sie bei der Arbeit in der Anwendung oder beim Spielen Ihres Spiels unterstützt. Viele Spiele schaffen ganz eigene Welten, Geschichten, Universen, um den Benutzer möglichst vollständig in den Flow zu bringen, ihn immersiv werden zu lassen (siehe Abb. 3.24). Nutzer, die nicht nur in Ihre Anwendung, sondern auch in Ihre Geschichte eintauchen, sind im Flow, sie leben, fühlen und identifizieren sich mit Ihrer Anwendung.

> Die Erzählung hinter der eigentlichen Anwendung ist für viele Nutzer oft wichtiger als die Anwendung selbst.

Abb. 3.24 Gamification erzählt häufig Geschichten. In diesem Beispiel tauchen Nutzer in die „World of Warcraft" ein, um Aufgaben zu lösen [77]

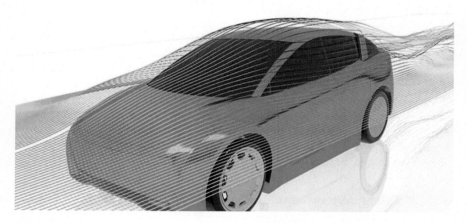

Abb. 3.25 Simulationen verbinden sowohl Neugier als auch strategisches Denken

3.4.1.6 Neugier, strategisches Denken

Neugier ist eine wichtige Komponente der Motivation. Fördern und nutzen sie dies, um Ihre Benutzer im Flow zu halten. Deuten Sie Dinge an, verstecken Sie Elemente teilweise, lassen Sie Ihre Benutzer auf die Entdeckungsreise gehen und Dinge ausprobieren. Gerade im Bereich des Lernens können Sie Neugier gezielt einsetzen, indem Sie die Frage stellen „Was passiert eigentlich, wenn…?" und dem Nutzer die Möglichkeit bieten, das direkt auszuprobieren. Dies führt dann häufig dazu, dass Nutzern kreative Elemente zur Förderung des strategischen Denkens angeboten werden. Hierbei wird nicht nur die Neugier und die Frage nach dem „Was passiert, wenn…?" gefördert, sondern auch der Fokus auf mögliche Lösungsansätze und -varianten gelegt. Im Extrembeispiel können Ihre Nutzer wie in Abb. 3.25 gezeigt, ganze Simulationen durchführen und auf diesem Weg sowohl die Neugier auf die Ergebnisse als auch die Anwendung von Lösungsstrategien innerhalb der Anwendung erproben [78, 79].

> Neugier ist ein äußerst wichtiger Motivator.

3.4.1.7 Künstliche Verknappung und Konsequenzen

Knappe oder nicht sofort verfügbare Ressourcen werden heutig mit einem zusätzlichen Wert belegt. Wenn etwas selten ist, ist es wertvoller. Seien Sie also nicht zu großzügig mit Geschenken, Punkten, Abzeichen. Künstliche Verknappung steigert den Wert und motiviert Nutzer. Natürlich sollte es trotz allem eine realistische und erreichbare Möglichkeit geben, die gewünschte Ressource zu erlangen. Eng damit verbunden sind Regeln und Konsequenzen. Nutzer, die sich nicht an Regeln halten oder ihre Aufgaben nicht korrekt erledigen, können Konsequenzen zu spüren bekommen. In der Gamification ist dies ein wichtiges Element, was Ihnen helfen kann, Nutzer zu motivieren und zu fordern. Hier spielt auch die bereits angesprochene Verlustangst eine gewisse Rolle. Wenn Sie diese Elemente in Ihre gamifizierte Anwendung mit einbauen, können Sie Ihre Nutzer schneller zum Ziel führen. Analog können Sie auch damit spielen, dass Nutzer selbst ein gewisses Investment in Form von Zeit, Geld, Erfahrung, Wissen oder Wissenstransfer einbringen müssen. Wenn Nutzer bereits etwas investiert haben, entsteht automatisch der Wunsch, dass sich diese Investition auch lohnen soll. Die Identifikation mit der Anwendung steigt, der Nutzer bleibt länger an Bord als wenn er nichts investiert hätte. Hier erfordert es ein gewisses Maß an Fingerspitzengefühl und entsprechende Belohnungen, damit Nutzer bereit sind, in Ihre Anwendung zu investieren.

3.4.1.8 Belohnungssysteme

In Abschn. 3.2 haben wir die verschiedenen Varianten von Belohnungen bereits diskutiert. Diese spielen natürlich auch in die Mechanik der Gamification eine Rolle und stellen eine der wichtigsten Vorgehensweisen dar. Denken Sie daran, dass Sie beim Ausgeben von Belohnungen immer wieder auch Überraschungen einstreuen, um sowohl die Neugier als auch den Spieltrieb von Nutzern zu unterstützen. Außerdem sollten die Regeln für Belohnungen in Form von Punkten, Abzeichen, Leaderboards, die Währung von Belohnungen und auch die Einsatzmöglichkeiten klar definiert und kommuniziert werden. Stellen Sie bei Belohnungen auch immer einen zeitlichen oder inhaltlichen Bezug zu Ihrer Anwendung her, sodass sich die Nutzer an Ihre Themenwelt, den von Ihnen vorgeschlagenen Flow und die Mischung von Fordern und Fördern gewöhnen.

3.4.1.9 Flow

Wie bereits mehrfach angesprochen, dienen all diese Maßnahmen dazu, Ihre Nutzer im Flow zu halten. Die hier vorgestellten Punkte lassen sich daher auch an verschiedenen Stellen im Flow gezielt einsetzen. In Abb. 3.26 finden Sie eine modifizierte Flowdarstellung, in der die bislang genannten Elemente integriert sind. Natürlich gibt es hier im konkreten Beispiel Abweichungen und Varianten, im Wesentlichen sehen Sie aber an diesem Bild, dass das Design von gamifizierten Anwendungen auf mehreren Ebenen stattfinden muss. Sie beschäftigen sich also nicht nur damit, den klassischen Flowzklus (Üben, Steigern, Meistern, Testen) immer wieder zu durchlaufen, sondern auch zusätzliche Elemente mit einzubringen. All das will und muss geplant sein.

Nutzer im Flow zu halten, ist eins der wichtigsten Ziele der Gamification.

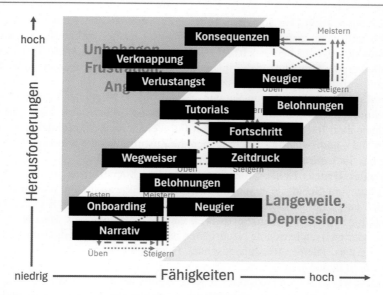

Abb. 3.26 Der Flow angereichert mit allgemeinen Vorgehensweisen

3.5   Empfehlungen für bestimmte Persönlichkeitstypen

In Abschn. 2.1.3 haben wir bereits intensiv einzelne Persönlichkeitstypen und einzelne Nutzertypen kennengelernt. Nunmehr werden wir versuchen, diese mit für sie passenden Elementen aus den Modellen dieses Kapitels spezifisch zu adressieren [34, 80–82].

3.5.1   Socializer

Der Socializer zieht Motivation daraus, anderen Nutzern zu helfen, sich zu vernetzen, soziale Kontakte zu pflegen. Diese Nutzergruppe kann durch folgende Maßnahmen gezielt aufgrund ihrer Persönlichkeitsstruktur adressiert werden:

- **Gilden und Teams**: Das Gefühl von Zugehörigkeit ist dem Socializer sehr wichtig. Wenn Sie Teams, Arbeitsgruppen, Gilden, Zirkel, Taskforces – kurz gesagt: Gleichgesinnte – zusammenbringen, wird der Socializer deutlich mehr als nur das Nötigste in Ihrer Anwendung tun.
- **Soziale Netzwerke:** Sobald es Möglichkeiten gibt, sich mit anderen Nutzern zu verbinden und zu interagieren, blühen Socializer auf. Schaffen Sie also einfache soziale Netzwerke, um andere Nutzer sichtbar zu machen und bieten Sie einfache Interaktionsmöglichkeiten. Folgen, Liken und Posten reicht in vielen Fällen bereits aus, um dem Socializer eine Plattform zu bieten, in der er sich wohlfühlt.

- **Sozialer Status:** Der Socializer hilft gerne, vernetzt sich gerne, findet es aber auch toll, wenn andere sich mit ihm vernetzen. Daher sollten Sie den sozialen Status sichtbar machen. Auch hier reicht im einfachsten Fall, wenn Sie die Anzahl Follower, die Gruppenzugehörigkeit anzeigen. Sie können aber auch mit für alle sichtbaren Abzeichen oder Auszeichnungen arbeiten.
- **Kontakte knüpfen:** Bieten Sie dem Socializer die Möglichkeit, neue Kontakte zu knüpfen. Sie brauchen hierfür eine Suchfunktion, mit der andere Mitglieder anhand ihrer Interessen oder ähnlichen Tätigkeitsbereichen gefunden werden können und – ganz wichtig – Sie brauchen die Zustimmung der anderen Nutzer, dass sie bei Suchanfragen als Treffer angezeigt werden dürfen.
- **Sozialer Druck:** Denken Sie daran, dass dem Socializer auch soziale Erfolge wichtig sind. Schafft er es nicht, genügend Kontakte zu finden, wird er frustriert. Auch ist zu berücksichtigen, dass jede soziale Interaktion auch Druck bei den Beteiligten auslösen kann. Sei es, weil man zu viele unbeantwortete Nachrichten hat, oder weil uncharmante Nachrichten bis hin zu Shitstorms die Runde machen. Hier gilt es, Themen wie Jugendschutz, Fake News oder einen einfachen Fakten-check zu berücksichtigen.
- **Wettbewerb:** Sobald Faktoren wie Reichweite oder die Anzahl Follower genutzt werden, entsteht automatisch ein Wettbewerb, der sowohl positive als auch negative Effekte auf die Beteiligten haben kann. Versuchen Sie, diesen Wettbewerb gezielt zu steuern und in Richtung des Flow zu lenken.

Wenn Sie diese Punkte berücksichtigen, dann werden sich Socializer in Ihrer Anwendung wohlfühlen, Content generieren, anderen Nutzern helfen und für ein großes Maß an Eigendynamik sorgen. All das sind wichtige Punkte, die Sie durchaus auch belohnen dürfen!

3.5.2 Freigeist

Etwas anders sieht es mit dem Persönlichkeitsprofil des Freigeists aus. Ihm sind soziale Kontakte eher egal, er möchte möglichst frei und uneingeschränkt die Anwendung erkunden. Für ihn sind die folgenden Faktoren wichtig:

- **Entdecken:** Schicken Sie den Freigeist auf die Reise. Sofern er immer wieder neue Dinge entdeckt (Themenwelten, Inhalte, Interaktionsmöglichkeiten) und diese nach Belieben nutzen kann (oder auch nicht), ist er zufrieden und bleibt im Flow.
- **Die freie Wahl:** Zwingen Sie Freigeiste nicht, bestimmte Dinge nach „Schema-F" zu erledigen. Bieten Sie mehrere Möglichkeiten an, die zum Ziel führen, schaffen Sie Entscheidungsfreiheit.
- **Easter Eggs:** Sie sind eine beliebte Methode, die Freigeiste sehr stark motivieren. Verstecken Sie Funktionen in Ihrer Anwendung, die nur durch bestimmte geheime Tastenkombinationen oder Mausbewegungen hervorgerufen werden können. Hier können Sie auch eine komplett andere Anwendung integrieren. Ein wunderbares

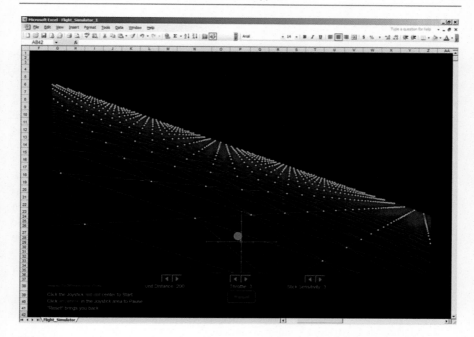

Abb. 3.27 In Excel 2000 war als Easter Egg ein kompletter Flugsimulator versteckt [60]

Beispiel hierfür ist Excel 2000. Durch Die Eingabe einer Reihe von Tastatur-
befehlen konnte in einem normalen Tabellenblatt auf einmal ein Flugsimulator
gestartet werden (siehe Abb. 3.27).

- **Freischaltbare oder seltene Inhalte:** Ködern Sie Freigeister durch spezielle
  Inhalte, die nicht jeder besitzt. Sie können diese mittels Belohnungen oder auch
  durch eigene Marktplätze freischalten.
- **Kreativtools:** wenn Sie Anwendungen entwickeln, die Kreativität unterstützen,
  so sind die Freigeiste Ihre besten Nutzer. Schaffen Sie Räume, in denen Inhalte
  neu und frei gestaltet werden, dann werden sie hervorragende Contentkreatoren.
- **Anpassungsmöglichkeiten:** Ein einfaches Mittel, um diese Nutzergruppe zu
  motivieren ist es, wenn Sie Ihre Anwendung anpassbar gestalten. Farben, Schriften, die Anordnung von Menüpunkten oder Fensterbestandteilen – all das bringt
  und hält den Freigeist im Flow.

An diesen Beispielen sehen Sie bereits, wie unterschiedlich Anwendungen ausgerichtet werden müssen, wenn bestimmte Persönlichkeitstypen in den Vordergrund
gestellt werden sollen. Je intensiver man sich mit seinen Nutzern auseinandersetzt
und je mehr verschiedene Nutzergruppen man adressieren möchte, desto komplexer
wird es, Gamification in die Anwendung zu integrieren.

3.5.3 Achiever

Der Achiever zeichnet sich durch großen Ehrgeiz aus. Er möchte der Beste sein,
Dinge erreichen, gewinnen und all das klar sichtbar für andere Dokumentieren.

- **Herausforderungen:** Achiever brauchen regelmäßige Challenges oder Quests.
  Stellen Sie Aufgaben, für die sich Achiever durchaus anstrengen müssen. Sie
  wollen nichts geschenkt, sondern ziehen ihre Befriedigung aus dem Erfolg, etwas
  schwieriges geschafft zu haben.
- **Zertifikate und Abzeichen:** Machen Sie diese Erfolge für alle sichtbar.
- **Lernen, Fähigkeiten erweitern:** Gerade bei Achievern ist es wichtig, im Flow
  ständig neue Aufgaben zu stellen, neue Fähigkeiten erlernen zu lassen, die Anwendung spannend zu halten. Dies ist eine der größten Herausforderungen im Design
  von gamifizierten Anwendungen für Achiever, weil Sie schier unendlich viele
  Herausforderungen in eine sinnvolle, immer schwieriger werdende Reihenfolge
  bringen müssen.
- **Levels und Fortschritt:** Achiever müssen wissen, wo sie stehen. Zeigen Sie daher
  transparent den Fortschritt und den aktuellen Stand an.
- **Leaderboards:** Der Vergleich mit anderen spornt den Achiever zusätzlich an.
  Denken Sie hier auch daran, dass gerade zu Beginn einer Anwendung absolute
  Leaderboards frustrieren können. Wenn Sie diese passend segmentieren, zieht der
  Achiever permanent den optimalen Motivationsschub aus ihnen.
- **Boss Battle:** Lassen Sie Achiever gegen bessere antreten. Sie wollen sich messen,
  und dazu gehört es auch, mal zu verlieren.

Der Achiever ist ein hervorragender Nutzer von E-Learning-Anwendungen oder
Spielen mit mehreren Levels.

3.5.4 Philanthrop

Unsere hilfsbereiten Menschenfreunde sind äußerst wichtige Nutzer Ihrer Anwendung. Wenn Sie diese gezielt motivieren, dann können Sie sie für die Unterstützung
im Bereich Support instrumentalisieren, Content erzeugen lassen oder optimieren
und generell die Qualität Ihrer Anwendung deutlich erhöhen. Philanthropen erreichen Sie am besten hierdurch:

- **Sinn und Zweck, Werte:** Geben Sie Dingen einen höheren Sinn. Sobald der
  Philanthrop den Eindruck hat, er arbeitet an etwas Sinnvollem, bringt er sich voll
  und ganz ein. Der Sinn Ihrer Anwendung hängt eng mit dem Narrativ zusammen
  und kann entweder in einer komplett virtuellen Themenwelt angesiedelt sein, aber
  auch sehr konkrete Unternehmensziele oder persönliche Ziele, wie das Bestehen
  einer Klausur, umfassen.
- **Sich kümmern:** Geben Sie Philanthropen die Möglichkeit, sich um andere Nutzer
  oder auch um Ihr System zu kümmern. Machen Sie sie zu Admins bestimmter

Bereiche, lassen Sie sie als Mentoren für andere Nutzer in Aktion treten – all das sind wichtige Bestandteile des Flows für diese Nutzergruppe.

- **Schenken und Teilen:** Normalerweise sind Philanthropen großzügig, d. h., die Punkte, die sie bspw. durch das Administrieren von Benutzerforen gesammelt haben, geben sie auch gerne an die Mitglieder des Forums weiter. Sie brauchen also einerseits ein Belohnungssystem für diese Nutzer, andererseits auch Möglichkeiten, dass Belohnungen geteilt werden können.
- **Wissenstransfer:** Philanthropen ziehen auch Motivation aus ihrem eigenen Wissen. Sie genießen es, dieses an andere weiterzugeben und fühlen sich wohl dabei, mehr zu wissen als andere. Auf eine positive Art können Sie das natürlich auch für Ihre Anwendung nutzen.

Die bisherigen Nutzertypen waren bislang eher positiv, motivierend und sozial verträglich ausgerichtet. Nunmehr folgen noch zwei Nutzergruppen, die ihre Motivation aus etwas anderen Kriterien ziehen.

3.5.5 Player

Player wollen gewinnen. Allerdings nicht zwingend aus einem eigenen Antrieb heraus, wie die Achiever, sondern weil sie – fast schon mit allen Mitteln – ganz oben auf dem Leaderboard stehen und die größten und wertvollsten Preise einsammeln wollen.

- **Punkte und XPs:** Ohne Punkte geht's für den Player nicht. Er will seinen Erfolg sehen und messbar haben.
- **Reale Belohnungen und Preise:** Je realer die Belohnungen sind, desto motivierter ist der Player.
- **Leaderboards:** Sie sind unabdingbar, wenn Sie diesen Persönlichkeitstyp unterstreichen wollen. Am besten öffentlich, so, dass jeder den Player sieht. Mit Foto, Name, Avatar, Anzahl Punkte, je plakativer, desto besser.
- **Abzeichen und Auszeichnungen:** Stellen Sie sich diese wie die Trophäensammlung des Spielers zu Hause vor. Ein Schrank voller Pokale, Medaillen, Auszeichnungen – nur jetzt eben innerhalb Ihrer Anwendung. Wenn Sie diesen „Schrank" gut visualisieren, werden Sie feststellen, dass der Player regelmäßig vorbeikommt und sich und seine Leistungen bewundert.
- **Virtuelle Währung:** Da es dem Player um das Gewinnen geht, braucht es Preise und somit eine virtuelle Währung. Gewinne müssen für ihn einen messbaren Gegenwert haben, ihm reicht es nicht, „nur" ein Abzeichen zu erhalten.
- **Gewinnspiele:** Player sind hierfür sehr empfänglich. Verlosen Sie Dinge, lassen Sie den Player „zocken" – all das motiviert ihn im Flow der Anwendung.

Player sind in der Praxis mit Vorsicht zu genießen. Da sie unbedingt gewinnen wollen, werden sie auch versuchen, die Regeln Ihrer Anwendung zu umgehen. Wenn es schnellere, einfachere Wege gibt, als sich durch alle Levels und Prüfungen zu arbeiten, werden sie diese ergreifen. Im Extremfall auch durch unlauteren Wettbewerb.

3.5.6 Disruptor

Der Disruptor denkt gerne um die Ecke. Er zerstört aber auch gerne mal aus seiner Sicht angestaubte Strukturen. Ihn gibt es in einer positiven, kreativ und innovativ ausgeprägten Variante und in einer negativen, zerstörerischen Variante. Letzterer wird versuchen, ihre Anwendung kaputt zu machen, sie „schlecht reden", Fehler suchen und kann Ihnen das Leben zur Hölle machen. Da er seine Motivation aber aus denselben Persönlichkeitstypen zieht, wie die positiv ausgeprägte Variante, sollten Sie versuchen, ihm genügend Möglichkeiten zu bieten, sich entsprechend positiv einzubringen:

- **Innovationen:** Bieten Sie in Ihrer Anwendung eine Plattform für Veränderung. Belohnen Sie Änderungswünsche und binden Sie Disruptoren in Lösungsvorschläge mit ein. Erstaunlich oft entstehen dadurch hervorragende Ideen – auch, wenn dies mit einem gewissen Aufwand verbunden ist.
- **Abstimmungen:** Binden Sie diese Nutzer ein. Organisieren Sie Abstimmungen, geben Sie Ihnen eine Stimme. Disruptoren wollen gehört werden und besser, das passiert in einem kontrolliert positiven Umfeld, als in unkontrollierten Kanälen.
- **Entwicklerwerkzeuge:** Falls das in Ihrer Anwendung möglich ist, lassen Sie Disruptoren selbst Hand anlegen. Stellen Sie Entwicklerwerkzeuge zur Verfügung, die die Möglichkeit bieten, die Dinge selbst besser zu machen. Dadurch entstehen oft neue Module oder Komponenten, die Sie dann auch in das Produkt mit aufnehmen können. Die großen App Stores sind ebenfalls ein gutes Beispiel, in dem Nutzer ihre innovativen Ideen ausprägen und anbieten können (und nebenbei ein hervorragendes Geschäftsmodell für alle Beteiligten).
- **Anonymität:** In anonymen Plattformen fühlen sich Disruptoren häufig sehr wohl. Allerdings haben diese Plattformen den großen Negativeffekt, dass Hassrede, Beleidigungen, Fehlinformation leider nicht lange auf sich warten lassen. Daher sollte eine anonyme Plattform die Ausnahme darstellen. Gerade im Businessumfeld ist so etwas ohnehin undenkbar.
- **Anarchie:** Manchmal ist die letzte Möglichkeit, eine Anwendung zu verbessern, die Anarchie. Schalten Sie für einen kurzen Zeitraum alle Regeln ab, geben Sie allen alle Rechte und sehen Sie, ob Sie daraus Schlüsse für eine Optimierung ziehen können. Im Anarchiemodus werden oft Verhaltensmuster sichtbar, die durch Ihre vorherige Beregelung unmöglich waren und viel effizienter sind, als die von Ihnen vorgesehenen Wege durch die Anwendung. Diesen Modus sollte man aber nur in der Testumgebung und auch nur mit einem ausgewählten Nutzerkreis durchspielen. Laden Sie hierzu aber unbedingt Ihre Disruptoren ein.

Je genauer Sie Ihre Nutzer kennen, desto besser lässt sich Gamification einsetzen.

An dieser Stelle sei angemerkt, dass die hier vorgestellten Nutzertypen nur eine Auswahl der besonders prägnanten Ausprägungen darstellen. In der Realität wird man es immer mit Mischformen zu tun haben, da ja glücklicherweise jeder Nutzer verschieden ist. Diese Auswahl hilft dennoch, um die zentralen Mechanismen der Gamification fokussiert einzusetzen.

3.6 Zusammenfassung

In diesem Kapitel haben wir nunmehr die zentralen Modelle und Vorgehensweisen der Gamification sowie deren organisatorische und technische Rahmenbedingungen kennengelernt. Sie haben in Abschn. 3.1 gesehen, wie wichtig es ist, erreichbare Teilziele zu definieren und den Fokus dennoch auf das Gesamtziel der Anwendung zu behalten. Feedback und Rückmeldungsfunktionen helfen den Nutzern, den Überblick zu behalten und im Flow zu bleiben. Die unterschiedlichen Möglichkeiten von Belohnungssystemen wurden in Abschn. 3.2 vorgestellt. Hierbei gibt es unterschiedliche Dimensionen, aus denen Belohnungen betrachtet werden können und die eine Anwendung mit Werten aufladen. Zentral hierbei ist, dass Belohnungen sowohl zum Nutzer als auch zu Ihrer Anwendung passen müssen und entsprechend eingeplant werden sollten. In Abschn. 3.3 wurden eine Reihe von technischen Rahmenbedingungen eingeführt, die sich auf die Art der Gamifizierung auswirken können und in modernen Anwendungen teils entscheidende Rollen spielen. Hierbei ist insbesondere der Einsatz von Blockchain und VR/AR-Anwendungen zusammen mit KI-basierten Bots eine sehr aktuelle und häufig eingesetzte Kombination. Schließlich wurden im letzten Abschnitt des Kapitels einige Empfehlungen zur Vorgehensweise genannt, die Ihnen helfen sollen, Anwendungen zielgerichtet zu gamifizieren. Damit haben Sie die theoretischen, technischen und organisatorischen Rahmenbedingungen der Gamification kennengelernt.

3.7 Selbsttestaufgaben

3.1 – Ziele

Wodurch lassen sich große Ziele leichter lösen?

3.2 – Feedback

Warum sind Feedbackfunktionen wichtig?

3.3 – Erreichbarkeit

Erläutern Sie die SMART-Methode.

3.4 – Fehler

Warum sind Fehler für gamifizierte Anwendungen wichtig?

3.5 – Taktik

Wofür können Sie Verzögerungen bei Belohnungen nutzen?

3.6 – Verhältnismäßigkeit

Welche Dimensionen werden für die Ermittlung der Verhältnismäßigkeit von Belohnungen genutzt?

3.7 – Wertemodell

Welche Aufgabe haben Wertemodelle?

3.8 – Überbelohnung

Welche Auswirkung kann Überbelohnung haben?

3.9 – Browser-Anwendungen

Wodurch zeichnen sich browserbasierte Anwendungen aus?

3.10 – Web 3

Welche Kriterien erfüllen Web-3-Anwendungen?

3.11 – Sensorik

Nennen Sie verschiedene Sensoren, die für Gamification relevant sein können.

3.12 – Augmented Reality

Was ist Augmented Reality?

3.13 – Echtzeit-Kommunikation

Welche Rolle spielt Echtzeitkommunikation in der Gamification?

3.14 – NPC

Was ist ein NPC?

3.15 – Multiplayer Online Games

Welche Eigenschaften bieten MMORPGs?

3.16 – Mechanik

Nennen Sie die wichtigsten Elemente der Gamification!

3.17 – Personengruppen

Für welche Personengruppen gibt es gesonderte Empfehlungen in der Gamification?

3.18 – Philanthrop

Wodurch können Sie Philanthropen zusätzlich motivieren?

Vorgehensweise

4

Nachdem wir nun in den bisherigen Kapiteln die Mechanik der Gamification und die notwendigen Konzepte, Elemente und Möglichkeiten kennengelernt haben, werden wir uns nun in diesem Kapitel damit beschäftigen, wie sich diese Elemente konkret in Anwendungen integrieren lassen. Hierzu werden wir zunächst einen kleinen Ausflug in das klassische Requirement Engineering machen (Abschn. 4.1), in dem wir kurz die Herangehensweise zur Modellierung von Anforderungen beschreiben, die als Basis für die Entwicklung von Anwendungen dienen. Darauf aufsetzend werden in Abschn. 4.2 konkrete Werkzeuge und Vorgehensweisen eingeführt, wie sich auf Basis der Requirements das Gamification Engineering durchführen lässt.

Abb. 4.1 zeigt die Hauptphasen des Softwareengineering. Häufig wird Softwareengineering mit Programmierung (= Entwicklung) gleichgesetzt, in Wirklichkeit umfasst das Softwareengineering allerdings auch die Planung, Analyse, den Entwurf und die Verifikation. Die reine Programmierung ist nur ein sehr kleiner Teil des Prozesses zum Herstellen von Software. Für die Betrachtung von Aspekten aus der Gamification gilt es, bereits sehr früh – nämlich in den Phasen Planung, Analyse und Entwurf – tätig zu werden. In diesen Phasen findet auch das Requirement Engineering statt, in dem Anforderungen konkretisiert und verbindlich festgeschrieben werden. Diese stellen dann die Basis für Gamification dar.

Abb. 4.1 Die Hauptphasen des Softwareengineering

4.1   Requirement Engineering

Das Erfassen von Anforderungen an künftige Anwendungen ist eine der wichtigsten Phasen im Softwareengineering. Sie stellt die Grundlage dafür dar, was später gekauft, gebaut, entwickelt, installiert werden soll und auch dafür, wie die spätere Anwendung aussehen soll. In diesem Prozess sind immer die Fachbereiche und Product Owner involviert, da sie am besten in der Lage sind, die Anforderungen an das künftige System zu formulieren. Je genauer und konkreter Anforderungen beschrieben sind, desto höher die Wahrscheinlichkeit, dass das spätere System sie auch erfüllen wird. In der Praxis sind unklar formulierte Requirements eins der häufigsten Probleme in IT-Projekten, denn wenn diese Unschärfe erst spät in der Entwicklung oder noch später beim Testen auffällt, dann wird der Umbau entsprechend teuer. Daher hat man mittlerweile gelernt, dass gutes Requirement Engineering den Grundstein für nachhaltige und effiziente IT-Projekte legt [83]. Im Requirement Engineering werden zunächst die harten Fakten, die Geschäftsprozesse und die dafür nötigen Informationen beschrieben. Gamification spielt hier meist noch keine Rolle. Sobald Requirements jedoch definiert sind, kann eine Phase des Gamification Engineering erfolgen, in der dann auf Basis der festgelegten Prozesse und Informationen die Gamifizierung erfolgt. Dies wird in Abschn. 4.2 im Detail erläutert. Dies bedeutet jedoch auch, dass der Gamification Engineer als Input fertig formulierte Requirements, User Stories und Use Cases, sowie Business Prozesse und Datenmodelle bekommt, die er dann unter Gamification-Aspekten verfeinern und erweitern muss. Um diese Grundlage zu haben, werden in den folgenden Abschnitten daher die wichtigsten Elemente des Requirement Engineering eingeführt.

4.1.1   User Stories und Use Cases

Der einfachste Weg, um eine Anforderung halbwegs formal zu beschreiben, ist die User Story. Sie werden als einfacher Satz formuliert und folgen immer demselben Aufbau: Als [Kundentyp] [möchte] ich, [damit].

- **Kundentyp:** Für wen entwickeln wir? Wir begnügen uns nicht mit einem Berufstitel, sondern bemühen uns um den Kundentyp der Person: Max. Unser Team sollte ein gemeinsames Verständnis von Max haben. Wir haben hoffentlich viele Maxe interviewt und können nachvollziehen, wie diese Person tickt, wie sie denkt und fühlt. Wir können uns in Max hineinversetzen.
- **möchte:** Damit beschreiben wir die Absicht – und nicht die Funktionen, die der Benutzer verwendet. Welchen Zweck möchte der Kunde eigentlich erreichen? Bei dieser Aussage geht es nicht um die Umsetzung: Wenn Sie einen Teil des User Interfaces beschreiben, statt das Benutzerziel zu erläutern, haben Sie den Sinn verfehlt.
- **damit:** Wie passt der unmittelbare Wunsch des Kunden, etwas tun zu können, in sein Gesamtbild? Von welchem Nutzen möchte er allgemein gesehen profitieren? Welches große Problem muss hier gelöst werden?

Beispiele für korrekt formulierte User Stories sind: Als Max möchte ich meine Freunde einladen, damit wir diesen Service gemeinsam nutzen können. Als Sascha möchte ich meine Arbeit organisieren, damit ich mehr Kontrolle darüber habe. Als Manager möchte ich die Fortschritte meiner Kollegen nachvollziehen können, damit ich über unsere Erfolge und Fehlschläge besser berichten kann.

Die Art der Formulierung zwingt den Anforderer einer Funktion festzulegen, für wen die Funktion sein soll. Außerdem wird dadurch die Absicht klar gemacht, warum die Funktion benötigt wird. Dies kann bei der Bewertung eine wichtige Rolle spielen, denn in den meisten Projekten können nicht alle Anforderungen auch tatsächlich umgesetzt werden. Schließlich geht es noch darum, welches Problem adressiert werden soll, also das „damit" zu beantworten. Aus diesen drei Bausteinen lassen sich erste, einfache Schätzungen eines Requirements und Ideen für dessen Umsetzung entwickeln.

> User Stories sind die einfachste Form der Beschreibung von Anforderungen.

User Stories sind kurz und einfach – damit aber auch in vielen Fällen nur bedingt aussagekräftig. Eine detailliertere Form der Formulierung von Requirements sind Use Cases, die deutlich formaler und strukturierter beschrieben werden. Die Formulierung von Use Cases folgt den Regeln der Unified Modeling Language (UML) [84], die bestimmte grafische und textuelle Elemente vorsieht, mit denen eine standardisierte Beschreibung möglich ist. Die UML hat sich auch als Standardnotation für Prozesse, Ablaufdiagramme, Klassen- und Strukturkomponenten etabliert und wird im Folgenden auch immer wieder zum Einsatz kommen. Die Abb. 4.2 und 4.3 zeigen sowohl die grafische als auch die textuelle Beschreibung eines Use Cases.

In der grafischen Darstellung eines Use Cases (wie in Abb. 4.2) wird zunächst der Gesamtkontext benannt (hier „Ausleih-Subsystem"). Im Rahmen einer Bibliotheksverwaltung, wie in diesem Beispiel, kann es viele verschiedene sog. Use Contexte geben, die jeweils einen abgeschlossenen Bereich repräsentieren. Innerhalb des Use Contexts „Ausleih-Subsystem" werden dann die einzelnen Use Cases angeordnet. Ein Use Cases wird hier jeweils durch eine Ellipse repräsentiert, die mit den beteiligten Akteuren verbunden ist. Im Falle der Ausleihe also mit dem Benutzer und dem Transportsystem. Durch diese Verbindungen sieht man sehr schnell, welche Akteure in welchen Anwendungsfällen zusammenarbeiten. Zusätzlich zu dieser grafischen Darstellung erfolgt aber auch noch eine textuelle Beschreibung, wie in Abb. 4.3 gezeigt.

Die Beschreibung eines Use Cases ist weitestgehend formalisiert. Jeder Use Case hat einen Namen, eine Kurzbeschreibung, ein auslösendes Ereignis. Er kann Vorbedingungen, Ergebnisse und Nachbedingungen besitzen. In jedem Fall werden aber die Akteure konkret benannt und eine Ablaufbeschreibung gegeben. Bei der Formulierung der Ablaufbeschreibung ist es wichtig, im Aktiv zu formulieren, also „wer macht was", da dadurch auch gleich die Verantwortlichkeit für einen bestimmten Prozessschritt festgelegt wird. Hier spielen auch Elemente der User Stories mit hinein.

Abb. 4.2 Grafische
Darstellung von Use Context
und Use Case

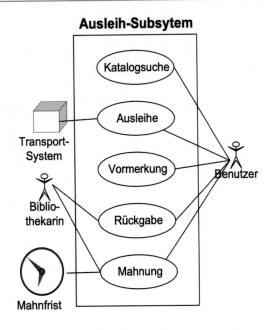

Ausleih-Subsytem

# Name	12. Ausleihe
Kurzbeschreibung:	Ein Ausleiher leiht sich ein Bibliotheksmedium aus.
Akteure:	Ausleiher, Transport-Subsystem
auslösendes Ereignis:	Ausleiher aktiviert die Ausleihen-Funktion über das GUI.
Vorbedingungen:	1. Benutzer-Identifizierung erfolgreich
	2. Medium mittels Katalogsuche ausgewählt
Ergebnisse:	Ausleiher bekommt Medium sowie Ausleihquittung ausgehändigt.
Nachbedingungen:	Ausleiher, Exemplar, Ausleihdatum und Ausleihfrist sind gespeichert
Ablaufbeschreibung:	1. Das System prüft, ob das Medium zum Präsenzbestand gehört
	2. Das System prüft die medienspezifischen Ausleihregeln
	3. Das System prüft die Vormerkungen auf das Medium, ob der Ausleiher dazu gehört oder weniger Vormerkungen als nicht ausgeliehene Exemplare vorliegen.
	4. Das System druckt eine Ausleihquittung und beauftragt das Transport-Subsystem.....
Variationen / Fehlersituationen:	1.a Falls das Medium zum Präsenzbestand gehört: Ablehnung
	3.a Wenn ...., bietet das System dem Ausleiher an, eine Vormerkung auf das Medium zu tätigen.
Anmerkungen / offene Fragen:	Wann verfallen Vormerkungen?

Abb. 4.3 Textuelle/Tabellarische Beschreibung eines Use-Cases

Da in den Use Cases die Akteure und deren Verantwortlichkeiten im Zentrum stehen, lassen sich aus ihnen sehr gut initiale technische Modelle ableiten. In der objektorientierten Systementwicklung werden beispielsweise aus allen Akteuren Klassenkandidaten, die dann die jeweiligen Verantwortlichkeiten der Akteure beinhalten. Somit lässt sich nach „Schema-F" aus den Use Cases ein initiales Klassenmodell ableiten, das zumindest schon mal garantiert die spezifizierten Anforderungen umsetzen würde. In der Phase des Entwurfs oder auch des Designs der Anwendung würde dieses Klassenmodell dann strukturiert, optimiert und passend zum Einsatzgebiet der Anwendung ausgebaut.

Use Cases sind der De-facto-Standard zum Formulieren von Anforderungen.

4.1.2 Wireframes und Storyboards

Neben der textuellen Formulierung von Anforderungen ist es häufig hilfreich, auch grafische Visualisierungen des späteren Nutzerinterfaces zu erstellen. Anhand dieser können Klickwege durchgespielt werden, ein initiales optisches Modell der Anwendung erzeugt und diskutiert werden, und damit auch potenzielle Fehler im Entwurf der Anwendung schnell sichtbar gemacht werden. Diese Visualisierungen nennt man Wireframe, ein Beispiel finden Sie in Abb. 4.4.

Wireframes sind noch keine grafisch finalen Visualisierungen, sondern fokussieren stark auf die Funktionen und geplanten Klickwege. Sie helfen dennoch, ein initiales gemeinsames Verständnis der späteren Lösung zu erlangen. Aus User Stories, Use Cases und Wireframes entstehen dann auch immer klarer werdende Abläufe, die sog. Geschäftsprozesse, die nötig sind, um eine Aufgabe von ihrem Beginn bis zum Ende zu erledigen. Außerdem lassen sich an Wireframes bereits die für eine Ansicht benötigten Informationen ablesen und definieren, woher diese kommen, bzw. welche Filterkriterien dafür zum Einsatz kommen können.

Ergänzend zu Wireframes werden häufig auch Storyboards eingesetzt. Hierbei geht es weniger um die Modellierung einer bestimmten Ansicht der Anwendung, sondern mehr darum, welchen Nutzen die Anwender durch die Verwendung der Anwendung erzielen. Warum wird die Anwendung gebraucht, was passiert der Reihe nach, in welchem Umfeld findet dies statt? Ein Storyboard wird häufig wie eine Comiczeichnung erstellt, um dies zu verdeutlichen. Abb. 4.5 zeigt hierfür ein Beispiel.

Wireframes visualisieren Klickwege und Oberflächenelemente, Storyboards visualisieren Aktionen, Abfolgen und Rahmenbedingungen.

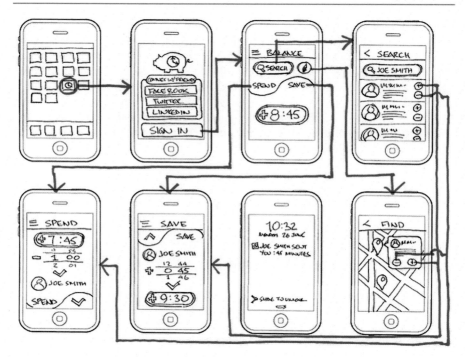

Abb. 4.4 Visualisierung von Requirements als Wireframe

4.1.3 Personas

Bei der Modellierung von Anwendungen, insbesondere auch aus Gamification-Aspekten heraus, ist es häufig sinnvoll, sich prototypische Nutzer vorzustellen. Diese sog. Personas werden meist in Form von Sedcards visualisiert (siehe Abb. 4.6). Hierbei ist anzumerken, dass es die darauf dargestellten Menschen nicht wirklich gibt, sie stellen prototypische Vertreter einer bestimmten Nutzerklasse dar. Die Visualisierung als Sedcard hilft jedoch, schnell ein gemeinsames Verständnis über die typischen Nutzergruppen zu finden.

Bei der Modellierung von Personas sollten Sie darauf achten, ein möglichst konkretes und realistisches Bild eines Anwenders zu entwerfen. Gehen Sie auf typische Hobbies ein, beschreiben Sie die Familiensituation, suchen Sie ein passendes Foto für diese virtuelle Person heraus, damit Sie bei Diskussionen über Ihre Nutzer eine gute visuelle Vorstellung im Kopf haben. Es empfiehlt sich auch, die Personas, die Sie gefunden haben, in Form ihrer Sedcards auszudrucken und plakativ zu positionieren. Versuchen Sie allerdings auch, nicht zu viele Personas zu entwickeln, da dann ggf. der Fokus verloren geht. Sie sollten versuchen, mit maximal 10 verschiedenen Personas auszukommen.

Abb. 4.5 Eine Storyboard-Darstellung

Eine Persona ist ein prototypischer Nutzer mit all seinen Eigenschaften.

4.1.4 Business Prozesse

Für die Formulierung von Business Prozessen hat sich die sog. Business Process Model Notation (BPMN) etabliert. Sie ist eine einfache, strukturierte und nachvollziehbare Möglichkeit, Prozesse zu beschreiben und auf Basis der Use Cases oder User Stories zu formalisieren. Jeder Prozess hat hierbei mindestens drei Teilbereiche (siehe Abb. 4.7):

- **Start:** Hier wird das auslösende Ereignis verankert und einem Akteur zugeschrieben. Akteure erhalten in der grafischen Darstellung einen eigenen Bereich, oft auch „Schwimmbahn" genannt, in dem die durch sie ausgeführten Aktionen gesammelt werden. Der Start wird häufig durch einen schwarzen Punkt symbolisiert.
- **Ende:** Jeder Prozess muss irgendwann dort ankommen. Die Wege dorthin können unterschiedlich sein, aber die Definition des Endzustandes eines Prozesses ist ein

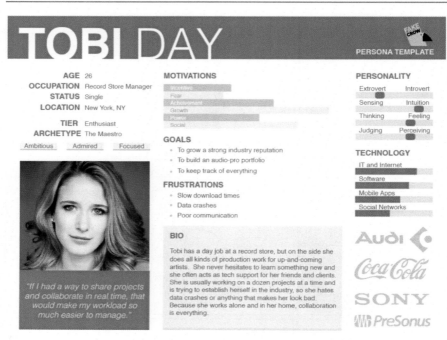

Abb. 4.6 Visualisierung von prototypischen Nutzern als Persona [85]

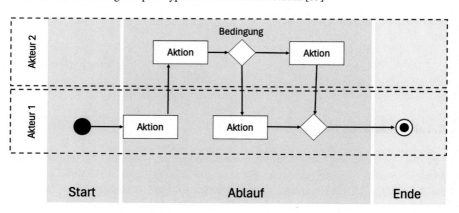

Abb. 4.7 Prozessdarstellung mit der BPMN

wichtiger, formaler und technischer Schritt. Das Ende ist meist ein schwarzer Punkt mit weißer Umrandung.

- **Ablauf:** Prozesse zeichnen sich durch hintereinander gereihte Aktionen eines oder mehrerer Akteure aus. Diese werden durch Rechtecke dargestellt und enthalten einen Titel, der im Optimalfall den Schritten im Use Cases zugeordnet werden kann. Innerhalb des Ablaufes können Bedingungen, Verzweigungen oder Zusammenführungen durch Rauten gekennzeichnet werden.

Die einzelnen Aktionen eines Prozesses eigenen sich grundsätzlich auch sehr gut für die Nachverfolgung. Sie repräsentieren jeweils den aktuellen Status des Prozesses und können für eine Zeitmessung genutzt werden, um zu erfassen, wie lange einzelne Aktionen gebraucht haben. Sowohl Status als auch Durchlaufzeit können wichtige Kriterien für die Gamification sein.

Prozessbeschreibungen sind zunächst statisch, d. h., sie enthalten die vollständige Ausprägung aller Möglichkeiten, um vom Start zum Ziel zu gelangen. Erst durch die Belegung mit Daten können bspw. Bedingungen berechnet und Abzweigungen gewählt werden. Je nachdem, welche Daten zu Prozessbeginn vorhanden sind, können andere Durchlaufpfade errechnet werden. Prozesse können natürlich auch mehrfach und wiederholt durchlaufen werden.

> Prozesse stellen diejenigen Aktionen dar, an denen Gamification angebracht werden kann.

4.1.5   Daten und Information

Daten und Informationen sind die Grundlage eines jeden Geschäftsprozesses. Ohne sie würde es keine sinnvollen Anwendungen geben. Die Veränderung der Datenbasis wird typischerweise ebenfalls durch den Verlauf des umgebenden Businessprozesses gesteuert. Es gibt einen Datenbestand zu Beginn des Prozesses und einen Datenbestand am Ende. Durch die Prozesslogik wird aufgrund des Anfangsbestandes entschieden, wie Daten modifiziert, hinzugefügt oder gelöscht werden, sodass ein sinnvoller Endbestand entsteht. Daten stellen auch den Grund dar, warum Prozesse, die mehrfach hintereinander laufen, am Ende andere Ergebnisse produzieren. Wenn Sie an einen Test denken, dann werden Sie, wenn Sie den Test immer und immer wieder üben, (hoffentlich) immer besser. Und die Daten der einzelnen Aktionen werden dazu führen, dass Sie am Ende den Test bestehen und ein anderes Ergebnis erzielen, als bei Ihrem allerersten Versuch. Für die Reproduzierbarkeit von Prozessen ist es daher auch immer wichtig, die Datenbasis zu kennen und zu beherrschen. Daten spielen auch für die Gamification eine wichtige Rolle: Sie erinnern sich sicher an die Übungsphasen, in denen wir versuchen sollten, das System möglichst nicht kaputt zu machen. Hier können Sie dieselben Prozesse, die später im Produktivumfeld durchgeführt werden sollen, durch eine gezielte Auswahl von Testdaten üben.

> Daten und Informationen repräsentieren Fortschritt und Veränderung.

Nunmehr haben wir die wichtigsten Grundlagen des Requirement Engineering zusammengefasst. Diese stellen auch den Punkt im Projekt dar, an dem typischerweise über Gamification nachgedacht wird. Sie werden es daher immer mit User

Stories, Use Cases, Businessprozessen und Datenständen zu tun haben, wenn Sie zum Gamification Engineering ins Projekt geholt werden. Nun geht's in den nächsten Abschnitten also „ans Eingemachte".

4.2 Gamification Engineering

Wenn wir das vorherige Kapitel zum Thema Requirement Engineering nun aus dem Blickwinkel der Gamification betrachten, dann lassen sich unmittelbar eine Reihe von Erkenntnissen ableiten [5] [15] [45]:

- Gamification findet während oder nach dem Requirement Engineering statt.
- User Stories und Use Cases benennen Akteure, die später auch Gegenstand der Gamification sein können.
- Use-Case-Beschreibungen enthalten diejenigen (fachlichen) Aktionen, die man später bspw. auch als Basis für Punkte und Belohnungen nutzen könnte.
- Wireframes visualisieren die spätere Anwendung. Hier können und müssen die Elemente der Gamification integriert werden.
- Alle Elemente eines Businessprozesses (Start, Aktionen, Verzweigungen, Ende) können Kandidaten für die Anreicherung mit Gamification sein
- Übungsprozesse können durch gezielte Datenbestände risikolos durchgeführt werden.
- Das gezielte Wiederholen von Prozessen kann als Training im Sinne der Gamification genutzt werden.

Durch die Vorarbeiten aus dem Requirement Engineering haben Sie also bereits eine Vielzahl von möglichen Einstiegspunkten, an denen Gamification eine Rolle spielen kann. Um nunmehr herauszufinden, welche dieser Einstiegspunkte Sie tatsächlich nutzen wollen und welche für Ihre Zielsetzung keine Rolle spielen, werden wir in den nachfolgenden Abschnitten einige konkrete Vorgehensweisen diskutieren.

4.2.1 Zielsetzung und Zielgruppe

Effektive Gamification erkennt, dass nicht alle Nutzer gleich sind. Daher sollten die Ziele und die damit verbundenen Herausforderungen an die spezifischen Bedürfnisse und Fähigkeiten der einzelnen Nutzer angepasst werden können. Dies erhöht die Relevanz und Wirksamkeit der gamifizierten Elemente. Hierbei ist zu berücksichtigen, dass jeder Nutzer für sich individuelle Ziele hat, die nicht zwingend mit den Zielen des Anwendungsdesigners übereinstimmen müssen. Es empfiehlt sich daher, in mehreren Schritten vorzugehen.

Zunächst erfolgt die Festlegung der Anwendungsziele. Hierbei wird die Frage gestellt, was mit der Anwendung erreicht werden soll. Da wir im Bereich der Gamification Anwendungen, die nur aus stumpfem Zeitvertreib realisiert werden, ausklammern können, muss hinter jeder Anwendung ein echter Businessaspekt liegen.

Im einfachsten Fall kann dies das Erfassen von Daten sein, was Sie durch dein Einsatz von Gamification weniger stumpfsinnig gestalten wollen. Im komplexeren Fall kann es die Förderung der Zusammenarbeit eines Teams sein oder die Unterstützung von Wissenstransfer. Aber auch branchenspezifische Anwendungsziele, wie bspw. die Qualitätskontrolle bei der Fertigung, das Dokumentieren einer Operation, die Simulation des Luftwiderstands von Fahrzeugen u. v. a. m. sind Ziele, die Ihre Anwendungen verfolgen können.

Sobald Sie das eigentliche Ziel Ihrer Anwendung festgelegt haben, werden diese Ziele wie bereits angesprochen in Teilziele zerlegt, um sie für den Benutzer leichter handhabbar zu gestalten. Und an dieser Stelle setzt nun die Zielgruppenanalyse ein. Wer sind Ihre Nutzer? Welche Persönlichkeitstypen haben sie? Lassen sich spezielle Nutzergruppen identifizieren? Und wie können Sie diese Persönlichkeitstypen abhängig von den jeweiligen Teilzielen gezielt fordern und fördern.

> Je genauer Sie Ihre Nutzer kennen, desto besser lässt sich Gamification einsetzen.

4.2.2 Punkte und Belohnungen

Messbarkeit ist für viele Anwendungen ein sehr wichtiger Aspekt. Sie zeigt dem Nutzer den Fortschritt und aktuellen Stand innerhalb der Anwendung an, sie hilft Anwendungsdesignern, Prozesse oder Klickwege zu optimieren, Messbarkeit deckt Performanceprobleme auf, sie führt eine zeitliche Komponente ein, um Durchlaufzeiten zu erfassen und oft auch zu vergleichen – kurz gesagt: sie stellt eine elementare Kenngröße in Anwendungen dar.

Es gibt Anwendungen, bei denen sich die Messbarkeit per Definition ergibt. In Abb. 4.8 ist bspw. eine Fitnessanwendung dargestellt, die über natürliche Messgrößen verfügt. Herzschlag, Anzahl der Schritte, Rundenzeiten, Dauer des Trainings usw. sind diskrete Werte, die herangezogen werden können, um den Fortschritt eines Nutzers zu bewerten. In verschiedenen Branchen können unterschiedliche, domänenspezifische Werte genutzt werden, die ohnehin gemessen werden, weil sie eine Grundfunktion der Anwendung darstellen. Ein gutes Beispiel hierfür ist Social Media: Das Erstellen, Bewerten und Teilen von Inhalten ist der Markenkern dieser Plattformen. Die Anzahl Follower ist wichtig, die damit verbundene Reichweite gleicht einer Währung, die sich Influencer auch entsprechend bezahlen lassen. Wenn wir uns in die Rolle versetzen, eine Social-Media-App zu designen, dann wird es hier sicherlich User Stories, Use Cases, Businessprozesse geben, die sich mit dem Erstellen, Bewerten und Teilen von Inhalten beschäftigen. Das Business gibt also die Funktion vor, die daraus resultierenden Werte können dann als Messgrößen genutzt werden. Abb. 4.9 zeigt dies am Beispiel von Twitter (mittlerweile X) [40]. Hier sieht man, dass die genannten Use Cases innerhalb der App durch „Create, Like, Share"-Buttons

Abb. 4.8 Fitnessanwendungen haben natürliche Messgrößen [38]

Abb. 4.9 Social Media nutzt Messgrößen aus der Anwendungslogik [40]

im Screenshot der mobilen Anwendung ganz unten, gestartet werden können. Die erfassten Messgrößen, wie Retweets, Quotes oder Likes werden dann im unteren Bereich der Detailansicht (linker Teil des Screenshots) angezeigt. Als Messgröße wird hier die Anzahl der bearbeiteten oder noch offenen Todos genutzt.

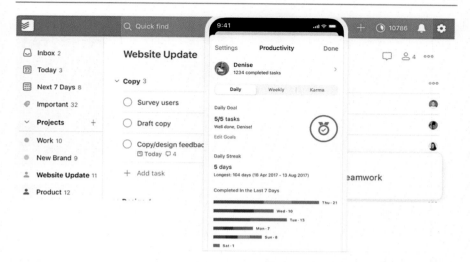

Abb. 4.10 Die Aufgabenverwaltung Todoist nutzt den Status der Einzelaktivitäten als Messgröße [86]

Ein weiteres Beispiel für derartige, eingebaute Messgrößen ist die Anwendung Todoist, die prinzipiell die Verwaltung offener Aufgaben organisiert. Abb. 4.10 zeigt auf der linken Seite die noch offenen Punkte, kategorisiert nach einzelnen Bereichen. Der Fortschritt wird dann in der App (oder auch Desktop-Version) visualisiert. Als Messgröße gilt auch hier die Anzahl der Aufgaben. Analog kann man sich hier auch ein E-Mail-Postfach mit ungelesenen Nachrichten, die Anzahl der bearbeiteten Buchungsbelege in einem ERP-System, die Anzahl der Kapitel einer Lerneinheit, die Sie gelesen haben u. v. a. m. vorstellen. Sie werden feststellen, dass nahezu jede Anwendung derartige Elemente für mögliche Messgrößen besitzt. Im einfachsten Fall zählen Sie, wie oft ein Benutzer einen Prozess gestartet und beendet hat, wie oft eine Aktivität ausgeführt wurde, wie viel Zeit hier aufgewendet wurde und schon haben Sie belastbare Zahlen, mit denen Sie arbeiten können.

Jedes Element aus User Stories, Use Cases, Wireframes, BPMN-Prozessen, jede Veränderung an Daten kann genutzt werden, um Messbarkeit zu erzeugen. Hinzu kommen Daten, die Sie über Sensoren abgreifen können (bspw. Puls, Schrittzähler usw.) und allgemeine Daten (Tag, Uhrzeit, Wetter). Um ein Punkte- und Belohnungssystem darauf aufzubauen, sind eine Reihe von Aktivitäten und Überlegungen nötig, die in den folgenden Abschnitten beschrieben werden.

4.2.2.1 Klassifikation der Messgrößen

Für das Design des Punktesystems ist es wichtig, sich zunächst einen Überblick über die verfügbaren Messgrößen zu verschaffen. Sie werden schnell merken, dass Sie im Normalfall viel mehr Daten abgreifen können, als Sie für Ihr Punktesystem nutzen wollen. Denken Sie daran, jede Aktivität im Prozess, jeder Schritt in einem Use Case, jedes Element auf einem Wireframe, kann als Messgröße herangezogen werden und vieles davon wird für Ihr Punktesystem irrelevant sein. Das Punktesystem

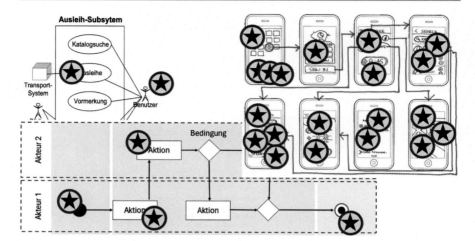

Abb. 4.11 Initiale Erfassung von Messgrößen, die sich für die Vergabe von Punkten eignen

folgt ja auch Ihrem Ziel (siehe Abschn. 4.2.1), daher werden sich viele möglichen
Messgrößen von selbst ausschließen. Wählen Sie also nur diejenigen Messgrößen,
die zu Ihrem Ziel und Ihrer Zielgruppe passen. Diese werden auf den bestehenden
Spezifikationsdokumenten mit eingezeichnet (siehe Abb. 4.11). Hierbei werden Sie
feststellen, dass Sie Häufungen von Punktemöglichkeiten in einzelnen Ansichten der
Wireframes oder auch in den Prozessbeschreibungen finden werden.

Diese initiale Klassifikation gilt es nun zu bewerten und sinnvoll zu verteilen.
Auch wenn all diese Messgrößen potenziell Ihrem Ziel zuträglich wären, kann es
sein, bewusst auf einige dieser Messgrößen zu verzichten, sie zu verschieben oder
stattdessen auch zusätzliche Messgrößen einzuführen, die Prozessteile abdecken, an
denen ggf. keine natürlichen Messgrößen vorhanden sind. Daraus resultiert unmittelbar die Festlegung derjenigen Anwendungsbestandteile, die sie mit Punkten belegen wollen. An dieser Stelle sind natürlich auch prozessübergreifende Themen zu
berücksichtigen. Hierzu gehören unter anderem:

- Wie oft hat ein Nutzer den Prozess durchlaufen (Übungspunkte)?
- Wie lange ist ein Nutzer schon aktiv (Loyalitätspunkte)?
- Wie viel Zeit verbringt ein Benutzer regelmäßig in der Anwendung (Durchhalte-
  punkte)?
- Wie viele andere Nutzer hat er in die Anwendung gebracht (Empfehlungspunkte)?

Soviel zur Theorie. In der Praxis ist es leider häufig so, dass die Spezifikation von
Anwendungen nicht ganz dem entspricht, was hier in Abschn. 4.1 beschrieben wurde.
Oft fehlen Use Cases, die Prozesse sind nicht beschrieben oder dokumentiert, man
hat historisch gewachsene System vor sich, die im Lauf der Zeit an vielen Stellen
erweitert, modifiziert, geändert wurden und keiner weiß mehr so genau Bescheid. In
diesem Fall hat es sich als sinnvoll herausgestellt, mit Screenshots der bestehenden
Anwendung zu arbeiten und diese anstelle von Wireframes oder Prozessbeschrei-

bungen zu verwenden. Für die Festlegung eines Punktesystems ist dies kein großes Problem, in der späteren Realisierung der Gamification-Komponenten ist jedoch mit deutlich höherem Aufwand zu rechnen, da die entsprechenden Stellen innerhalb der Anwendung erst anhand der Screenshots identifiziert werden müssen.

> Legen Sie fest, wofür Sie überhaupt Punkte vergeben können und wollen.

4.2.2.2 Normalisierung und Gewichtung

Das initiale Punktemodell wird in diesem Schritt verfeinert, denn Sie werden höchstwahrscheinlich nicht für jede Aktion immer dieselbe Punktezahl vergeben wollen. Jeder Schritt ein Punkt, jede Minute Training ein Punkt, jeder Herzschlag ein Punkt, jede Mail ein Punkt – Sie sehen schon, wo das ggf. hinführt. Punkte sind wie eine Währung und der Wert der jeweiligen Aktion muss durch sie repräsentiert werden. Eine Minute Training ist – je nach Anwendung – vermutlich mehr wert als eine Minute Schlaf. Punktesysteme sollten einfach zu verstehen und nachvollziehbar sein, also nicht zu viele verschiedene Varianten aufweisen. Denken Sie hier am besten an Geldstücke: Hier gibt es auch nicht für jeden Betrag die passende Münze oder den passenden Schein, stattdessen gibt es zwei Handvoll verschiedener Münzen und Scheine, die dann beliebig zusammengesetzt werden können. Ein ähnliches Prinzip wird auch für ein Punktesystem benötigt.

Der Begriff Normalisierung bedeutet hier, dass wir echte Messgrößen in Punkte übersetzen, also bspw. aus jedem Schritt einen Punkt machen. Und Gewichtung bedeutet, dass wir festlegen, wie wertvoll jeder Schritt im Vergleich zum Rest der Anwendung sein soll (Abb. 4.12).

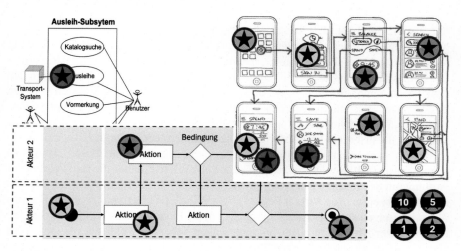

Abb. 4.12 Normalisierte und gewichtete Punkteverteilung

Sie können in Ihrem Modell natürlich auch verschiedene Arten von Punkten vergeben und somit parallel mehrere „Währungen" gleichzeitig verwalten. In Social Media werden beispielsweise Likes, Shares, Posts gezählt, das wären schon mal drei verschiedene Punktearten, die Sie dann jeweils auch für unterschiedliche Zwecke nutzen können.

Übersetzen Sie Messewerte in Punkte und gewichten Sie diese.

4.2.2.3 Integration des Punktesystems in die Anwendung

Die bislang spezifizierten Dinge können nunmehr in der Anwendungslogik umgesetzt werden. Hierzu müssen Entwickler die entsprechenden Prozesse identifizieren (im einfachsten Fall via BPMN) und dem ausführenden Benutzer an einer zentralen Stelle die festgelegten Punkte gutschreiben. In der Praxis ist dies meist ein relativ einfacher Vorgang, allerdings ist zu berücksichtigen, dass jede Änderung an einer Anwendung qualitätsgesichert und somit vollständig getestet werden muss. Gamification ist eine Querschnittsfunktion, d. h., sie betrifft jeden Teil der Anwendung. In Konsequenz muss also auch die komplette Anwendung in all ihren Varianten geprüft und getestet werden.

Die Integration des Punktesystems in die Anwendung erfolgt parallel zur Anwendungslogik.

4.2.2.4 Abzeichen und Auszeichnungen

Nachdem wir nunmehr festgelegt haben, welche Aktion innerhalb der Anwendung relevant für die Vergabe von Punkten ist und wie viele Punkte der Nutzer dafür erhalten soll, können wir zur Spezifikation der Regeln für Abzeichen, Auszeichnungen oder Belohnungen übergehen. An dieser Stelle ist es extrem wichtig, sich über die Zielgruppen, Persönlichkeitstypen und die Art der Belohnung klar zu sein (siehe Abschn. 3.5). Modelle können hier aus mehreren Ebenen bestehen, wie bspw. LinkedIn gut illustriert (siehe Abb. 4.13). Nutzer werden hier aufgefordert, gemeinsam an Beiträgen zu einem bestimmten Thema zu arbeiten. Kommen diese Beiträge bei Lesern gut an (d. h. werden sie entsprechend geliked), so erhalten die fünf Prozent der Autoren mit den meisten Likes ein spezielles Badge – im Beispiel von Abb. 4.13 das in gelb angezeigte „Top Virtual Reality (VR) Voice". Die Beziehung von Punkten zu Auszeichnungen kann also durchaus auch „um die Ecke" gedacht werden, sodass Sie einem Nutzer Abzeichen oder Auszeichnungen geben, obwohl (oder gerade weil) andere Nutzer Aktionen durchgeführt haben.

Pratik Mane
Augmented Reality (AR)
Virtual Reality (VR)
Freelancing

Pratik Mane (He/Him) · 2.
Founder @Visioment Studios | Augmented Reality (AR), Virtual
Reality (VR), Unity 3D, Spark AR, Lens Studio | I Help Brands Elevate
Customer Engagement Through Immersive AR Experiences.

:ö̤: Top Virtual Reality (VR) Voice

Shrirampur, Maharashtra, Indien · **Kontaktinfo**

Visioment Studios Pvt. Ltd.

**Sanjivani College of
Engineering kopargaon**

Abb. 4.13 LinkedIn vergibt Badges für Erfolge in bestimmten Themengebieten [39]

In Abschn. 2.2.1 und 3.2 haben wir bereits ausführlich über die Belegung von
Abzeichen und Auszeichnungen mit Werten für den Nutzer und die Anwendung
gesprochen. Dieses, und unser mittlerweile normalisiertes und gewichtetes Punktesystem zugrunde gelegt, kann nunmehr die Architektur von Abzeichen, Auszeichnungen und Belohnungen spezifiziert werden.

Grundsätzlich gibt es hierfür vier Eingangsgrößen:

- **Die Punkteart:** Je nach Anwendung kann es mehrere Arten von Punkten geben,
  die jeweils eigene Belohnungen erfordern.
- **Eigene Punkte:** Das sind die Punkte, die ein Nutzer durch seine eigenen Aktionen und Leistungen innerhalb einer Anwendung erreichen kann (bspw. Anzahl
  Trainingsminuten).
- **Fremde Punkte:** Punkte, die durch Aktionen von anderen Nutzern entstehen,
  aber auf Leistungen des Nutzers zurückzuführen sind (bspw. Anzahl Likes auf
  einem Beitrag des Nutzers). Hierzu zählen bspw. auch Sonderpunkte, die von
  Administratoren an bestimmte Nutzer vergeben werden.
- **Teampunkte:** Wenn kollaboratives Arbeiten gefördert werden soll, können Punkte
  auf Teamleistungen entstehen.

Daraus resultiert eine Vielzahl von Möglichkeiten, die Sie in Form von Abzeichen,
Auszeichnungen oder Belohnungen verteilen können. Ähnlich wie bei der Vergabe
von Punkten, braucht es auch hier wieder eine starke Fokussierung. Da in diesem
Schritt des Gamification Engineerings viele verschiedene Aspekte einspielen, sollten
Sie die Vergabe von Abzeichen, Auszeichnungen oder Belohnungen auf Basis Ihres
Punktesystems auf gar keinen Fall alleine „im stillen Kämmerchen" durchführen.
Sie werden Input sowohl von verschiedenen Abteilungen benötigen, um zu einer
sinnvollen, zur Anwendung und zur Zielsetzung der Anwendung passenden, und
Ihre Nutzergruppe motivierenden Zuordnung zu kommen. Hier ist viel Diskussion
gefragt, Sie müssen die einzelnen Aspekte virtuell durchspielen und sich überlegen,
wie das in Ihr Gesamtkonzept passt. Diesen Kreativvorgang dokumentieren Sie am
einfachsten in einer Tabelle (Abb. 4.14).

Badge Name	How to Earn It	Badge Image
Welcome!	First login	
Welcome Back!	Second login	
Pathfinder	10th login	
Pathfinder	50th login	

Abb. 4.14 Beispielhafte Tabelle mit Abzeichen

Als Ergebnis entsteht dann eine vollständige Beschreibung, wie Sie von Punkten zu Abzeichen, Auszeichnungen und Belohnungen kommen. An dieser Stelle ist die Umsetzung glücklicherweise sehr einfach, denn rein technisch muss lediglich die Tabelle zentral hinterlegt und von der Anwendungslogik gegen die bereits geschaffene Punktebasis geprüft werden. Sobald ein Kriterium der Tabelle erfüllt ist, wird dem Nutzer ein neues Badge zugeschrieben, eine Info-Mail oder ein Pop-up gezeigt, fertig. Diese Funktionalität kann meist ohne einen vollständigen Test der Anwendung integriert werden. Die hier genannte Tabelle können Sie Ihren Nutzern auch unmittelbar anzeigen. Transparenz für die Erreichung von Zielen ist in der Gamification sehr hilfreich.

Legen Sie Ihr Belohnungssystem mit Abzeichen und Auszeichnungen fest.

Eine letzte Ebene sind die Belohnungen. Diese können zwar auch aus Punkten, Abzeichen oder Auszeichnungen resultieren, sind häufig aber losgelöst von diesem Mechanismus. Sie haben meist einen gewissen Überraschungscharakter und werden für besondere Verdienste verliehen, die nicht zwingend an einem Punktesystem festzumachen sind.

4.2.2.5 Punktewährung

An dieser Stelle sollten Sie sich spätestens auch Gedanken darum machen, ob Ihre Punkte eine rein virtuelle Währung darstellen sollen oder ob Sie Punkte mit Objekten der realen Welt koppeln wollen, indem Sie Ihre Punkt bspw. gegen Gutscheine oder Rabatte der realen Welt eintauschen können. Sie können sich natürlich auch entscheiden, einen Marktplatz in Ihre Anwendung zu integrieren, in dem Nutzer dann für ihre Punkte Objekte der Anwendungswelt einkaufen können. Mischformen sind

Abb. 4.15 Der Lufthansa-World-Shop mit Miles&More-Programm [87]

ebenso denkbar. Ein hervorragendes Beispiel hierfür ist das Miles&More-Programm der Lufthansa. Durch jeden Flug sammeln Sie Meilen (die virtuelle Punktewährung), die Sie dann für andere Flüge (also Objekte innerhalb der Lufthansa-Anwendung) oder reale Objekte (siehe Abb. 4.15) einlösen können. Meilen können hinzugekauft werden oder Differenzbeträge mit „echtem" Geld aufgestockt werden.

Im Web-3-Umfeld (siehe Abschn. 3.3.3) ist es immer häufiger üblich, sog. Tokens herauszugeben. Dies sind (Punkte-)Währungen innerhalb einer Anwendungswelt, die an eine Kryptowährung gekoppelt sind, d. h., man kann mit ihnen handeln, sie in der Kryptowelt dazukaufen oder investieren, sie haben einen Umtauschkurs (gegenüber der gekoppelten Kryptowährung und somit gegenüber allen Kryptowährungen) und gewinnen oder verlieren damit an Wert. Sie sammeln also durch Ihre Aktivitäten in der Anwendung Kryptogeld. Derartige Tokens werden dann häufig in sog. Wallets gespeichert, das sind blockchainbasierte Portemonnaies, vergleichbar mit einer echten Geldbörse.

Punkte sind Ihre Währung und müssen entsprechend behandelt werden.

Egal, wie Ihre Entscheidung hierzu ausfällt – Sie sollten die Nutzer klar und transparent über den Wert der gesammelten Punkte informieren. Nicht nur, um die Nutzer vom Sinn, Punkte zu sammeln, zu überzeugen, sondern auch aus eigenem Interesse. Denn sobald es um eine Währung geht (in welcher Form auch immer), müssen die rechtlichen, finanziellen und organisatorischen Rahmenbedingungen festgelegt, dokumentiert und juristisch abgesichert sein. Dazu gehört auch die Informationspflicht dem Kunden bzw. Ihrem Anwender gegenüber.

4.2.2.6 Informationen im Leaderboard
Sie müssen die Entscheidung treffen, ob die gesammelten Punkte, Abzeichen, Auszeichnungen – manchmal sogar die Belohnungen – angezeigt werden, welche

Informationen Sie hierfür nutzen dürfen und für welche anderen Nutzer diese sichtbar sein sollen. Die Strategie, welche Informationen gezeigt werden, hängt stark von der Anwendung und dem gewünschten Wettbewerb ab.

Das Spiel Fortnite bspw. erfreut sich weltweiter Beliebtheit und hat sich entschieden, die weltweiten Bestenlisten in einem eigenen Discord Channel zur Verfügung zu stellen (siehe Abb. 4.16). Apple hingegen setzt bei seinen Fitness-Apps darauf, dass sich wenige, gut bekannte Freunde zusammenschließen und in einen gemeinsamen Wettbewerb eintreten (siehe Abb. 4.17). Die Lernanwendung Duolingo zeigt kurz und knapp Informationen anderer Nutzer an, ohne weiter ins Detail zu gehen. Stattdessen wird hier ein ebenenbasierter Ansatz gewählt, der die Nutzergruppen jeweils segmentiert und nur diejenigen Nutzer im Leaderboard anzeigt, die für den aktuellen Lernfortschritt relevant sind (siehe Abb. 4.18). Ein letztes Beispiel sind schließlich noch die Leaderboards des Spiels World of Warcraft (siehe Abb. 4.19), in denen eine Vielzahl von Informationen angezeigt werden, um die Zugehörigkeit zu Gilden, Abzeichen, Kampfstatistiken usw. auf einen Blick zu zeigen.

Leaderboards machen Erfolge aber auch Misserfolge transparent.

In der Praxis ergibt sich die Wahl der Informationen, die Sie im Leaderboard darstellen wollen meist aus dem Anwendungsfall, Ihrer Zielsetzung und dem Nutzerkreis. Betrachten Sie die hier vorgestellten Beispiele daher als Kreativanregung und nicht als vollständige Sammlung aller Möglichkeiten.

WÖCHENTLICHE BESTENLISTE — FORTNITE

EPISCHE SIEGE		ELIMINIERUNGEN		ASSISTS	
#1 MintLeaf28	2	#1 L337_Ll4m4	135	#1 MintLeaf28	23
#1 ToeBeans72	2	#2 Meowscles_:3	114	#2 Meowscles_:3	8
#1 Jonesy‹3	2	#3 Jonesy‹3	80	#3 ToeBeans72	7
#4 Meowscles_:3	1	#4 ToeBeans72	62	#4 F1sht1ck.331	5
#5 L337_Ll4m4	0	#5 MintLeaf28	51	#5 Jonesy‹3	2
#5 F1sht1ck.331	0	#7 F1sht1ck.331	7	#6 L337_Ll4m4	0

ANGERICHTETER SCHADEN		FISCHE GEFANGEN		GEFAHRENE DISTANZ	
#1 MintLeaf28	29.5k	#1 Jonesy‹3	0	#1 Jonesy‹3	1.4M
#2 L337_Ll4m4	20.2k	#1 ToeBeans72	0	#2 ToeBeans72	800.5K
#3 Meowscles_:3	11.5k	#1 L337_Ll4m4	0	#3 L337_Ll4m4	507.3K
#4 Jonesy‹3	9.9k	#1 Meowscles_:3	0	#4 F1sht1ck.331	240.9K
#5 ToeBeans72	8.8k	#1 MintLeaf28	0	#5 Meowscles_:3	147.8K
#6 F1sht1ck.331	1.8k	#1 F1sht1ck.331	0	#6 MintLeaf28	146.6K

DIE AKTUALISIERUNG DER STATISTIKEN KANN BIS ZU 30 MINUTEN DAUERN.   Fishtick.331   Fishtick.331

Abb. 4.16 Das Spiel Fortnite hat einen eigenen Discord Channel für die Veröffentlichung von Bestenlisten. Dies schafft zusätzlich Reichweite [88]

Abb. 4.17 Apple Fitness ermöglich es, Wettkämpfe mit Freunden durchzuführen. Im Leaderboard werden dann die jeweiligen Ergebnisse gegenübergestellt [38]

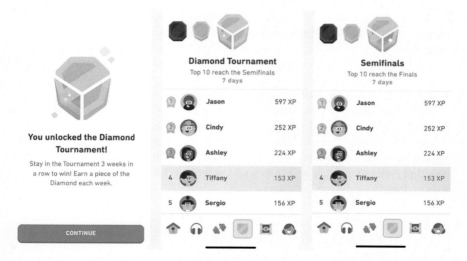

Abb. 4.18 Die Lernapp Duolingo organisiert Bestenlisten in verschiedenen Bereichen und Ebenen. Hier beispielsweise in Form von Turnieren [53]

4.2.2.7 Kommunikation und Visualisierung

Nachdem nunmehr alle Entscheidungen aus dem Bereich Punkte, Abzeichen, Auszeichnungen, Belohnungen, Leaderboards getroffen sind, müssen diese noch grafisch umgesetzt werden. Da wir bereits in den vorangegangenen Abschnitten dafür gesorgt

Rank	Rating	Name	Realm	Faction	Race	Class	Spec	Guild	W - L	Win %
1	2921	Chunli	Tichondrius						915 - 369	71.3%
2	2907	Kolom	Illidan					Big Dumb Guild	181 - 91	66.5%
3	2885	Cachdezhands	Mug'thol						480 - 277	63.4%
3	2885	Floormats	Mal'Ganis						460 - 248	65.0%
5	2871	Thanorx	Mal'Ganis					Grief	573 - 384	59.9%
5	2871	Kolompilot	Earthen Ring						117 - 45	72.2%
7	2858	Nivellido	Emerald Dream					Never Lucky	262 - 129	67.0%
8	2853	Xaryu	Tichondrius						240 - 87	73.4%
9	2837	Thugonomicz	Tichondrius						739 - 318	69.9%
10	2836	Snutzr	Illidan					Big Dumb Guild	143 - 40	78.1%
11	2827	Goreckis	Mug'thol						781 - 336	69.9%
12	2809	Stickygirls	Moon Guard					gpy your wifi	450 - 297	60.2%
12	2809	Toonah	Area 52					is kinda like god	244 - 158	60.7%

Abb. 4.19 Das Spiel World of Warcraft zeigt eine Menge Informationen im Leaderboard [77]

haben, dass die Änderungen in der Anwendungslogik verankert werden (Punkte werden an den entsprechenden Prozessteilen gutgeschrieben, zentral verwaltet, Belohnungen und Leaderboards werden somit ebenfalls organisiert), geht es nun um die Frage, wie und wo die entsprechenden Informationen visualisiert werden.

Im Gamification Engineering nutzt man hierfür ebenfalls die Wireframe-Technik (siehe Abschn. 4.1.2). Für die Kommunikation und Visualisierung reicht es glücklicherweise, sich auf die Darstellungsschicht, also das User Interface, einer Anwendung zu konzentrieren. Passend zum optischen Anwendungsdesign werden in diesem Schritt nun die Screens identifiziert, an denen Informationen zum Punktestand angezeigt werden, auf denen Abzeichen zu sehen sind, oder die Abzweigungen zum Leaderboard (meist ein eigener Screen) enthalten.

Im Verlauf dieses Buches haben Sie schon eine Vielzahl von Screenshots mit den unterschiedlichsten Visualisierungen von Punkten, Abzeichen usw. gesehen. Daher werden hier keine weiteren Bilder mehr ergänzt. Die Visualisierung stellt jedoch den finalen Schritt in der Planung Ihres Punkte- und Belohnungssystems dar. Sie ist das, was Ihre Nutzer zu sehen bekommen und sollte daher optisch ansprechend und zur Anwendungswelt passend gestaltet sein.

> Die Visualisierung ist eine wichtige emotionale Sprache Ihrer Anwendung.

4.2.3 Ablauf und Narrativ

Das Prinzip der Gamification bedient sich häufig einer übergeordneten Geschichte, die entweder parallel zu den Prozessen und Daten oder auch völlig losgelöst davon betrachtet werden kann. In Spielen ist die Geschichte meist unmittelbar mit den

Aktionen der Nutzer verbunden, in Businessanwendungen jedoch kann dies eine komplett eigene Erzählung sein. Sie könnten Nutzer, die bspw. langweilige und stumpfsinnige Aufgaben abarbeiten müssen, durch eine spannende Fantasiegeschichte, die sich parallel zu den Aufgaben weiter entwickelt, bei Laune halten. Daher wird das Narrativ der Anwendung auch gesondert betrachtet. Die Begriffe Geschichte und Narrativ sind weitestgehend synonym – ein Narrativ hat allerdings noch die zusätzliche Komponente, dass es aus Einzelereignissen besteht, die zu einer Geschichte verbunden werden. D. h., während eine Geschichte typischerweise sequenziell in einer bestimmten Reihenfolge erzählt wird, ist das Narrativ eher als Themenwelt zu betrachten, in der viele verbundene Einzelereignisse die Geschehnisse der Themenwelt beschreiben. Eine grundlegende Reihenfolge ist vorgegeben, im Detail gibt es aber große Freiheitsgrade in der Reihenfolge und auch Vollständigkeit der Erzählung. In der Gamification wird daher meist ein Narrativ eingesetzt, um die Flexibilität der Erzählung auf das ebenfalls flexible und nicht vorhersehbare Nutzerverhalten abzustimmen [89].

4.2.3.1 Narrative Atome

Ein Narrativ ist aus einzelnen Einheiten der Geschichte aufgebaut, die innerhalb des übergeordneten Kontexts, alleine für sich funktionieren. D. h., sie haben einen Beginn und ein in sich geschlossenes Ende. Je nach Position im Flow können Sie natürlich Informationen aus vorangegangenen Narrativen Atomen aufgreifen und müssen daher nicht vollständig selbsterklärend sein, allerdings kann es gut sein, dass zu einem gewissen Zeitpunkt innerhalb des Flows nicht alle bislang verfügbaren Narrative vom Nutzer konsumiert wurden.

Abb. 4.20 zeigt das Zusammenspiel dieser Narrativen Atome. Jedes Atom ist durch ein Sechseck innerhalb des Flows dargestellt. Es gibt innerhalb des Flows immer wieder Erzählphasen, in denen die Geschichte einen definierten Informationsstand erreicht haben muss (symbolisiert durch die blauen Elemente). Zwischen diesen Elementen können beliebige Pfade gewählt werden, um zum nächsten erzählerischen Fixpunkt zu gelangen. Nutzer müssen nicht all diese Pfade tatsächlich durchlaufen, aber jedes der entsprechenden Atome muss zumindest so viel an Erzählung zum Gesamtnarrativ beitragen, dass beim nächsten Fixpunkt die übergeordnete Geschichte nach wie vor Sinn macht. Bei Spielen gibt es teils tausende kleinerer Geschichten, die speziell für Achiever-Typen eine wunderbare Motivation darstellen. Sie können sich umsehen, überall neue Dinge erfahren und die Spielumgebung bis ins Kleinste kennen lernen. In Spielen werden diese Narrativen Atome mittlerweile durch aufwendig produzierte Videos realisiert und durch KI-generierte Animationen unterstützt. Mit zunehmenden Fähigkeiten des Nutzers werden meist auch die Narrativen Atome komplexer, da sie immer mehr Informationen voraussetzen können.

Nun ist es natürlich sehr aufwendig, tausende kleiner Geschichten vorzubereiten, diese ggf. sogar vorzuproduzieren und trotzdem den Überblick zu behalten, welche Geschichte zu welchem Zeitpunkt relevant sein kann. Es empfiehlt sich daher folgender generischer Aufbau eines Narrativen Atoms, angelehnt an [90]. Einen

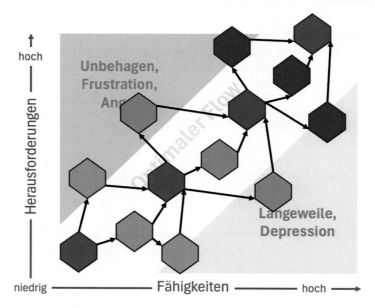

Abb. 4.20 Narrative Atome innerhalb des Flow

Beginn, der kurz das Setup umreißt – natürlich innerhalb des großen ganzen Narrativs, einen Hauptteil, in dem die eigentliche Geschichte spielt und ein Ende, in dem sich das Ergebnis oder die neue Erkenntnis der Geschichte manifestiert. Häufig werden bestimmte Punkte offen gelassen oder erzählerische Überraschungen eingebaut, um dem Nutzer Lust auf die nächsten Narrativen Atome zu machen. Am Ende sollten Sie die Geschichte in einen Stand bringen, dass beliebige andere Atome aus der selben Erzählebene ohne Probleme anschließen können.

Die Verbundatome (blau in Abb. 4.20) haben zusätzlich häufig noch eine zusammenfassende Eigenschaft, um Nutzern, die ggf. nicht alle Atome der vorherigen Erzählebene besucht haben, die wichtigsten Informationen mitzuteilen, damit diese im weiteren Verlauf des Spiels keine Einschränkungen befürchten müssen.

Der Aufbau eines Narrativs erfordert viel Zeit, Übung und häufig hohe Produktionskosten.

4.2.3.2 Ablaufplanung

Das Narrativ ist, wie bereits erwähnt, eine zusätzliche Ebene, die parallel zur eigentlichen Anwendung läuft. Zum Definieren eines Narrativs sind folgende Schritte nötig:

1. Definieren Sie die übergeordnete Handlung.
2. Legen Sie die Fixpunkte fest und welcher Informationsstand dort jeweils vorhanden sein muss.
3. Erstellen Sie die Narrativen Atome.
4. Ordnen Sie die Narrativen Atome und Fixpunkte an den Prozessaktivitäten Ihrer Anwendung an.
5. Hinterlegen sie ggf. Varianten, um die Anwendung abwechslungsreicher zu machen, falls ein Nutzer von vorne beginnt.

4.2.3.3 Narrative Wahlmöglichkeiten

Anwendungen, die stark auf Narrative Atome setzen, können diese abhängig von den Entscheidungen eines Nutzers ausspielen. Wenn der Nutzer an einer Stelle der Anwendung einen Dialog mit „ja" beantwortet, so kann er andere Narrative Atome bekommen, als wenn er mit „nein" reagiert. Da das Narrativ häufig losgelöst von der Anwendung ist, muss die Entscheidung nicht zwingend mit der Wahl des Narrativen Atoms zu tun haben. Die Frage „Wollen Sie das Dokument drucken?" wird wahrscheinlich keinen größeren Einfluss auf die weitere Erzählung haben. Die Frage „Wollen Sie in das Modul XY wechseln?" kann jedoch größere Auswirkungen auf die Erzählung haben, weil nunmehr ggf. eine andere Themenwelt betreten und erforscht wird.

Die einfachste Architektur für Narrative ist die, die einen klar vorgegebenen Weg vom Beginn bis zum Ende der Erzählung hat. Abb. 4.21 zeigt diesen Weg, der eine klar vorgegebene Reihenfolge der Narrativ Atome vorsieht. Diese Lösung ist einfach zu spezifizieren und umzusetzen. Allerdings auch etwas vorhersehbar und langweilig.

Wenn wir beginnen, Wahlmöglichkeiten in die Architektur der Narrative einzubauen, dann können wir entscheiden, ob dies eine echte Wahl oder eine unechte Wahl sein soll. Bei der unechten Wahl glaubt der Nutzer lediglich, er hätte eine Wahl, in Wirklichkeit wird er durch die Fixpunkte aber immer wieder eingefangen, sodass er am Ende dann doch bei dem einen, einzigen Ergebnis der Erzählung landet. Abb. 4.22 zeigt diese Vorgehensweise. Egal, wie sehr sich der Benutzer bemüht und egal, welche Wahl er trifft, die Geschichte endet immer mit demselben Ausgang. Dennoch fühlt es sich für den Nutzer abwechslungsreicher an und die Motivation, weitere Varianten zu erproben, steigt zunächst. Denn der Nutzer erfährt ja erst am Ende, wie die Geschichte ausgeht und muss mindestens einen zweiten vollständigen Durchlauf durch die Anwendung absolvieren, bis er bemerkt, dass auch hier das Ergebnis dasselbe ist. Dennoch ist bei jedem Durchlauf die Perzeption des Nutzers oder auch die User Experience eine andere.

Natürlich gibt es auch diejenige Variante, bei der das Narrativ tatsächlich mehrere mögliche Ausgänge der Geschichte vorsieht. Hier hat der Nutzer in der Tat eine echte

Abb. 4.21 Die einfache Narrativarchitektur

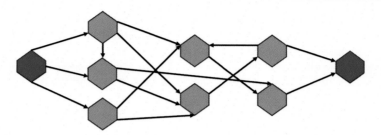

Abb. 4.22 Unechte Wahlmöglichkeiten im Narrativ

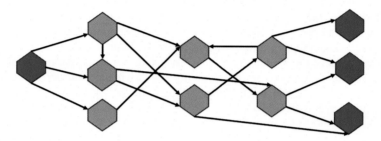

Abb. 4.23 Echte Wahlmöglichkeiten im Narrativ

Wahl, die dann auch den Ausgang der Geschichte beeinflussen kann. Abb. 4.23 zeigt den Ablauf derartiger Narrative.

> Legen Sie fest, welche Wahlmöglichkeiten im Handlungsstrang Sie gestatten.

4.2.4 Die Gamification User Journey

Die in diesem Kapitel vorgestellten Hilfsmittel und Werkzeuge dienen dazu, Anwendungen zu gamifizieren. Wir haben bislang gesehen, wie in die Phase des Requirement Engineering das Gamification Engineering integriert wird und welche Vorgehensweisen hierfür jeweils genutzt werden können. Sie wissen, wie Punkte, Belohnungen, Narrative aufgebaut werden und können diese Dinge in Ihren Anwendungsentwurf mit einbauen. Nunmehr wollen wir diese Themen in den Verlauf der User Journey, also der Reise des Nutzers durch Ihre Anwendung einsortieren und das Augenmerk dabei auf die jeweiligen Schwerpunktthemen in den einzelnen Phasen legen. In Abschn. 2.2 haben wir hierfür bereits ein Modell identifiziert (die Player Journey, siehe Abb. 2.23), welches wir als Basis für die weiteren Überlegungen verwenden wollen. Da wir allerdings mittlerweile über beliebige Anwendungen reden, sprechen wir in diesem Abschnitt nicht mehr von der Player Journey, sondern ganz allgemein von der User Journey. Hierfür wird das Modell erweitert und in fünf Pha-

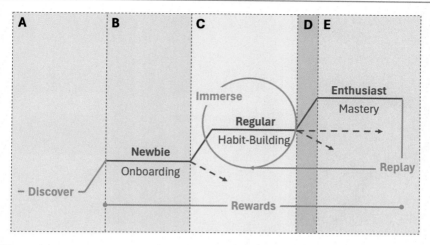

Abb. 4.24 Einteilung der User Journey in fünf Phasen

sen unterteilt (siehe Abb. 4.24). Phase A umfasst den Discoverbereich, in dem Nutzer für Ihre Anwendung interessiert werden müssen. Phase B enthält das Onboarding, Phase C beschreibt die Nutzung der Anwendung, Phase D enthält den Bereich, in dem sich Nutzer entscheiden, zum Master aufzusteigen und Phase E umfasst diesen Meisterbereich. In den jeweiligen Phasen kommen nun unterschiedliche Elemente der Gamification in verschiedenen Schwerpunkten oder Ausprägungen zum Einsatz. Die nachfolgenden Unterabschnitte illustrieren dies.

4.2.4.1 Phase A – Aufmerksamkeit erreichen/Discover

Diese erste Phase ist für viele Anwendungen bereits die kritischste. Wenn Sie Ihre potenziellen Nutzer nicht für Ihre Anwendung begeistern können, bringt all die Gamification nichts. Im Businessumfeld kann es sein, dass diese Phase übersprungen werden kann, weil Ihre Nutzer zum Verwenden der Anwendung quasi per Dienstanweisung verpflichtet werden. Wir gehen in diesem Abschnitt aber davon aus, dass Sie diese Phase tatsächlich aktiv nutzen müssen.

Sie können Ihre Anwendungen natürlich über Ihre eigene Webseite vermarkten und via Social Media Aufmerksamkeit dafür generieren. Moderne Anwendungen werden jedoch immer häufiger über Marktplätze, wie bspw. die App Stores der großen Hersteller, vertrieben. Hierfür gibt es klare Vorgaben, welche Informationen, Bilder, Texte, Beispiele Sie zum Veröffentlichen Ihrer Anwendung liefern müssen. Dies klingt zunächst nach einem starren, wenig flexiblen Konzept. Allerdings lassen sich auch starre Vorgaben kreativ nutzen. Im IOS App Store werden beispielsweise Screenshots der App verlangt. In Abb. 4.25 sehen Sie, dass diese nicht zwingend einfach nur ein Screenshot sein müssen. Sie können das Screenshotformat genauso nutzen, um das eigentliche Ziel Ihrer Anwendung zu visualisieren.

Spielen Sie mit den optischen Rahmenbedingungen. Mehr und mehr Apps gehen dazu über, die Möglichkeit, mehrere Screenshots im App Store zu zeigen so zu

Abb. 4.25 Zeigen Sie nicht nur Screenshots, sondern visualisieren Sie das Ziel Ihrer Anwendung [91]

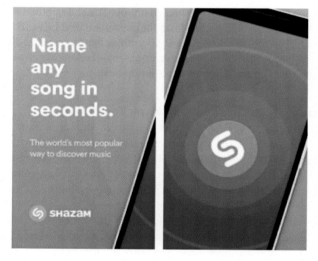

Abb. 4.26 Shazam nutzt die visuellen Vorgaben des App Stores, um größere Bilder darzustellen [92]

nutzen, dass sich ein zusammenhängendes Bild ergibt. Dies erzeugt mehr Aufmerksamkeit und hebt sich vom Rest der Apps ab (siehe Abb. 4.26).

Da es bei allen Anwendungen darum geht, die Ziele der Anwendung zu kommunizieren, kann es auch hilfreich sein, bereits im App Store eine User Journey zu visualisieren. Abb. 4.27 zeigt dies anhand eines konkreten Mehrwerts, den die App dem Nutzer bringen soll.

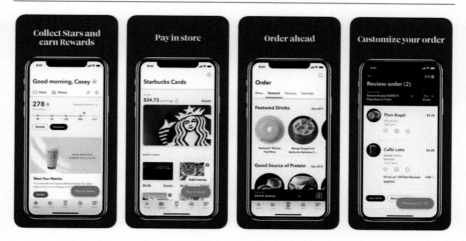

Abb. 4.27 Illustrieren Sie die User Journey möglichst plastisch [47]

Nutzen Sie darüber hinaus die Bereiche des Internets, in denen sich Ihre potenziellen Nutzer befinden. Analysieren Sie Ihre Zielgruppen und sprechen diese gezielt mit passenden Inhalten an. Sie müssen nicht zwingend Werbung schalten, aber Sie sollten genau wissen, mit wem Sie es zu tun haben. Beginnen Sie bei der Ansprache auch, Ihre Themenwelt einzuführen, nutzen Sie Ihre Farben, Begriffe, den Mehrwert Ihrer Anwendung und stellen Sie den potenziellen Nutzern Ziele vor, die sie mit Ihrer Anwendung erreichen können. Zeigen Sie hierbei auch Ihr Punkte- und Belohnungssystem.

Damit Sie diese Phase erfolgreich umsetzen können, benötigen Sie

- die Darstellung der Anwendungsziele
- die ersten Narrativen Atome
- Marketingmaterial
- Screenshots der Anwendung
- Videos, Tutorials, Trailer
- Informationen zum Belohnungssystem

Wenn Sie tatsächlich Spiele entwickeln, dann sollten Sie die Möglichkeiten von YouTube für Trailer oder Tutorials nutzen, um potenziellen Nutzern einen Einblick in Ihre Anwendung zu geben, obwohl diese noch keine Kunden sind. Für Spiele werden teils massive Werbekampagnen aufgesetzt, gegen die Sie auch mit Ihren Anwendungen im Wettbewerb stehen. Um Sichtbarkeit zu erreichen, müssen Sie also entweder viel Geld in die Hand nehmen oder schlau und gezielt Ihre Nutzer adressieren. Häufig macht es auch Sinn, sich mit Netzwerkpartnern zusammen zu tun, um gemeinsam über Rabattprogramme, Gutscheine, Marketinginitiativen eine größere Reichweite und mehr Aufmerksamkeit zu erzielen. Stellen Sie sich vor, Sie könnten Ihre Anwendung auf jeden McDonald's-Becher drucken – das würde die Discoverphase um vieles einfacher machen.

Beschreiben Sie potenziellen Nutzern auch im Detail, wie sie die Anwendung installieren können, wo sie diese finden und wie sie gestartet werden kann.

Aufmerksamkeit erreichen ist eine der wichtigsten Phasen der Nutzung von Anwendungen.

4.2.4.2 Phase B – Das Onboarding

Wenn die Nutzer Ihre Anwendung installiert und sich angemeldet haben, kann es losgehen. Sie müssen die Nutzer in Ihre Themenwelt einführen, erklären, wo sich was befindet und wie sie sich in der Anwendung bewegen können. Was ist das erste, was Sie Ihren neuen Nutzern zeigen wollen? Beginnen Sie sofort mit einem Narrativen Atom? Spielen Sie ein Video ab, wo welche Elemente zu finden sind? Oder erschaffen Sie ein kleines Onboarding Game, das alles miteinander kombiniert?

Ein gutes Beispiel hierfür finden wir wieder in der Spielewelt: Dots ist eine App, in der durch das Verbinden von kleinen Punkten Spielsteine vom Feld genommen werden können. Andere Steine rücken dann nach. Ein typisches kleines Strategiespiel. Zu Beginn wird dem Nutzer ein Dialog gezeigt, wie das Spiel zu bedienen ist (siehe Abb. 4.28). Sobald der Nutzer die Aufgabe erfüllt hat, erhält er auch bereits die ersten Punkte. Nach drei/vier Durchgängen werden dann auf demselben Weg die nächsten Funktionen eingeführt. Der Nutzer lernt also nicht nur die Software kennen, er sammelt bereits die ersten Erfolge (= Punkte) und wird darauf hingewiesen, wo er diese finden kann. Analog werden bei einer gewissen Punktzahl auch die ersten Auszeichnungen verliehen – für den Nutzer vielleicht überraschend, aber

Abb. 4.28 Tutorials und Hinweise führen die Nutzer in die Anwendung ein [93]

schnell erlernbar, nachvollziehbar und schon bald so, dass der Nutzer aktiv an der Erreichung weiterer Abzeichen arbeiten wird.

Diese Methode nennt man auch **progressives Onboarding.** Ziel dieses Ansatzes ist es, die Überforderung neuer Mitarbeiter zu vermeiden und ihnen die Möglichkeit zu geben, schrittweise und effektiv in ihre neue Arbeitsumgebung und -kultur einzutauchen. Hierbei werden Informationen und Verantwortlichkeiten nicht auf einmal, sondern über einen Zeitraum verteilt vermittelt, wobei der Komplexität und der Priorität der zu erlernenden Fähigkeiten und Kenntnisse Rechnung getragen wird. Durch progressives Onboarding können sich neue Mitarbeiter besser anpassen, fühlen sich weniger gestresst und können ihre Aufgaben effektiver erfüllen. Es kann auch die Bindung an das Unternehmen/die Anwendung stärken und die Fluktuationsrate senken, da sich die Mitarbeiter gut unterstützt und vorbereitet fühlen.

Das progressive Onboarding wird häufig in einzelnen Teilen durchgeführt, die mit einer klareren Struktur und festgelegten Zeiträumen versehen sind und dann **phasenweises Onboarding** genannt. Jede Phase konzentriert sich auf verschiedene Aspekte der Einarbeitung, von der Orientierung über die Schulung bis hin zum vollständigen Eintauchen in die Anwendungswelt und die Übernahme eigener Aufgaben.

Je nach Nutzerstruktur kann auch das **soziale Onboarding** in Ihrer Anwendung eine Rolle spielen. Dieser Ansatz legt großen Wert auf die soziale Integration und die Netzwerkbildung innerhalb des Unternehmens oder der Anwendungswelt. Neue Mitarbeiter werden ermutigt, Beziehungen zu Kollegen und Teams aufzubauen, die ihrerseits dann in die Funktionen, Tipps und Tricks der Anwendung einführen. Für diese Art Onboarding braucht es allerdings definitiv eine ganze Reihe Nutzer vom Typ Socializer (siehe Abschn. 3.5.1).

Eine Alternative hierzu ist das **strukturierte Onboarding.** Hierbei handelt es sich um einen sehr formalisierten Prozess, bei dem neue Mitarbeiter durch vordefinierte Schulungen und Einführungsveranstaltungen geführt werden. Dieser Ansatz umfasst häufig eine Reihe von Präsentationen, Handbüchern und Schulungssitzungen, die darauf abzielen, dem neuen Mitarbeiter alle notwendigen Informationen und Werkzeuge für seine Rolle bereitzustellen. In der Gamification ist dies eher unüblich.

Damit Sie diese Phase erfolgreich umsetzen können, benötigen Sie

- einfache Übungsaufgaben
- Anwendung des Punkte- und Belohnungssystems
- ggf. Testdaten, die die Nutzer auch kaputt machen dürfen
- Feedback und Erklärungen im Fehlerfall
- Narrative Atome
- Socializer, die unterstützen

Berücksichtigen Sie auch, dass Sie während der Onboardingphase mit einem erhöhten Supportaufkommen rechnen müssen. Die Nutzer sind neu in der Anwendung und sollen/werden Fehler machen und Fragen an Sie richten. Stellen Sie sicher, dass diese schnellstmöglich beantwortet werden, sonst verlieren Sie die Nutzer noch bevor diese überhaupt begonnen haben, sich in der Anwendung zu bewegen.

Im Onboarding legen Sie den Grundstein für Ihre Themenwelt und die Spiel-
regeln.

4.2.4.3 Phase C – Immersion

Wir haben den Nutzer also tatsächlich in die Anwendung geholt. Er kann sich bewegen, seine Aufgaben erledigen, hat die Themenwelt und die Erzählung verstanden
und fühlt sich halbwegs sicher. Nun gilt es, in den Flow zu kommen. In Abschn. 2.1.2
haben wir hierzu bereits eine ganze Reihe von Rahmenbedingungen kennengelernt.
Für die konkrete Umsetzung müssen Sie nun dafür sorgen, dass der Nutzer im optimalen Bereich bleibt. Sie müssen ihn durch Herausforderungen und Belohnungen motivieren, durch Übungen und Tests fordern, durch Narrative Atome für die Geschichte
begeistern und ggf. durch Wettkämpfe anspornen.

Nutzer werden unterm Strich die meiste Zeit der Nutzung in dieser Phase verbringen. Achten Sie daher darauf, dass Ihnen die Inhalte nicht ausgehen. Sie müssen
damit rechnen, dass es Nutzer gibt, die vollständig in Ihre Anwendung abtauchen
und auch mal ein Wochenende durchspielen. Gerade eine solch intensive Nutzung
kann für die Mischung von Narrativen Atomen, Punkten, Herausforderungen, Wettkämpfen und Belohnungen eine große Herausforderung sein.

In dieser Phase müssen Sie leider auch damit rechnen, dass Nutzer abspringen
und aufhören, Ihre Anwendung zu nutzen. Stellen Sie sicher, dass Sie dies bemerken
und entsprechend mit Rückholangeboten darauf reagieren können. Einen Nutzer, der
bereits das Onboarding hinter sich gebracht hat, zurückzuholen kann viel einfacher
sein, als einen neuen Nutzer durch den Prozess zu bis zur Immersion zu bringen.
Achten Sie hier darauf, dass Sie den Nutzern nicht auf die Nerven gehen, sonst
verlieren Sie diese unter Umständen komplett. Sie können hier auch gut mit Ihrer
Themenwelt spielen. Ein wundervolles Beispiel hierfür ist die App Duolingo zum
Erlernen von Sprachen. Wenn Sie sich eine längere Zeit nicht angemeldet haben,
erhalten Sie eine Mail von Duo, dem Maskottchen der App, der fragt, ob alles ok ist.
Reagieren Sie nicht, kommt eine zweite Mail – soweit bekannt und in Ordnung. Die
dritte Erinnerungsmail kommt dann aber nicht mehr von Duo, sondern von seiner
Freundin Anna, die Ihnen erzählt, dass Duo ganz traurig ist, weil Sie nicht auf seine
Nachrichten reagiert haben. Wer kann da noch „nein" sagen? Dies ist im Übrigen
auch ein hervorragendes Beispiel dafür, wie sich Themenwelten nutzen lassen –
Personalisieren Sie die Akteure Ihrer Anwendungen, geben Sie ihnen Emotionen,
Gesichter, ein Verhalten. Gerade durch die vielen neuen Möglichkeiten im Bereich
KI und Bots (siehe Abschn. 3.3.9) lassen sich echt wirkende, künstliche Charaktere
entwickeln, die ganz gezielt bestimmte Emotionen Ihrer Nutzer ansprechen können.
Machen Sie Ihre Anwendung zum Freund des Nutzers, setzen Sie auf Loyalität,
Spannung, Freude und halten Sie ihn in der Immersion.

Damit Sie diese Phase erfolgreich umsetzen können, benötigen Sie

- Anwendung des Punkte- und Belohnungssystems
- Herausforderungen, Aufgaben, Erfolgserlebnisse
- viele Narrative Atome, eine gute Handlung
- Emotionalität

Die meisten Nutzer werden in dieser Phase zufrieden sein und durch die im Abschn. 2.1.2 genannten Zyklen ihre Arbeit in Ihrer Anwendung im Flow ausführen.

> Eine möglichst lang anhaltende Immersion ist das Ziel der Gamification.

4.2.4.4 Phase D – Der Aufstieg zum Meister

Diese Phase eignet sich nicht für jeden Nutzer. Nur wenige werden den Aufstieg zum Meister der Anwendung unternehmen. Sie können allen Nutzern diese Option zur Verfügung stellen oder aufgrund bestimmter Ergebnisse nur einige wenige gezielt über die Möglichkeit des Aufstiegs informieren. Denn wenn am Ende jeder ein Meister ist, verwässert sich ja wiederum der damit verbundene Wert. Die absoluten Experten Ihrer Anwendung wollen also gefunden und zum Aufstieg motiviert werden. Ein gutes Beispiel hierfür ist erneut LinkedIn. Wenn Sie sich hier an einem bestimmten Thema beteiligen, dann kann es sein, dass Sie eine Nachricht wie in Abb. 4.29 erhalten. Dies bedeutet, dass Sie ausgewählt wurden, denn nicht jeder erhält diese Nachricht und die großartige Möglichkeit, einen speziellen Rang zu erlangen. Der Nutzer fühlt sich wichtig, wertgeschätzt und motiviert, um diese einmalige Gelegenheit nicht verstreichen zu lassen. Und natürlich geht das Spiel dann auch in die andere Richtung. Wenn ein Meister seinen Status nicht dauerhaft durch gute Beiträge untermauert, droht ihm der Verlust dieses Badges und wer will das schon. Aus dieser Verlustangst heraus entsteht neue Motivation und der Meister wird alles daran setzen, seinen Status zu bewahren – Sie haben ihn am Haken!

Damit Sie diese Phase erfolgreich umsetzen können, benötigen Sie

- die passenden Meisterkandidaten
- Anreize, um den Meisterstatus zu erlangen
- Narrative Atome, Belohnungen
- Wertvermittlung des Meisterstatus

Von den wenigen Kandidaten, die Sie ausgewählt haben, werden nicht alle den Weg zum Meisterstatus auf sich nehmen. Sie können jedoch davon ausgehen, dass immer wieder genügend Nutzer dabei sind, die Sie mit einem derartigen Angebot motivieren können.

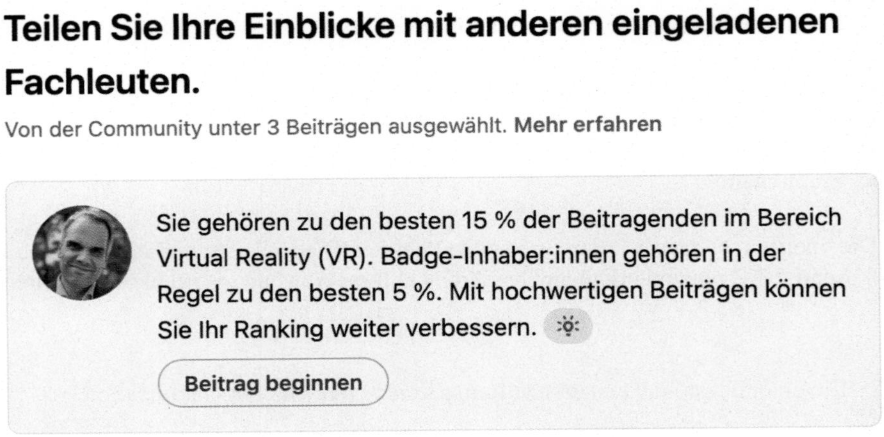

Teilen Sie Ihre Einblicke mit anderen eingeladenen Fachleuten.

Von der Community unter 3 Beiträgen ausgewählt. **Mehr erfahren**

 Sie gehören zu den besten 15 % der Beitragenden im Bereich Virtual Reality (VR). Badge-Inhaber:innen gehören in der Regel zu den besten 5 %. Mit hochwertigen Beiträgen können Sie Ihr Ranking weiter verbessern. :ᄋ:

(Beitrag beginnen)

Abb. 4.29 Gezielte Auswahl von Meisterschaftskandidaten [39]

Meisterschaft muss immer etwas Besonderes sein.

4.2.4.5 Phase E – Enthusiasmus

In dieser letzten Phase geht es darum, auch den absoluten Experten immer noch im Flow zu halten. Dies kann dadurch geschehen, dass Sie alternative Handlungsstränge einbauen, die der Nutzer erkunden möchte, oder dadurch, dass Sie ihn (falls er zu den Socializern gehört) in einen speziellen Administratorstatus erheben (neudeutsch kann man solche Nutzer auch Evangelisten nennen), oder dass Sie seinen Status plakativ durch ein spezielles Badge kennzeichnen, obwohl er sich für eine Wiederholung des Spiels entschieden hat. Wertschätzung, Belohnung, Bewunderung sollte den Meistern Ihrer Anwendung entgegen gebracht werden. Als Anwendungsdesigner können Sie enorm von diesen Meistern profitieren, denn sie kennen die Anwendung meist besser als Sie selbst und können Ihnen wichtige Tipps und Hinweise zur Optimierung der Anwendung geben (Abb. 4.30).

Damit Sie diese Phase erfolgreich umsetzen können, benötigen Sie

- alternative Handlungsstränge
- sichtbare Badges beim Replay
- Wertschätzungsmöglichkeiten

Am Ende dieser Phase steht entweder ein erneutes Replay der Anwendung oder das berühmte „Game Over". Wenn Ihre Nutzer alle Handlungsstränge durchgearbeitet haben, alle möglichen Punkte erreicht haben, alle Abzeichen und Auszeichnungen gewonnen haben und alle Wiederholungsmöglichkeiten durchgespielt haben, dann ist es auch völlig in Ordnung, das Spiel zu beenden. Vergessen Sie an dieser Stelle allerdings nicht, dass Sie es hier mit einem Meister Ihrer Anwendung zu tun haben,

Abb. 4.30 Wenn alles durchgespielt ist, alle Punkte gesammelt, alle Abzeichen erreicht sind, dann heißt es auch mal „Game Over"

der einfach nicht mehr im Flow ist, weil er alles gesehen hat. Diese absoluten Experten sollten Sie nicht einfach laufen lassen. Machen Sie ihnen Angebote, bei Ihnen an der Entwicklung neuer Anwendungen mitzuarbeiten, vermitteln Sie alternative Anwendungen in ähnlichen Bereichen, bleiben Sie in Kontakt, informieren Sie ihn über Ihre nächsten Versionen usw. Aber lassen Sie Ihre Meister nicht einfach ziehen.

> Der Umgang mit Meistern ist wichtig. Nach dem Spiel ist vor dem (nächsten) Spiel.

Wenn Sie diese User Journey aus Gamification-Aspekten betrachtet haben, dann fällt Ihnen vielleicht auf, dass hierbei auch viele Emotionen im Spiel sind. Um diese besser zu erfassen, können Sie Umfragen mit echten Nutzern durchführen oder Simulationen anstellen, um die Gefühle und Emotionen im Laufe einer Anwendungsnutzung besser zu verstehen. Abb. 4.31 zeigt dies anhand eines konkreten Beispiels.

Hier sehen Sie, wie sich die Emotionen im Laufe der User Journey ändern und auch entsprechende Aktionen oder Gründe dafür. Wenn Sie solche Ergebnisse haben, lassen sich auf dieser Basis natürlich sehr elegant die Elemente der Gamification einsetzen, um die Emotionen gezielt zu steuern und den optimalen Flow zu erreichen.

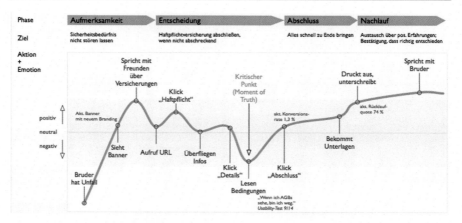

Abb. 4.31 Emotionen im Laufe der User Journey [94]

4.2.5 Umgang mit Schummeln und Betrug

In der Gamification können verschiedene Betrugsformen auftreten, die die Integrität und Fairness der betroffenen Systeme herausfordern. Betrug in diesem Kontext zielt darauf ab, durch unfaire Mittel einen Vorteil zu erlangen, was oft die Spielmechaniken und das Erreichen von Zielen untergräbt. Natürlich gibt es auch alle möglichen sonstigen Formen des Betruges, wie z. B. das mutwillige Einbrechen in Rechnernetze. In den folgenden Abschnitten werden wir uns jedoch auf die im Gamification typischen Betrugs- oder Angriffsszenarios konzentrieren. Spieler gehen häufig schon aufgrund ihres Entdeckerdrangs sehr gerne auf die Suche nach Schwachstellen oder Betrugsmöglichkeiten oder wollen sich durch gezieltes Ausnutzen von Schwächen in den aufgestellten Regeln einen Vorteil verschaffen. Aussagekräftig genug ist in diesem Umfeld leider, dass es für all diese Betrugsmöglichkeiten mittlerweile eigene Fachbegriffe gibt. Die Bekämpfung dieser Betrugsformen erfordert umfassende Sicherheitsmaßnahmen, klare Regelwerke und eine ständige Überwachung und Anpassung der Systeme, um Missbrauch zu verhindern und eine faire und engagierte Teilnahme zu fördern.

4.2.5.1 Exploiting
Nutzer nutzen Lücken oder Schwächen im Systemdesign aus, um unangemessene Vorteile zu erlangen. Dies kann das Ausnutzen von Fehlern in der Software, das Missbrauchen von nicht eindeutig definierten Regeln oder das Überlisten von Algorithmen umfassen. Moderne Software wird typischerweise auf bestehenden Komponenten, Frameworks, Bibliotheken entwickelt, d. h., die Hoheit über den Quellcode liegt nicht vollständig beim Anbieter der Software. Abb. 4.32 zeigt (leider durchaus realistisch), auf welch wackligen Beinen moderne Software teilweise steht.

Häufig zum Einsatz kommende Open-Source-Komponenten werden von einigen wenigen Entwicklern in ihrer Freizeit gewartet und gepflegt und aufgrund der Tatsache, dass sie kostenlos genutzt werden können, in vielen Anwendungen oder

Abb. 4.32 Software besteht
aus verschiedenen
Komponenten [39]

Modulen integriert. Schwachstellen in solchen Komponenten wirken sich oft weltweit aus und führen zu erheblichen Problemen. Der Begriff „Zero-Day" hat sich hier mittlerweile als wichtiger Indikator für die Schwere eines Angriffs oder eines Problems etabliert, weil der Anbieter zur Behebung quasi Null Vorlaufzeit hat.

- **Zero-Day Vulnerability:** Ist eine Lücke in der Software, die bislang unbekannt ist.
- **Zero-Day Exploit:** Hacker nutzen die Lücke in der Software, um zunächst unbemerkt in das System einzudringen und ihm Schaden zuzufügen.
- **Zero-Day Attack:** Hier wird eine öffentlich sichtbare Attacke auf das System durchgeführt.

In allen Fällen werden die Hersteller der Software völlig überrascht und müssen ohne Vorlauf reagieren. Findet ein Nutzer einen möglichen Exploit, so gibt es unterschiedliche Möglichkeiten, wie er damit umgeht. Er kann den Exploit zu seinem persönlichen Vorteil nutzen, andere Nutzer darüber informieren, den Hersteller informieren oder in beliebige kriminelle Unterfangen abdriften, also den Exploit bspw. nutzen, um das System zu kompromittieren, den Hersteller zu erpressen, Nutzer zu erpressen u. v. a. m. Im Internet gibt es für die großen Anwendungen und Spiele eigene Foren, in denen Exploits vorgestellt und damit sogar ein reger Handel betrieben wird. Die Gamification-Branche scheint sehr anfällig für diese Art von Angriff zu sein.

An dieser Stelle sollten wir auch kurz einen Blick auf eine beunruhigende Statistik werfen (siehe Abb. 4.33). Wir müssen davon ausgehen, dass unsere Angreifer Exploits ohne Vorlaufzeit parat haben – hingegen dauert das Schließen von Lücken

Abb. 4.33 Ein Datenleck schließen dauert in Deutschland 160 Tage [95]

in Deutschland leider 160 Tage, im Mittel. Das sollten Sie in Ihrer Anwendung möglichst deutlich schneller hinbekommen.

4.2.5.2 Farming

Dabei sammeln Nutzer in repetitiver Weise Ressourcen oder Punkte, oft durch monotone Wiederholung bestimmter Aktionen, die zwar regelkonform, aber gegen den Geist des Gamification-Ansatzes sind. Stellen Sie sich im einfachsten Fall vor, Sie könnten sich auf Social Media beliebig oft selbst „liken". Dann könnten Sie immer, wenn Ihnen gerade langweilig ist, 1000e Male auf Ihre Posts klicken und somit Ihren Score auf der Plattform verbessern. Wenn Sie beim Anlegen eines Beitrags einen Punkt bekommen, beim Löschen aber nicht, dann könnten Sie ein und denselben Beitrag 100-mal anlegen und zwischendrin immer wieder löschen und hätten somit 100 Punkte erarbeitet, obwohl Sie für die Plattform nur einen Beitrag erstellt haben. Da das Einziehen einer Gamification-Ebene ein umfangreicher und aufwendiger Prozess ist, gibt es eine sehr hohe Wahrscheinlichkeit, dass Nutzer solche Lücken bei der Berechnung von Punkten finden werden und diese entsprechend ausnutzen.

4.2.5.3 Cheating

Cheating ist die Verwendung von Software oder Tools, die speziell entwickelt wurden, um das System zu manipulieren. Dies umfasst beispielsweise Bots, die automatisch Aufgaben ausführen, oder andere Programme, die dem Nutzer unfaire

Vorteile verschaffen. Bei browserbasierten Anwendungen haben Sie bspw. das Problem, dass die Aktionen zum Hochzählen von Punkten über sog. APIs (Application Programming Interface, Programmierschnittstellen) angebunden werden. Hier werden Befehle, wie „schreibe für Nutzer x 100 Punkte gut" übertragen und dann im Backend ausgewertet. Findet diese Übertragung unverschlüsselt statt oder haben Entwickler den API-Aufruf so in die Webseite mit eingebaut, dass er für andere Entwickler nachstellbar ist, so ist es ein Leichtes, ein Tool zu erstellen, dass für bestimmte Nutzer diesen Aufruf mehrfach simuliert. Sie können sich dann quasi selbst Punkte gutschreiben. Derartige Angriffe sind durch qualitativ hochwertige Softwareentwicklung zwar gut zu unterbinden, setzen aber auch voraus, dass sich die Architekten und Entwickler Ihrer Anwendung mit dem Szenario befasst haben.

Sie sollten auch berücksichtigen, dass es mittlerweile sehr gute und ausgefeilte Tools zum automatischen Testen von Software gibt. Diese werden typischerweise während der Entwicklung eingesetzt, um die Aktionen, die hinter dem Drücken eines Buttons ausgeführt werden, automatisch zu überprüfen, Businessprozesse zu durchlaufen und deren Ergebnis abzugleichen, oder ganze User Journeys zu simulieren. Werden derartige Tools jedoch auf Produktivumgebungen angewandt, so sammeln diese Tools echte Punkte und können auch von entsprechend qualifizierten Nutzern für beliebigen Missbrauch verwendet werden. Ergänzend dazu sehen Sie in Abb. 4.34 die Steigerungsrate der Kriminalität im digitalen Bereich. Dieses Thema darf also auf keinen Fall unterschätzt werden.

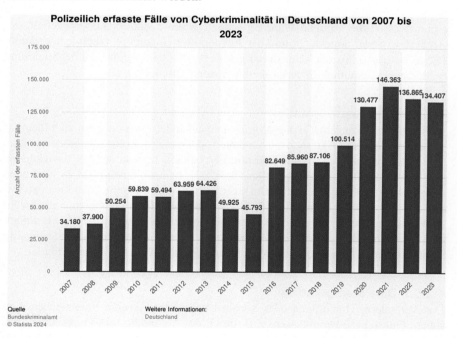

Abb. 4.34 Polizeilich erfasste Fälle von Cyberkriminalität in Deutschland von 2007 bis 2023 [96]

Viele dieser Angriffe lassen sich durch geeignete Maßnahmen zur Qualitätssicherung im Softwareengineeringprozess unterbinden.

4.2.5.4 Collusion

Bei der Collusion arbeiten mehrerer Nutzer zusammen, um durch abgestimmtes Handeln Vorteile zu erzielen, die alleine nicht möglich wären. Beispielsweise können Nutzer in einem Wettbewerb abgesprochen agieren, um die Ergebnisse zu ihren Gunsten zu beeinflussen. Ein gutes Beispiel hierfür sind sog. Klickfarmen auf Social Media. Hier können Sie sich in ein Netzwerk mit tausenden Nutzern verabreden, die vereinbaren, gegenseitig auf alle Posts zu reagieren. Somit würden Sie sehr schnell Klicks, Reichweite usw. sammeln. Dasselbe ist natürlich auch in gamifizierten Anwendungen möglich. Je nach dem, wie Sie Ihr Punktesystem organisiert haben, können schnell Lücken entstehen, die dann dazu führen, dass der Zusammenschluss mehrerer Nutzer zu unverhältnismäßig großen Erfolgen führt.

4.2.5.5 Account Hijacking

Hierbei erlangt eine Person unrechtmäßigen Zugriff auf den Account eines anderen Nutzers, um dessen Ressourcen oder Belohnungen zu stehlen oder das Konto zu manipulieren. Dieser Aspekt ist insbesondere problematisch, wenn in dem Account schützenswerte Daten stehen oder wenn Sie ein Möglichkeit vorgesehen haben, dass bspw. Punkte übertragen oder in reale Objekte umgetauscht werden können. In so einem Fall ist die virtuelle Währung schnell in reale Gutscheine verwandelt, der Angreifer wieder abgetaucht und der Account des Nutzers plötzlich leer geräumt. Dieses Szenario lässt sich nur durch geeignete Maßnahmen der Authentifizierung (z. B. Zweifaktorauthentifizierung) eindämmen (Abb. 4.35).

4.2.5.6 False Representation

In diesem Szenario geben sich Nutzer als jemand anderes aus oder erfinden Identitäten, um mehrfach an Aktionen teilzunehmen oder mehrere Belohnungen zu erhalten. Wenn es bspw. möglich ist, sich unkontrolliert beliebig oft anzumelden, dann können sich Nutzer 1000e Accounts erstellen (heinz001, heinz002, heinz003, ...) und dann jeweils Aktionen ausführen, um dem eigentlichen Nutzer Punkte zukommen zu lassen. Also bspw. seine Beiträge auf Social Media teilen, liken, kommentieren, obwohl in Wirklichkeit hinter all diesen Nutzern ein und dieselbe Person steckt. Sie sollten also bereits bei der Anmeldung Mechanismen ergreifen, um Ihre Nutzer eindeutig identifizieren zu können und die Mehrfachanlage von Accounts zu unterbinden.

4.2.5.7 Data Manipulation

Das Verändern, Hinzufügen oder Löschen von Daten, um die Spielmechanik zu seinen Gunsten zu beeinflussen, z. B. durch das Verändern von Punktzahlen, das Fälschen von Leistungsindikatoren oder das Modifizieren von Nutzerprofilen. Im Endeffekt, geht es hier um das klassische „Hacken" von Anwendungen.

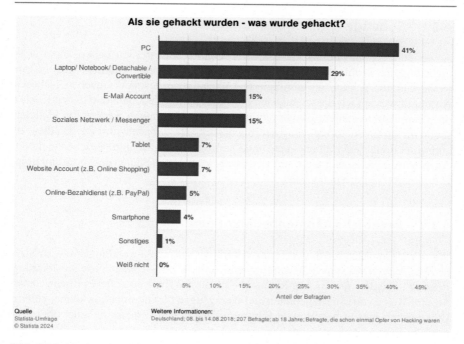

Abb. 4.35 Als sie gehackt wurden – was wurde gehackt? [97]

4.2.5.8 Social Engineering

Das Manipulieren anderer Teilnehmer oder sogar Administratoren, um vertrauliche Informationen oder unberechtigte Vorteile zu erlangen ist nach wie vor die am weitesten verbreitete Angriffsmöglichkeit. Wenn Nutzer ihr Kennwort per Post-it-Zettel an den Monitor kleben, dann hilft die beste Qualitätssicherung nicht. Die Schwachstelle sitzt dann „vor" dem Bildschirm. Diesem Problem werden Sie nur begegnen können, wenn Sie versuchen, ungewöhnliche Nutzeraktivitäten zu entdecken und Ihre Nutzer immer wieder darauf hinweisen, dass der Zugang zu Ihrer Software auch im sozialen Umfeld der Nutzer geschützt werden muss.

Es gibt leider viele Möglichkeiten, die Regeln zu umgehen. Je größer Ihre Anwendung, desto mehr Missbrauchsversuche sind zu erwarten. Bereiten Sie sich gut darauf vor.

4.3   Sonstige Rahmenbedingungen

Anwendungen, die mittels Gamification angereichert werden sollen, unterliegen nicht nur der Problematik des Gamification Engineering. Vielmehr gibt es eine Reihe weiterer Aspekte, die gamifizierte Anwendungen besonders machen. In diesem Abschnitt werden wir die wichtigsten dieser Aspekte beleuchten und in den Kontext der Gamification stellen. Einige dieser Rahmenbedingungen werden Sie vielleicht schon im normalen Softwareengineering berücksichtigt haben, dort werden diese oft „non-functional requirement" genannt. Die folgenden Abschnitte erheben nicht den Anspruch der Vollständigkeit, stellen jedoch die zentralen Säulen der „non-functional gamification requirements" dar.

4.3.1   Rechtliche Rahmenbedingungen

Wenn wir Gamification einsetzen, erweitern wir unsere Anwendungen um zusätzliche Elemente. Diese zusätzlichen Elemente unterliegen – genauso wie die ursprünglichen Elemente – rechtlichen Rahmenbedingungen. Im Laufe dieses Buches haben Sie eine Reihe von Einsatzgebieten und Werkzeugen für Gamification kennengelernt. Diese gehen oft mit bestimmten Einschränkungen bzgl. Nutzung einer oder auch mit bestimmten Anforderungen an deren Umsetzung. Im europäischen Raum gibt es für Anwendungen, die mit personenbezogenen Daten arbeiten, für Aspekte des Jugendschutzes, bzgl. der Persönlichkeitsrechte oder auch für den Einsatz von KI-basierten Systemen klare Regelungen und Vorgaben. Auch, wenn viele dieser Regelungen noch relativ neu sind (der EU AI-Act wurde bspw. erst 2024 verabschiedet), so müssen sie dennoch beim Einsatz in Anwendungen berücksichtig werden.

4.3.1.1 European AI-Act

Der EU AI-Act (Artificial Intelligence Act) ist ein umfassendes Regelwerk, das von der Europäischen Union verabschiedet wurde, um den Einsatz künstlicher Intelligenz zu regulieren. Dieser Gesetzesvorschlag zielt darauf ab, Vertrauen in KI-Technologien zu fördern, indem er rechtliche Anforderungen für deren Entwicklung, Vertrieb und Nutzung festlegt. Hier sind einige der zentralen Rahmenbedingungen, die durch den AI-Act aufgestellt werden und unter Aspekten der Gamification zu berücksichtigen sind:

- **Risikobasierte Kategorisierung:** KI-Systeme werden entsprechend ihrem Risikopotenzial für die Gesellschaft in vier Kategorien eingeteilt: minimal, begrenzt, hoch und unannehmbar. Die Anforderungen an diese Systeme steigen mit dem jeweiligen Risiko. In der Gamification dürfte dies normalerweise kein Problem sein, denn der Einsatz von KI findet typischerweise innerhalb der Anwendung statt und ist somit mit minimalem, oder begrenztem Risiko zu bewerten.
- **Transparenzvorschriften:** Für KI-Systeme, insbesondere solche, die mit Verbrauchern interagieren, wird Transparenz gefordert. Dies beinhaltet, dass Nutzer

informiert werden müssen, wenn sie mit einer KI interagieren, anstatt mit einem Menschen. Dieser Aspekt hat weitreichende Auswirkungen für gamifizierte Anwendungen. Sie müssen Ihren Nutzern mitteilen, an welchen Stellen KI eingesetzt wird. Wenn Sie bspw. Bots einsetzen (siehe Abschn. 3.3.9), um Assistenzfunktionen bereitzustellen, dann muss dem Nutzer klar ersichtlich sein, dass er es hier mit einem KI-System zu tun hat.

- **Datenschutz und Datengovernance:** Der AI-Act legt strenge Vorgaben für die Qualität und Handhabung der Daten fest, die zum Training, zur Aktualisierung und zur Funktionalität der KI-Systeme verwendet werden. Diese Vorschriften sollen sicherstellen, dass die Daten nicht voreingenommen sind und die Privatsphäre der Personen geschützt wird. Wenn Sie KI nun einsetzen, um die Ergebnisse Ihrer Nutzer auszuwerten (bspw. durch Machine Learning), dann stecken Sie schon genau in diesem Problem fest. Sie brauchen also zumindest eine Datenschutzvereinbarung mit Ihren Nutzern, die Ihnen den Zugriff auf die persönlichen Daten zu KI-Zwecken gestattet. Selbst, wenn Sie die Daten in Ihrer Anwendung vorliegen haben, dürfen Sie diese nicht ohne Weiteres für KI-Trainingszwecke einsetzen. An dieser Stelle ist es auch eine spannende Frage, wo die Daten eigentlich verarbeitet werden. Solange Sie Ihre Server, Rechenleistung, Datenbanken usw. im EU-Raum platzieren, ist die Sachlage relativ klar geregelt. Nutzen Sie aber internationale Tools, wie bspw. ChatGPT direkt (oder auch indirekt), die die Daten Ihrer Nutzer auf Nicht-EU-Server übertragen, so können Sie schnell in rechtliche Probleme laufen.

- **Verantwortlichkeit:** Der Anbieter von KI-basierten Dienstleistungen ist für deren Ergebnisse haftbar. D. h., wenn Ihr Bot Blödsinn erzählt, dann sind Sie dafür verantwortlich und zwar unabhängig davon, ob Sie den Bot selbst programmiert oder zugekauft haben. Sie sollten sich dieser Verantwortung bewusst sein und ggf. Haftungsansprüche an den Hersteller des Botsystems weitergeben.

- **Überwachung und Berichterstattung:** Für Hochrisiko-KI-Systeme wird eine kontinuierliche Überwachung verlangt. Die Hersteller müssen regelmäßige Berichte über die Leistung und das Verhalten ihrer KI-Systeme erstellen und gegebenenfalls Korrekturmaßnahmen ergreifen.

- **Marktüberwachung:** Die Mitgliedstaaten müssen Überwachungsmaßnahmen einführen, um sicherzustellen, dass KI-Systeme, die auf dem Markt sind, konform mit den gesetzlichen Anforderungen sind und keine Gefahr für die öffentliche Sicherheit oder die Grundrechte darstellen. Wie dieser Punkt konkret ausgeprägt sein wird und ob das gamifizierte Anwendungen überhaupt betrifft, ist noch unklar. Es ist jedoch davon auszugehen, dass Sie den Einsatz von KI gut dokumentieren und nachvollziehbar gestalten müssen. Wenn Sie also bspw. Bots verwenden, dann müssen die Kommunikationswege, Nutzungslizenzen, verwendeten Daten so aufbereitet sein, dass Wirtschaftsprüfer oder Anwälte eine Konformitätsbewertung vornehmen können. Es ist hier dringend zu empfehlen, dass Sie dies bereits von Anfang an berücksichtigen.

- **Verbotene Praktiken:** Bestimmte Anwendungen von KI, wie beispielsweise Social Scoring durch Regierungen oder manipulative KI, die das menschliche Verhalten in einer Weise beeinflusst, die zu Schaden führen kann, sind verboten.

Auch Gamification kann dazu führen, dass das menschliche Verhalten innerhalb Ihrer Anwendung beeinflusst wird – genau genommen ist das ja Sinn und Zweck des Ganzen. Das bedeutet, dass Ihre Nutzer potenziell auch Schäden davon tragen können. Die genauen Rahmenbedingungen, was verbotene Praktiken sind, sind aktuell noch nicht final definiert. Sie sollten diesen Punkt immer wieder mal prüfen.

Der AI-Act ist ein fortschrittlicher Versuch, die Technologie zu regulieren und gleichzeitig Innovationen zu fördern, indem ein sicherer rechtlicher Rahmen geschaffen wird, der das Vertrauen in KI-Technologien stärkt. Beim Einsatz von Gamification können verschiedene Aspekte relevant sein und müssen beim Design von Anwendungen berücksichtig werden.

4.3.1.2 Datenschutz-Grundverordnung

Die Datenschutz-Grundverordnung (DSGVO) der Europäischen Union, die am 25. Mai 2018 in Kraft trat, setzt Rahmenbedingungen für die Verarbeitung personenbezogener Daten innerhalb der EU und des EWR. Sie zielt darauf ab, die Privatsphäre der Bürger zu schützen und das Vertrauen in die digitale Wirtschaft zu stärken. Hier sind einige der wichtigsten Rahmenbedingungen, die die DSGVO vorgibt:

- **Rechtmäßigkeit, Verarbeitung nach Treu und Glauben, Transparenz:** Die Verarbeitung von personenbezogenen Daten muss rechtmäßig, fair und für die betroffene Person nachvollziehbar sein. Da Punkte, Abzeichen usw. personenbezogene Daten sein können, sind Sie unmittelbar von diesem Thema betroffen. Wenn man argumentiert, der Punktestand zählt zu den personenbezogenen Daten, dann müssen die Regeln hierfür (wann bekomme ich Punkte, wie viele und wofür, was passiert damit usw.) klar definiert und transparent gemacht werden.
- **Zweckbindung:** Daten dürfen nur für festgelegte, eindeutige und legitime Zwecke erhoben und nicht in einer mit diesen Zwecken unvereinbaren Weise weiterverarbeitet werden. Bei gamifizierten Anwendungen muss in der Nutzungsvereinbarung als Zweck also auch so etwas wie das „Sammeln von Punkten" mit aufgenommen werden.
- **Datenminimierung:** Es dürfen nur solche Daten erhoben und verarbeitet werden, die für die jeweiligen Verarbeitungszwecke notwendig sind. Da wir bei der Gamification potenziell sehr viele Daten erheben können (denken Sie an die Sensorik im Bereich Fitness), müssen derartige Punkte in die Verarbeitungszwecke mit aufgenommen werden.
- **Richtigkeit:** Personenbezogene Daten müssen genau und, falls notwendig, auf dem neuesten Stand gehalten werden. Unrichtige Daten sind unverzüglich zu löschen oder zu berichtigen. In der Gamification werden häufig historische Daten des Nutzers verwendet, bspw. um Fortschritte anzuzeigen. Der Umgang, das Speichern und das Vergleichen historischer Daten widerspricht diesem Punkt in Teilen und muss daher klar durch die Zweckbindung erlaubt sein.

- **Speicherbegrenzung:** Daten dürfen nicht länger in einer Form gespeichert werden, die die Identifizierung der betroffenen Personen ermöglicht, als es für die Zwecke, für die die personenbezogenen Daten verarbeitet werden, notwendig ist. Meldet Sich also ein Benutzer von Ihrem System ab, müssen Sie auch die Gamification-Daten löschen. Sie dürfen also bspw. diesen Namen auch nicht mehr in einem Leaderboard führen.

- **Integrität und Vertraulichkeit** (Sicherheit der Verarbeitung): Personenbezogene Daten müssen durch angemessene technische oder organisatorische Maßnahmen gegen unbefugte oder unrechtmäßige Verarbeitung und gegen zufälligen Verlust, Zerstörung oder Schädigung geschützt werden.

- **Verantwortlichkeit** (Accountability): Der Verantwortliche muss in der Lage sein, die Einhaltung aller Prinzipien der Verarbeitung nachzuweisen und muss geeignete technische und organisatorische Maßnahmen treffen, um dies sicherzustellen. Hier sind wir wieder bei dem Punkt der Dokumentation, den wir auch schon aufgrund des AI-Acts erfüllen müssen.

- **Rechte der betroffenen Person:** Die DSGVO stärkt die Rechte der Individuen, indem sie Zugriff auf ihre Daten, Berichtigung, Löschung (Recht auf Vergessenwerden), Einschränkung der Verarbeitung, Datenübertragbarkeit und Widerspruchsrecht einschließt. Auch dies hat weitreichende Auswirkungen auf den Bereich der Gamification (siehe Speicherbegrenzung).

- **Datenschutz** durch Technikgestaltung und durch datenschutzfreundliche Voreinstellungen (Privacy by Design und Privacy by Default): Diese Prinzipien fordern, dass Datenschutzmaßnahmen von Anfang an in die Entwicklung von Produkten und Diensten integriert werden und dass die Standardeinstellungen so gewählt werden, dass sie den größtmöglichen Datenschutz bieten.

- **Meldepflicht bei Datenpannen:** Organisationen müssen bestimmte Arten von Datenschutzverletzungen innerhalb von 72 h, nachdem sie davon Kenntnis erlangt haben, an die zuständige Datenschutzbehörde melden. Dazu gehört, dass Sie auch entsprechende Überwachungssysteme aufsetzen, um von Datenschutzpannen zu erfahren. In Abschn. 4.2.5 haben wir gesehen, dass gerade im Bereich Gamification häufig mit Schummeln, Betrugsversuchen, u. v. a. m. zu rechnen ist. Es kann also gut sein, dass Sie das Risiko von Datenpannen durch den Einsatz von Gamification erhöhen.

- **Übertragung personenbezogener Daten in Drittländer:** Die Übertragung personenbezogener Daten in Länder außerhalb der EU und des EWR ist nur unter bestimmten Bedingungen zulässig, um ein angemessenes Schutzniveau zu gewährleisten. Auch dieser Aspekt kann bei der Nutzung von Drittsoftware schnell zum Problem werden.

Die DSGVO stellt damit einen der strengsten Datenschutzstandards weltweit dar und hat weitreichende Auswirkungen auf Unternehmen und öffentliche Stellen, die personenbezogene Daten verarbeiten.

4.3.1.3 Jugendschutz

Im Bereich des Jugendschutzes für Software gelten in verschiedenen Ländern spezifische Gesetze und Richtlinien, die darauf abzielen, Kinder und Jugendliche vor Inhalten zu schützen, die als schädlich oder unangemessen angesehen werden könnten. In der Gamification zieht sich der Jugendschutz durch alle Bereiche. Im Folgenden sind einige allgemeine Prinzipien und Richtlinien aufgeführt, die häufig in Bezug auf Jugendschutzregeln im Bereich der Anwendungsentwicklung finden:

- **Altersfreigaben und -kennzeichnungen:** Software, insbesondere Videospiele, wird oft durch ein Altersfreigabesystem klassifiziert. In der Europäischen Union wird beispielsweise das PEGI-System (Pan European Game Information) verwendet, das Spiele basierend auf ihrem Inhalt in Alterskategorien einordnet (z. B. PEGI 3, 7, 12, 16, 18). Diese Kennzeichnungen helfen Eltern und Erziehungsberechtigten, Entscheidungen über die Angemessenheit eines Spiels für ihre Kinder zu treffen.
- **Inhaltliche Beschränkungen:** Bestimmte Inhalte wie exzessive Gewalt, sexuelle Inhalte, Glücksspiel oder die Darstellung von Drogenkonsum können dazu führen, dass Software höhere Altersbeschränkungen erhält oder in einigen Ländern ganz verboten wird.
- **Elterliche Kontrollfunktionen:** Viele Betriebssysteme und Spieleplattformen bieten elterliche Kontrollfunktionen, mit denen Eltern den Zugang zu bestimmten Programmen und Funktionen einschränken können. Dazu können Zeitlimits, Zugriffsbeschränkungen auf bestimmte Apps oder Spiele und Kontrolle über In-App-Käufe gehören.
- **Datenschutz für Kinder:** Viele Länder haben spezielle Datenschutzgesetze, die den Umgang mit persönlichen Daten von Kindern regeln. In den USA regelt beispielsweise der Children's Online Privacy Protection Act (COPPA) den Umgang mit persönlichen Informationen von Kindern unter 13 Jahren. Softwareentwickler müssen sicherstellen, dass ihre Produkte diese Vorschriften einhalten, wenn sie Dienste anbieten, die sich an Kinder richten.
- **Onlineinteraktionen:** Spiele und Anwendungen, die Onlineinteraktionen ermöglichen, wie Chats oder Multiplayermodi, können zusätzliche Risiken für junge Nutzer darstellen. Entwickler sind oft angehalten, Maßnahmen zu implementieren, die Belästigung oder den Austausch unangemessener Inhalte verhindern.
- **Werbung und In-App-Käufe:** Vorschriften können auch die Art und Weise regeln, wie Werbung und In-App-Käufe in Software, die sich an Kinder richtet, präsentiert werden. Ziel ist es, junge Nutzer vor irreführender oder aggressiver Werbung zu schützen.

Diese Regeln variieren stark von Land zu Land und hängen oft von der spezifischen Gesetzgebung und den kulturellen Normen ab. Es ist wichtig für Softwareentwickler und -verleger, sich über die lokalen Gesetze und Vorschriften zu informieren, um sicherzustellen, dass ihre Produkte den Jugendschutzstandards entsprechen.

4.3.1.4 Glücks- und Gewinnspiele

Hier betreten wir sehr schnell ein großes Minenfeld, denn die Regulierung von Glücksspielen in Anwendungssoftware ist ein wichtiges und komplexes Thema, das stark von der Gesetzgebung des jeweiligen Landes abhängt. In vielen Ländern gibt es spezifische Gesetze, die das Glücksspiel regulieren, einschließlich des Onlineglücksspiels und der Integration von Glücksspielelementen in Software wie Videospiele. Hier sind einige allgemeine Regeln und Prinzipien, die im Bereich der Gamification Anwendung finden können:

- **Lizenzierung:** In den meisten Ländern benötigen Betreiber eine Lizenz, um legales Glücksspiel anbieten zu dürfen. Dies gilt sowohl für physische als auch für Onlinecasinos und andere Glücksspielplattformen.
- **Altersbeschränkungen:** Fast überall gelten strenge Altersbeschränkungen für Glücksspiel. In vielen Ländern ist das Spielen um Geld erst ab 18 oder 21 Jahren erlaubt. Software, die Glücksspielelemente enthält, muss sicherstellen, dass sie nur von Nutzern in der entsprechenden Altersgruppe verwendet wird.
- **Verbraucherschutz:** Vorschriften zum Schutz der Verbraucher sind ein wesentlicher Aspekt der Glücksspielgesetzgebung. Dazu gehören Maßnahmen zur Bekämpfung von Spielsucht, die Bereitstellung von Informationen über die Risiken des Glücksspiels und Mechanismen zur Selbstbeschränkung und zum Selbstausschluss.
- **Fairness und Transparenz:** Glücksspielsoftware muss faire Spielbedingungen gewährleisten und die Ergebnisse dürfen nicht manipuliert werden. Zufallszahlengeneratoren (RNGs) müssen regelmäßig von unabhängigen Prüfstellen getestet werden. Ebenso müssen die Wahrscheinlichkeiten für Gewinne und Auszahlungsquoten klar kommuniziert werden.
- **Werbung:** Die Werbung für Glücksspiel ist oft streng reguliert. Werbemaßnahmen müssen verantwortungsbewusst gestaltet sein und dürfen nicht irreführend sein oder zum exzessiven Glücksspiel ermutigen.
- **Steuern:** Gewinne aus Glücksspielen können besteuert werden und die Betreiber müssen oft spezifische Steuern auf Glücksspiele zahlen. Die genauen Regelungen hängen von der lokalen Gesetzgebung ab.
- **Umgang mit virtuellen Gütern und In-Game-Währungen:** In vielen modernen Videospielen gibt es Mechanismen, die Ähnlichkeiten mit Glücksspiel aufweisen, wie Lootboxen oder andere zufallsbasierte Belohnungssysteme. Einige Länder betrachten diese als Formen des Glücksspiels und regulieren sie entsprechend, andere nicht.
- **Internationale Anforderungen:** Da Software global vertrieben werden kann, müssen Entwickler und Anbieter auch die Gesetze und Vorschriften anderer Länder berücksichtigen, in denen ihre Produkte verfügbar sind.

Diese Regeln können je nach Land stark variieren und unterliegen häufig Änderungen und Anpassungen, da sich die Gesetzgebung an neue Technologien und Marktbedingungen anpasst. Entwickler und Anbieter von Glücksspielsoftware müssen sich daher kontinuierlich über die rechtlichen Anforderungen in allen Ländern informieren, in denen ihre Produkte angeboten werden. Wenn Sie also eine internationale, gamifizierte Anwendung planen, kann alleine dieses Thema zu einem juristischen und organisatorischen Albtraum werden. Auch, wenn man dies definitiv nicht als „best-practice" interpretieren sollte, ist gerade dieser Punkt einer der Gründe, warum viele Unternehmen Zweigstellen im eher unregulierten, rechtsfreien Raum (bspw. auf den Cayman-Islands) aufbauen. Potenzielle Beschwerden von Nutzern würden dann dorthin verwiesen und ins Leere laufen.

4.3.1.5 Spezielle Regeln für Soziale Netzwerke

Wenn Sie in Ihrer Anwendung die Socializer speziell motivieren wollen, kann es sein, dass sich Ihre Anwendung zu einem sozialen Netzwerk entwickelt. Unter Umständen reicht schon ein einfaches Forum, in dem Nutzer Fragen und Antworten stellen und finden können, aus, um als soziales Netzwerk bewertet zu werden. Die Anzahl der Nutzer und die Relevanz im Markt spielen zwar auch eine wichtige Rolle, rein formal gelten jedoch die folgenden Verpflichtungen und Praktiken auch bei kleineren sozialen Netzwerken:

- **Gesetzliche Rahmenbedingungen:** In vielen Ländern gibt es Gesetze, die soziale Netzwerke dazu verpflichten, Hassrede und andere rechtswidrige Inhalte zu entfernen. In Deutschland beispielsweise regelt das Netzwerkdurchsetzungsgesetz (NetzDG), dass offensichtlich rechtswidrige Inhalte innerhalb von 24 h nach einer Beschwerde entfernt werden müssen. Ähnliche Gesetze gibt es auch in anderen EU-Ländern, die die schnelle Entfernung von Hassrede fordern. Sie müssen also sowohl eine Beschwerdefunktion für Nutzer vorsehen, als auch die Möglichkeit, Inhalte entsprechend schnell zu löschen.
- **EU-Richtlinien:** Auf EU-Ebene gibt es den Digital Services Act (DSA), der eine breitere Verantwortlichkeit von Onlineplattformen für die auf ihren Seiten veröffentlichten Inhalte vorsieht. Der DSA verpflichtet Plattformen, transparente und effiziente Verfahren zur Bekämpfung von illegalen Inhalten einzurichten, einschließlich Mechanismen für Nutzer, Beschwerden einzureichen.
- **Selbstregulierung:** Viele soziale Medien haben eigene Gemeinschaftsstandards oder Nutzungsbedingungen, die definieren, was auf ihren Plattformen erlaubt ist und was nicht. Diese Standards umfassen oft Regeln gegen Hassrede, Gewaltdarstellungen und Belästigung. Plattformen wie Facebook, Twitter und YouTube nutzen Algorithmen und menschliche Überprüfer, um Inhalte zu überwachen und zu moderieren. Da sich in jedem sozialen Netzwerk die Nutzer hinter einer gewissen Anonymität verstecken können, ist leider auch in Ihrer Anwendung zu erwarten, dass es Nutzer gibt, die andere beschimpfen, diskriminieren, die Hassreden führen, zu kriminelle Handlungen aufrufen u. v. a. m. Als Anbieter der Plattform sind Sie verpflichtet, derartige Themen zu regeln.
- **Transparenzberichte:** Soziale Medien sind zunehmend dazu übergegangen, regelmäßig Transparenzberichte zu veröffentlichen, in denen sie darlegen, wie viele und welche Arten von Inhalten entfernt oder markiert wurden. Diese Berichte

sollen Transparenz schaffen und das Vertrauen der Nutzer und Regulierungsbehörden stärken. Einige große Plattformen investieren bspw. in Bildungsprogramme und Partnerschaften mit NGOs und anderen Organisationen, um Bewusstsein zu schaffen und Nutzer über die Gefahren von Hassrede und Desinformation aufzuklären.

- **Technologische Lösungen:** Der Einsatz von KI und maschinellem Lernen zur Identifizierung und Filterung von Hassrede und anderen problematischen Inhalten wird immer ausgefeilter. Diese Technologien können jedoch auch zu Problemen führen, wie z. B. Über- oder Untermoderation, was die Bedeutung von menschlicher Überprüfung und Kontextverständnis unterstreicht. In jedem Fall werden Sie für Ihre Anwendung ein Team brauchen, dass das soziale Netz innerhalb der Anwendung überwacht und ggf. eingreift.
- **Rechtsmittel und Nutzerfeedback:** Plattformen bieten in der Regel Verfahren an, durch die Nutzer Entscheidungen zur Entfernung oder Beibehaltung von Inhalten anfechten können. Diese Verfahren sollen eine gewisse Fairness und Rechenschaftspflicht sicherstellen.

Die Balance zwischen der Bekämpfung von Hassrede und der Wahrung der Meinungsfreiheit bleibt eine fortlaufende Herausforderung für soziale Medien. Die Regulierung dieser Plattformen entwickelt sich weiter, da neue technologische und gesellschaftliche Herausforderungen auftreten.

Rechtlich gesehen kann die Entwicklung von gamifizierten Anwendungen schnell ein Albtraum werden. Guter Überblick und eine solide Planung helfen, abgesichert zu sein.

4.3.2 Nutzer gewinnen

In diesem Teilabschnitt gehen wir mal kurz davon aus, dass Sie Nutzer für Ihre Anwendung aktiv gewinnen oder rekrutieren müssen. Im Bereich der internen Businessanwendungen geschieht dies recht einfach über Dienstanweisungen, da die Anwendungen schlichtweg genutzt werden müssen, um die betrieblichen Anforderungen zu erfüllen. Hier haben Sie also eine vorgegebene Nutzerbasis und können sich ganz darauf konzentrieren, die Motivation der Nutzer im Flow zu halten.

Wenn Sie allerdings eigene Anwendungen veröffentlichen, dann gilt es, auch bei der Gewinnung von Nutzern die Elemente der Gamification mit auszuspielen. Gamifizierte Anwendungen verfügen über eine deutlich höhere Attraktivität und über verschiedene Merkmale, die sich von anderen Anwendungen aus demselben Businessbereich unterscheiden. Diese sollten gezielt zur Gewinnung neuer Nutzer eingesetzt werden.

Abb. 4.36 Photoshop Elements nutzt Emotionen im App Store – auf Emotionen ausgerichtet [98]

Es gibt eine Reihe von Standardstrategien für das Rekrutieren von Nutzern. Diese werden in den folgenden Abschnitten unter dem Aspekt der Gamification näher untersucht.

4.3.2.1 App Stores

Ähnlich der Suchmaschinenoptimierung für Websites kann die App-Store-Optimierung dazu beitragen, die Sichtbarkeit einer Anwendung in den App Stores zu verbessern. Dies umfasst die Optimierung von Titel, Beschreibung, Keywords und Bildern, um die Auffindbarkeit und Attraktivität der App zu erhöhen. Auch das Schalten von Anzeigen in App Stores kann helfen, neue Nutzer zu finden. Wenn Sie in der Beschreibung und den Screenshots Ihrer Anwendung die Gamification-Elemente (insbesondere Punkte, Belohnungen, Narrative oder Emotionen) in den Vordergrund stellen, dann gewinnen Sie Interessenten schon durch den ersten Blick. Photoshop Elements nutzt Emotionen, um ihre Anwendung im Appstore zu bewerben (siehe Abb. 4.36). Strahlende Bilder mit fröhlichen Menschen und kuscheligen Tieren – auch das sind Gamification-Elemente.

4.3.2.2 Soziale Medien, Onlinemarketing

Durch die Nutzung von sozialen Netzwerken wie Facebook, Instagram und Twitter können Entwickler ihre Zielgruppe direkt ansprechen und auf ihre Anwendungen aufmerksam machen. Werbekampagnen, Teilen von Inhalten und Interaktion mit Nutzern sind hier effektive Werkzeuge.

4.3.2.3 Reward-Modelle, Rabatte

Durch gezielte Kooperationen können Sie in Ihrer Anwendung die Möglichkeit schaffen, Ihre eigenen Punkte in Gutscheine, Rabatte oder auch Währungen bei anderen Partnern zu tauschen. Dies kann dazu führen, dass Sie Nutzer der anderen Partner

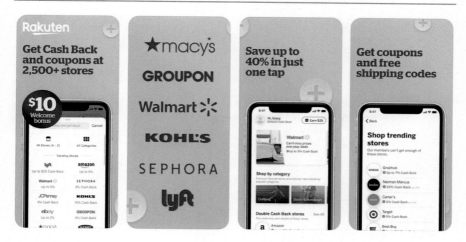

Abb. 4.37 Die Rakuten-App vermittelt Rabatte und Gutscheine bei Partnern [99]

sehr einfach auf Ihre Plattform bekommen oder auch dass die zusätzlichen Möglichkeiten Nutzer anziehen, die gerne bei Partnern einkaufen und Ihre App zunächst
als Mittel zum Zweck verwenden. Wenn Ihr Narrativ jedoch gut ist, werden Sie die
Nutzer dauerhaft in Ihrer Anwendung halten (Abb. 4.37).

4.3.2.4 Influencermarketing

Die Zusammenarbeit mit Influencern, die eine relevante Zielgruppe ansprechen, kann
eine wirkungsvolle Methode sein, um die App einem größeren Publikum vorzustellen. Influencer können durch ihre Empfehlungen Vertrauen und Interesse an der
Anwendung schaffen. Hierbei können Sie je nach Anwendung entweder Influencer
suchen, die Ihre App selbst nutzen oder welche, die über Ihre App berichten (siehe
Abb. 4.38). Gerade im Bereich des Influencermarketings ist jedoch auf Glaubwürdig-
keit zu achten. Gamification spielt hier nur indirekt eine Rolle, da Influencer durch
ihre Sozialisierungskompetenz auch einen speziellen Nutzertyp darstellen. Wenn Sie
es also schaffen, Influencer zu Nutzern zu machen, wäre das der Königsweg.

4.3.2.5 Content-Marketing

Durch die Erstellung wertvoller und relevanter Inhalte, die auf die Interessen der Zielgruppe zugeschnitten sind, können Entwickler das Bewusstsein für ihre App schärfen
und potenzielle Nutzer anziehen. Blogs, Videos, Podcasts und andere Formen von
Content können dabei helfen, die Marke zu stärken und Nutzer zu gewinnen. E-Mail-
Kampagnen können ebenfalls effektiv sein, um potenzielle Nutzer zu erreichen und
sie über Updates, Funktionen und andere relevante Informationen zur App zu informieren. In diesem Bereich bieten sich die Narrative Ihrer Anwendung hervorragend
als Unterstützung an. Wenn Sie Ihrer Nutzer von vornherein bereits beim Marketing
in Ihre Themenwelt, Erzählung, oder Begriffswelt einführen, dann schaffen Sie eine
sehr frühe Bindung. Ein hervorragendes Beispiel hierfür ist der von Apple geprägte

Abb. 4.38 Mit den passenden Influencern können Sie Ihre Anwendung bewerben [55]

Begriff „Spatial Computing", der im Zusammenhang mit der Einführung der Apple Vision Pro geprägt wurde. Rein technisch hätte man auch den Begriff Mixed oder Augmented Reality übernehmen können, Apple wollte damit allerdings ein neues Narrativ erzeugen und Nutzern somit implizit deutlich machen, dass man hier ein völlig neues Gerät vor sich hat. Narrative gibt es natürlich auch im Marketing, aber eben auch in der Gamification.

4.3.2.6 Partnerschaften und Kooperationen

Zusammenarbeit mit anderen Unternehmen oder Apps, die eine ähnliche Zielgruppe ansprechen, kann helfen, die Reichweite zu erweitern und neue Nutzer zu gewinnen. Dies kann durch gemeinsame Werbeaktionen oder integrierte Angebote geschehen. Neben den bereits erwähnten Partnerschaften im Bereich der Rabattprogramme und Reward-Modelle macht es natürlich Sinn, sich mit Partnern zusammen zu tun, die eine ähnliche Zielgruppe haben. Wenn es bereits bestehende Communities gibt, in denen sich potenzielle Nutzer tummeln, dann können Sie durch eine Partnerschaft dafür sorgen, dass diese direkten Zugang zu Ihrer Anwendung erhalten. Insbesondere im Bereich Gaming und Gamification stellt man immer wieder fest, dass Nutzer sehr gut organisiert sind – sei es auf Social Media oder in diversen Foren. Wenn Nutzer für Gamification empfänglich sind, sind sie das ja meist im Allgemeinen und nicht nur im Rahmen Ihrer Anwendung. Daher macht es Sinn, sich umzusehen, wo Sie ggf. passende Nutzer in größerer Menge finden können.

4.3.2.7 Anzeigenkampagnen

Gezielte Werbung auf Plattformen wie Google AdWords, Facebook Ads und anderen digitalen Werbenetzwerken kann dabei helfen, Nutzer basierend auf spezifischen demografischen oder verhaltensbezogenen Daten zu erreichen. Aus Gamification-

Aspekten ist dies zwar eher langweilig, aber dennoch eine nicht zu unterschätzende und gut funktionierende Form der Nutzergewinnung.

4.3.2.8 Freemium-Modelle

Das Anbieten einer kostenlosen Basisversion der App kann Nutzer anlocken, die später auf kostenpflichtige Versionen upgraden können, wenn sie von der Qualität und dem Nutzen der App überzeugt sind. Sie können sich auch überlegen, den Freemium-Status durch das Sammeln von Punkten in Ihrer Anwendung upzugraden. Diese Modelle, genauso wie In-App-Käufe sind eng mit dem Prinzip von Punkten und Belohnungen verbunden und können sehr gut helfen, Nutzer zu gewinnen.

4.3.2.9 Referral-Programme

Ermutigen Sie bestehende Nutzer, die App an Freunde und Familie zu empfehlen, indem Sie Anreize wie Premium-Funktionen oder interne Währung anbieten. Diese Art der Nutzergewinnung ist sehr nahe an den Gamification-Konzepten. Sie spricht sowohl die Socializer an als auch die Möglichkeit, Punkte oder Belohnungen zu sammeln. Damit lässt sie sich wunderbar in Ihre gamifizierten Anwendungen integrieren und nutzen (Abb. 4.39).

> Nutzen Sie Elemente der Gamification, um gezielt Nutzer zu finden und sich vom Wettbewerb abzuheben.

All diese Strategien sollten an die spezifischen Bedürfnisse und Merkmale der Zielgruppe sowie an die Besonderheiten der Anwendung selbst angepasst werden. Durch eine Kombination dieser Ansätze können Anbieter eine starke Nutzerbasis für ihre Anwendung aufbauen und langfristig pflegen.

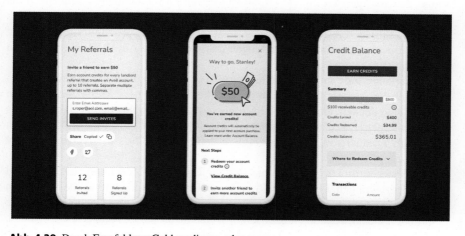

Abb. 4.39 Durch Empfehlung Geld verdienen oder sparen

4.3.3 Projektsetup

Nunmehr haben wir alle Phasen der User Journey mit den darin nötigen Elementen der Gamification und den zugehörigen Rahmenbedingungen in Zusammenhang gebracht und gesehen, dass jede Phase für sich ihre eigenen Herausforderungen mit sich bringt. Und vermutlich haben Sie auch bemerkt, dass das in der Praxis eine Menge Arbeit mit sich bringt. Gamification lässt sich – zumindest wenn man es richtig machen möchte – nicht mal eben „nebenbei" in eine Anwendung integrieren. Gamification ist Teil des Softwareengineerings und muss als solcher auch in den Projektstrukturen verankert sein.

Ähnlich wie es in den Projekten häufig einen oder mehrere Requirement Engineers gibt, müssen auch die Gamification Engineers projektmäßig organisiert sein, d. h., es gibt einen Verantwortlichen und mehrere Mitarbeiter, die an dem Thema beteiligt sind. Zur Verantwortung gehört es dann, die hier aufgeführten Elemente der Planung gamifizierter Lösungen durchzuführen, deren Umsetzung in der Anwendung zu überwachen, Budgets und Mitarbeiter für das (Teil-)Projekt abzustellen, Nutzer zu informieren, sie auf ihrer User Journey zu begleiten und das Projekt gegenüber dem Management zu erklären und auch zu rechtfertigen.

In Projekten geht es meistens relativ einfach und schnell, sich auf Punktesysteme, Abzeichen, Belohnungen zu einigen. Deren Umsetzung ist auch technisch gesehen kein großer Aufwand. Was jedoch beliebig komplex und teuer werden kann, ist die Produktion der Narrativen Atome. Zunächst brauchen Sie hier gutes Storytelling, also eine griffige Geschichte, die dauerhaft spannend bleibt, den Nutzer motiviert und neugierig hält. Hierfür werden häufig Drehbuchautoren aus Film und Fernsehen engagiert und mit deren Umsetzung beauftragt. Anschließend müssen die Atome produziert werden – selbst, wenn Sie „nur" einfache, kurze Textbausteine erstellen wollen, ein hoher Aufwand. In modernen Spieleproduktionen werden Terabytes an Material produziert, aufwendig mit echten oder virtuellen Schauspielern gedreht und dann zur gesamten Story verbunden. Videospiele laufen häufig eher wie interaktive Filme und weniger wie Spiele ab, teilweise werden minutenlange Sequenzen als vorproduzierter Film eingespielt, die die Narrativen Atome darstellen und natürlich auch dazu führen, dass Nutzer viel Zeit im Spiel verbringen. Auch für die Erstellung von gamifizierten Businessanwendungen geht der meiste Aufwand in den Aufbau der Narrativen Atome.

Es gibt allerdings auch Anwendungen, die vollständig ohne Erzählung auskommen, weil die Anwendung an sich bereits die Erzählung ist. Wenn Sie bspw. an Lernsysteme denken, dann ist es das Ziel bspw. die Geschichte des 17. Jahrhunderts kennenzulernen. Das Narrativ kann dann direkt dem Inhalt entsprechen, Sie müssen hier nichts produzieren, sondern lediglich dafür sorgen, dass der Nutzer im Flow bleibt.

Die besten gamifizierten Systeme sind diejenigen, bei denen der Nutzer von all diesen Überlegungen, Elementen, Regeln und der Mechanik nichts mitbekommt. Im Grunde ist es dem Nutzer auch völlig egal, was Sie sich alles überlegt haben, solange er motiviert die Anwendung nutzen kann. Wenn Sie diesen Zustand erreichen, haben Gamification optimal eingesetzt. Abb. 4.40 zeigt dies nochmals auf.

Abb. 4.40 Aus Nutzersicht
sind viele der Schichten im
Verborgenen

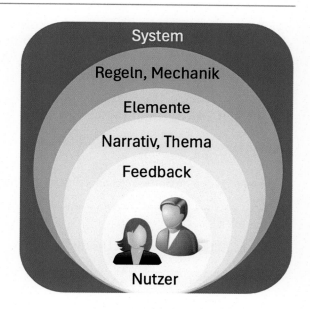

Gamification muss projekt- und ingenieursmäßig betrieben werden.

4.4 Zusammenfassung

In diesem Kapitel haben wir die konkreten Aufgaben bei der Umsetzung von Gamification kennengelernt. Anhand zahlreicher Beispiele haben Sie gesehen, wie sich einzelne Elemente in der Praxis umsetzen lassen und welche Punkte beim Einsatz von Gamification zu berücksichtigen sind. Ein wesentlicher Aspekt dabei ist das Gamification Engineering (siehe Abschn. 4.2), das fest im Requirement Engineering eines Projektes oder Produktes verankert werden sollte. Sie haben außerdem gesehen, dass es wichtig ist, hier von vornherein in Projektstrukturen zu denken und einen ingenieursmäßigen Ansatz zu verfolgen. Viele Aspekte der Gamification lassen sich formalisieren und somit sehr gut in den Projektablauf integrieren. Die Entwicklung eines Punkte- und Belohnungssystems (Abschn. 4.2.2) folgt klaren Mechanismen, ebenso wie die in Abschn. 4.2.4 vorgestellte User Journey. Beim Thema Ablauf und Narrativ (Abschn. 4.2.3) genießen Sie größtmögliche Freiheiten, da sich hier meist die meiste operative Arbeit abspielt. Denken Sie jedoch auch daran, dass nicht jede gamifizierte Anwendung ein Narrativ braucht – man muss es nicht übertreiben. Der Umgang mit Schummeln und Betrug (Abschn. 4.2.5) ist ein sehr wichtiger Aspekt der Gamification, da er durch geeignete Maßnahmen unterbunden werden soll. Ähnliche Maßnahmen benötigen Sie auch, um Ihre Anwendung rechtlich (bspw. Abschn. 4.3.1) und organisatorisch abzusichern. Da wir außerdem einen kleinen Ausflug in den Bereich der Nutzergewinnung (Abschn. 4.3.2) gemacht haben, sollten Sie jetzt bestens gerüstet sein, um Ihre Anwendungen mit spielerischen Elementen anzureichern.

4.5   Selbsttestaufgaben

4.1 – Software Engineering

Welche Phasen im Softwareengineering kennen Sie?

4.2 – User Stories

Welche Aufgabe übernehmen User Stories?

4.3 – Use Case

Welche Rolle spielen Akteure in Use Cases?

4.4 – Wireframe

Warum werden Wireframes genutzt?

4.5 – Geschäftsprozesse

Wodurch zeichnen sich Geschäftsprozesse aus?

4.6 – BPMN

Was ist die BPMN?

4.7 – Daten

Welche Rolle spielen Daten in der Gamification?

4.8 – Zielsetzung

Warum ist es wichtig, eine klare Zielsetzung zu formulieren?

4.9 – Messgrößen

Wie können Sie Messgrößen initial erfassen?

4.10 – Normalisierung und Gewichtung

Welches Ziel verfolgt man durch Normalisierung und Gewichtung?

4.11 – Abzeichen

Welche Eingangsgrößen für Abzeichen gibt es?

4.12 – Narrative Atome

Was ist ein Narratives Atom?

4.13 – Wahlmöglichkeiten

Was ist eine unechte Wahlmöglichkeit?

4.14 – User Journey

Aus welchen Phasen besteht die Gamification User Journey?

4.15 – Immersion

Was findet in der Phase der Immersion statt?

4.16 – Game Over

Welche Möglichkeiten haben Sie, wenn die Anwendung/das Spiel vorbei ist?

4.17 – Schummeln

Welche Arten von Betrug kennen Sie?

4.18 – Farming

Was zeichnet die Betrugsform „Farming" aus?

4.19 – Rechtliche Rahmenbedingungen

Welche rechtlichen Rahmenwerke spielen im Kontext von Gamification eine Rolle?

4.20 – Jugendschutz

Warum ist Jugendschutz in der Gamification so wichtig?

4.21 – Nutzer gewinnen

Nennen Sie Möglichkeiten, in denen Gamification zur Nutzergewinnung eingesetzt werden kann.

4.22 – Referral-Programme

Was sind Referral-Programme?

4.23 – Projektsetup

Welche Strukturen sollten Sie in Projekten mit Gamification vorsehen?

Anwendungsbeispiele 5

In diesem Kapitel werden wir den Fokus auf eine Reihe konkreter Anwendungsbeispiele aus verschiedenen Bereichen legen. Gamification kann sehr unterschiedliche Ausprägungen und Einsatzformen annehmen, daher ist es hilfreich, sich unterschiedliche Ideen und Anregungen zu suchen und die dort eingesetzten Elemente der Gamification zu analysieren. Diese Kapitel ist in thematische Bereiche untergliedert und wird zunächst einen der wichtigsten Bereiche, die Bildung (siehe Abschn. 5.1) betrachten. Hier gibt es eine sehr hohe Passgenauigkeit mit den Konzepten der Gamification, die in vielen Anwendungen erfolgreich Einsatz findet. Im Abschn. 5.2 wird der Healthcare-Bereich, also das Gesundheitswesen, in den Mittelpunkt gestellt. Unternehmensanwendungen mit Einsatz von Gamification finden Sie in Abschn. 5.3, die auch eng mit dem Bereich Marketing und Kundenbindung (Abschn. 5.4) verbunden sind. Der Bereich Umweltschutz und Nachhaltigkeit rundet dieses Kapitel der Anwendungsbeispiele in Abschn. 5.5 ab.

5.1 Bildung

Im Bildungsbereich wird Gamification genutzt, um den Lernprozess zu verbessern, indem sie Schüler und Studenten motiviert und das Lernen interaktiver und unterhaltsamer macht. Durch Punkte, Abzeichen, Leaderboards und andere spielerische Elemente werden traditionelle Lernaktivitäten angereichert, was die Aufmerksamkeit und das Engagement der Lernenden fördern kann. Durch die Einführung von Elementen wie Punkten, Levels, Abzeichen und Herausforderungen wird das Bildungserlebnis sowohl interaktiver als auch anregender.

© Der/die Autor(en), exklusiv lizenziert an Springer-Verlag GmbH, DE, ein Teil von Springer Nature 2025
S. Wagenpfeil, *Gamification Design*,
https://doi.org/10.1007/978-3-662-69842-6_5

5.1.1 Motivationssteigerung durch Belohnungen

Gamification kann dazu beitragen, die Motivation der Schüler zu steigern, indem sie für das Erreichen von Lernzielen oder das Abschließen von Aufgaben mit Punkten, Abzeichen oder virtuellen Trophäen belohnt werden. Solche Belohnungssysteme können helfen, die Fortschritte sichtbar zu machen und den Schülern ein Gefühl der Leistung zu vermitteln. Plattformen wie Kahoot! und Quizlet nutzen beispielsweise **interaktive Quiz- und Spielelemente,** um das Lernen unterhaltsamer zu gestalten (siehe Abb. 5.1). Sie erlauben Lehrkräften, Lerninhalte in einem wettbewerbsorientierten Format zu präsentieren, was nicht nur den Wettbewerbsgeist fördert, sondern auch das Interesse und die Beteiligung im Unterricht steigert.

Lern-Management-Systeme wie Moodle oder Blackboard können ebenfalls mit Gamification-Elementen erweitert werden, die Punkte, Abzeichen und Leaderboards umfassen. Diese Elemente belohnen Schüler für das Erreichen von Lernzielen und bieten Anerkennung für ihre Anstrengungen und Erfolge. Solche Belohnungssysteme motivieren Lernende, sich kontinuierlich zu engagieren. Auch für Lehrende stellen sie ein wichtiges Instrument dar. Nicht nur, dass hier Inhalte zu bestimmten Themen verwaltet und organisiert werden können, auch die Benotung, Anwesenheitskontrolle, Lernfortschritt durch Einsendeaufgaben lassen sich über solche Systeme effizient organisieren (Abb. 5.2).

Mobile Lern-Apps wie die schon mehrfach erwähnte App Duolingo nutzen spielerische Herausforderungen und Belohnungen, um Nutzer zu regelmäßigem Üben zu animieren. Durch tägliche Ziele und Fortschrittsanzeigen bleiben Lernende

Abb. 5.1 Quizlet nutzt Gamification im Bereich Interaktion und Fortschritt [100]

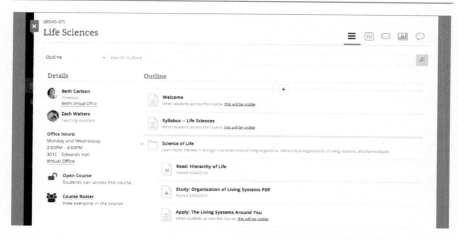

Abb. 5.2 Blackboard unterstützt interaktives und kollaboratives Lernen. Gamification wird zur Fortschrittsüberwachung, für Auszeichnungen (in diesem Falle sogar die Benotung) und im sozialen Umfeld zur Förderung von Lerngruppen genutzt [101]

Abb. 5.3 Diese Visualisierung zeigt Möglichkeiten des Lernens und Erfahrens in VR oder AR-Anwendungen. Hierbei wird der Spaß am Entdecken, Technologie und Sensorik perfekt verbunden, um gamifizierte Anwendungen zu realisieren [8]

motiviert, ihre Routinen beizubehalten. Technologien wie Virtual Reality (VR) und Augmented Reality (AR) bieten zudem die Möglichkeit, immersive Lernerfahrungen zu schaffen, die die Schüler durch die Simulation realer Szenarien oder die visuelle Darstellung komplexer Konzepte fesseln (siehe Abb. 5.3).

Peer-to-Peer Lernplattformen fördern die Interaktion zwischen den Lernenden und bieten Räume für Diskussionen und Gruppenarbeit. Plattformen wie Edmodo oder Google Classroom können das Gefühl der Zugehörigkeit und damit die Motivation erhöhen, indem sie eine Gemeinschaft des Lernens schaffen. Zusätzlich helfen Anwendungen, die detailliertes Feedback und Übersichten über den Lernfortschritt bieten, den Schülern zu verstehen, wo sie stehen und was sie verbessern können. Dieses **sofortige Feedback** kann die Motivation steigern, indem es den Lernenden klare Ziele und erkennbare Fortschritte aufzeigt.

Durch die Nutzung dieser Technologien können Bildungseinrichtungen eine Lernumgebung schaffen, die nicht nur informativ, sondern auch motivierend und ansprechend ist, und so dazu beitragen, dass Schüler und Studierende aktiv am Lernprozess teilnehmen und sich langfristig für ihre Bildung engagieren.

5.1.2 Personalisierte Lernpfade

Gamification ermöglicht die Schaffung personalisierter Lernpfade, indem Schülern erlaubt wird, durch verschiedene Levels oder Stufen zu navigieren, abhängig von ihrem individuellen Lernfortschritt und ihren Interessen. Dies kann dazu beitragen, das Lernen auf die Bedürfnisse jedes Einzelnen zuzuschneiden und den Schülern die Kontrolle über ihr eigenes Lernen zu geben.

Durch den **Einsatz von KI und datengesteuerten Analysetools** können Bildungsplattformen Lernmuster erkennen und daraufhin individuell angepasste Inhalte und Ressourcen bereitstellen. Diese Systeme sind in der Lage, die Stärken und Schwächen der Lernenden zu analysieren und entsprechende Lernmaterialien zu empfehlen, die auf den individuellen Lernfortschritt und die Vorlieben abgestimmt sind. Beispielsweise können solche Systeme erkennen, wenn ein Schüler in Mathematik Fortschritte macht, aber in Literatur Unterstützung benötigt, und passen die Lerninhalte automatisch an, um vertiefende Literaturressourcen anzubieten, während sie den mathematischen Lernstoff weiterhin fördern. Dieser hohe Grad an Individualisierung ist ein sehr gutes Beispiel für personalisierte Gamification und die damit verbundene User Journey (siehe Abb. 5.4). Ein ähnlicher Vertreter dieser Gattung ist ALEKS – ein webbasiertes, adaptives Lernsystem, das Schüler durch Kursinhalte auf der Grundlage ihrer individuellen Bedürfnisse führt. ALEKS ist besonders beliebt in den Bereichen Mathematik, Chemie und Statistik und bewertet kontinuierlich die Leistungen der Schüler, um sicherzustellen, dass die Themen, die sie benötigen, gezielt gefördert werden.

Durch **adaptive Lernplattformen** werden Lehrpläne dynamisch an den Lernfortschritt des Schülers angepasst. Wenn ein Schüler beispielsweise ein bestimmtes Konzept schneller als erwartet meistert, passt die Plattform die Schwierigkeit und Tiefe der folgenden Themen an, um ständig Herausforderungen zu bieten und den Lernenden stetig zu fördern. Umgekehrt kann das System zusätzliche Übungen und Erklärungen bieten, wenn es feststellt, dass ein Schüler bei einem bestimmten Thema zusätzliche Hilfe benötigt.

Abb. 5.4 DreamBox Learning ist eine Mathematikplattform mit adaptiven Lerntechnologien. Sie zeigt Fortschritt und Punkte an und erzeugt das Narrativ aufgrund von Antworten und Entscheidungen der Schüler [102]

Häufig werden **soziale Funktionen** integriert, die es den Schülern ermöglichen, mit Gleichaltrigen zu interagieren und zu lernen. Dies kann durch Diskussionsforen, Gruppenprojekte oder Peer-Review-Aufgaben geschehen, die den Austausch von Ideen und die Zusammenarbeit fördern, während sie gleichzeitig die individuelle Betreuung durch die Lehrkräfte ergänzen.

5.1.3 Interaktive Lernaktivitäten

Viele gamifizierte Lernplattformen nutzen interaktive Aktivitäten wie Quizspiele, Rätsel und Simulationen, um das Lernen spannender und praxisnaher zu gestalten. Diese Aktivitäten können dazu beitragen, komplexe Konzepte auf leicht verständliche Weise zu vermitteln und die kritischen Denkfähigkeiten der Schüler zu fördern. Hierbei wird das Engagement und das Verständnis der Schüler durch direkte Beteiligung und praktische Erfahrungen erhöht. Solche Aktivitäten nutzen verschiedene Technologien und Plattformen, um das Lernen lebendiger und ansprechender zu gestalten.

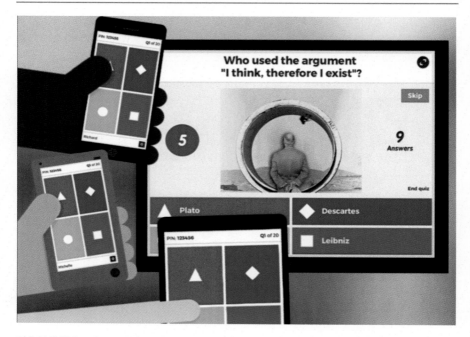

Abb. 5.5 Kahoot! nutzt Echtzeitmöglichkeiten, im Wettbewerbe und interaktive Lernmöglichkeiten zu gestalten [103]

Ein gutes Beispiel dafür ist die Plattform Kahoot!, die es Lehrern ermöglicht, Lerninhalte in Form von **Quizspielen** zu präsentieren (siehe Abb. 5.5). Schüler können in **Echtzeit** auf Fragen antworten, wobei Elemente wie **Zeitdruck und Punktesysteme** das Engagement steigern und einen freundlichen Wettbewerb fördern. Diese Art von spielerischem Lernen hilft nicht nur, die Aufmerksamkeit der Schüler zu erhöhen, sondern fördert auch ihr Erinnerungsvermögen und ihre Freude am Lernen. Hier wird nahezu die komplette Palette der Gamification bedient.

Eine weitere innovative Plattform ist das bereits vorgestellte Quizlet, die Schülern interaktive Karteikarten und Spiele bietet, um Begriffe und Definitionen zu lernen. Lehrer können **Sets von Karteikarten** erstellen, die Schüler können diese Sets dann nutzen, um sich auf Tests vorzubereiten oder neues Wissen aufzubauen. Die Vielfalt der Lernmodi – darunter Lernen, Schreiben, Spielen und Testen – ermöglicht es den Schülern, das Lernen auf ihre bevorzugte Weise anzugehen.

Auch **Virtual Reality (VR)** wird zunehmend für interaktive Lernaktivitäten genutzt. Durch den Einsatz von VR können Schüler beispielsweise historische Stätten besuchen, komplexe biologische Prozesse aus nächster Nähe betrachten oder physikalische Experimente in einer sicheren, simulierten Umgebung durchführen. Diese tiefgreifenden, immersiven Erfahrungen sind besonders wertvoll in Fächern, in denen abstrakte Konzepte oder unzugängliche Themen vermittelt werden müssen.

Interaktive Lernaktivitäten erweitern somit die traditionellen Lehrmethoden, indem sie moderne Technologie nutzen, um ein dynamisches und ansprechendes

Lernumfeld zu schaffen. Durch die Kombination aus visueller Stimulation, praktischer Beteiligung und spielerischen Elementen bieten diese Technologien eine leistungsstarke Methode, um Wissen zu vermitteln und die kritischen Denk- und Problemlösungsfähigkeiten der Schüler zu fördern.

5.1.4 Zusammenarbeit

Gamification kann auch genutzt werden, um Teamarbeit und soziale Interaktion zu fördern. Durch Gruppenaufgaben, bei denen Schüler zusammenarbeiten müssen, um Herausforderungen zu meistern oder Punkte zu sammeln, wird die Zusammenarbeit und Kommunikation zwischen den Schülern gefördert. Im Bereich der Bildung spielen Kollaboration und Zusammenarbeit eine entscheidende Rolle, da sie dazu beitragen, kritische Denk- und Teamfähigkeiten zu fördern. Moderne Bildungsanwendungen haben diese Aspekte integriert, um Lehrern und Schülern zu helfen, effektiver zusammenzuarbeiten und Lernprozesse zu optimieren.

Beispiele für eine Plattformen, die **kollaboratives Lernen** unterstützen, sind Google Classroom, Moodle, oder Blackboard (siehe Abb. 5.2). Diese Anwendung ermöglicht es Lehrern, Klassenräume zu erstellen, Aufgaben zu verteilen und zu bewerten sowie Feedback zu geben, alles innerhalb einer nahtlosen Onlineumgebung. Schüler können Dokumente über Google Docs teilen und gleichzeitig bearbeiten, was die Zusammenarbeit an Projekten und Aufgaben erleichtert. Durch die Integration von Diskussionsforen und die Möglichkeit, Kommentare zu hinterlassen, unterstützen solche Anwendungen die Kommunikation zwischen Schülern und Lehrern, was zu einer interaktiven Lerngemeinschaft beiträgt. Ein weiteres Beispiel ist Microsoft Teams, das speziell in vielen Bildungseinrichtungen genutzt wird, um Klassenräume virtuell zu schaffen, in denen Schüler und Lehrer Informationen austauschen und in Echtzeit zusammenarbeiten können. Teams bietet nicht nur Videokonferenzfunktionen, sondern auch integrierte Office-365-Anwendungen, die es den Nutzern ermöglichen, gemeinsam an Dokumenten zu arbeiten, Präsentationen zu erstellen und Notizen zu teilen.

Solche Anwendungen zeigen, wie digitale Tools genutzt werden können, um kollaborative Lernumgebungen zu schaffen, die sowohl Schülern als auch Lehrern zugutekommen. Sie bieten die Infrastruktur, die notwendig ist, um Kommunikation und Zusammenarbeit zu fördern, und helfen dabei, die Grenzen des traditionellen Klassenzimmers zu erweitern. Indem sie den Austausch von Ideen und Ressourcen erleichtern, tragen sie dazu bei, dass Lernen zu einer dynamischeren und interaktiveren Erfahrung wird.

5.1.5 Feedback und sofortige Rückmeldung

Ein wesentliches Element der Gamification ist das sofortige Feedback, das Schülern gegeben wird. Dies kann durch interaktive Tests oder Spiele erfolgen, bei denen Schüler sofortige Rückmeldungen zu ihren Antworten erhalten, was ihnen hilft, aus

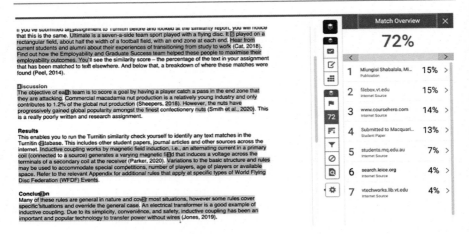

Abb. 5.6 Turnitin bietet detaillierte Feedbackwerkzeuge, Kollaboration und Bewertungen [104]

Fehlern zu lernen und ihr Verständnis zu vertiefen. Die Bereitstellung von Feedback und Rückmeldungen ist ein wesentlicher Faktor, um das Lernen und die Entwicklung der Schüler zu unterstützen. Moderne Bildungsanwendungen haben innovative Wege entwickelt, um Feedback effektiv und effizient zu gestalten, sodass Schüler sofortiges und konstruktives Feedback zu ihren Leistungen erhalten können.

Ein gutes Beispiel für eine solche Anwendung ist Turnitin, bekannt für seine Plagiatsprüfungsfunktionen, die Lehrern helfen, die Originalität von Schülerarbeiten zu bewerten. Darüber hinaus bietet Turnitin detaillierte Feedbackwerkzeuge, die es Lehrern ermöglichen, kommentierte Rückmeldungen direkt in den eingereichten Dokumenten zu hinterlassen (siehe Abb. 5.6). Diese direkte Form des Feedbacks hilft Schülern, aus ihren Fehlern zu lernen und ihre schriftlichen Arbeiten zu verbessern.

Eine weitere bedeutende Plattform ist Peergrade, die einen anderen Ansatz verfolgt, indem sie Peerbewertungen in den Lernprozess integriert. In Peergrade geben Schüler einander **anonymisiert Feedback** zu ihren Arbeiten, was nicht nur den kritischen Blick für die eigene und fremde Arbeit schärft, sondern auch die kommunikativen Fähigkeiten fördert. Dieser Austausch erhöht das Engagement und bietet eine vielschichtige Perspektive auf die erbrachten Leistungen. Auch die bereits genannten Systeme Kahoot! oder Quizlet nutzen sofortige Feedbackfunktionen, um Nutzer zu informieren und im Gamification-Flow zu halten.

5.1.6 Wettbewerb

Einige gamifizierte Bildungsprogramme beinhalten Wettbewerbselemente, bei denen Schüler ihre Leistungen mit denen ihrer Klassenkameraden vergleichen können. Dies kann ein gesundes Maß an Wettbewerb fördern, das die Schüler dazu motiviert, sich weiter zu verbessern. Beispiele dafür wurden im Verlaufe dieses Abschnitts schon mehrfach genannt (siehe Kahoot! oder Quizlet). Wettbewerb wird häufig eingesetzt, um die Motivation der Schüler zu steigern, das Engagement zu fördern und das Lernen durch Herausforderungen anregender zu gestalten – also klassische Gamification. Anwendungen, die wettbewerbsorientierte Elemente integrieren, bieten Schülern die Möglichkeit, ihre Fähigkeiten in einem spielerischen und oft kooperativen Umfeld unter Beweis zu stellen.

5.1.7 Lernspiele für jüngere Schüler

Für jüngere Lernende können Spiele, die grundlegende Fähigkeiten wie Lesen, Schreiben, Mathematik und Naturwissenschaften vermitteln, besonders wirksam sein. Spiele, die **Charaktere und Geschichten** nutzen, um Lerninhalte zu vermitteln, können das Engagement und das Interesse junger Schüler erheblich steigern. Hierbei geht es hauptsächlich darum, Bildungsinhalte auf unterhaltsame und interaktive Weise zu vermitteln, wobei sie speziell an die Bedürfnisse und das **Verständnisniveau von Kindern** angepasst sind. Diese Spiele kombinieren pädagogische Konzepte mit spielerischen Elementen, um Lernen anregend und engagierend zu gestalten.

Ein prominentes Beispiel für ein solches Lernspiel ist ABCmouse. Diese Plattform bietet eine umfassende Lernumgebung für Kinder im Vorschul- und Grundschulalter, die eine breite Palette von Aktivitäten umfasst, von Lesen und Mathematik bis hin zu Kunst und Wissenschaft. ABCmouse verwendet Animationen, Spiele und interaktive Geschichten, um Kinder zu motivieren und sie auf ihrem Lernweg zu begleiten. Die Inhalte sind sorgfältig gestaltet, um aufeinander aufzubauen und den Kindern ein schrittweises Lernen zu ermöglichen.

Für Kinder, die Spaß am **Entdecken und Experimentieren** haben, bietet das Spiel Endless Alphabet eine wunderbare Möglichkeit, das Alphabet zu lernen und den Wortschatz zu erweitern. Das Spiel kombiniert niedliche Charaktere und interaktive Rätsel, um Kindern Buchstaben und Wörter auf unterhaltsame Weise näherzubringen. Die visuell ansprechenden Animationen und die spielerische Interaktion helfen dabei, die Aufmerksamkeit der Kinder zu fesseln und das Lernen zu einem Vergnügen zu machen.

Diese Beispiele zeigen, wie Lernspiele für jüngere Spieler gestaltet sein können, um Bildungsinhalte ansprechend und altersgerecht zu vermitteln. Sie nutzen die natürliche Neigung der Kinder zum Spielen, um wichtige Bildungskonzepte zu vermitteln und gleichzeitig die Entwicklungsbedürfnisse der Kinder zu berücksichtigen (Abb. 5.7 und 5.8).

Durch die Integration von Gamification in den Bildungsbereich können Lehrer und Bildungseinrichtungen ein umfassenderes und dynamischeres Lernumfeld schaffen, das sowohl den Bedürfnissen der Schüler entspricht als auch ihre Teilnahme und ihr Engagement maximiert. Dieser Ansatz hat das Potenzial, die Art und Weise, wie wir lernen, grundlegend zu verändern, indem er Spaß und Spiel in den Bildungsprozess integriert.

Abb. 5.7 ABCmouse nutzt Gamification für Kinder, in nahezu jeder Ausprägung [105]

Abb. 5.8 Die Anwendung Endless Alphabet nutzt die Freude am Entdecken, Puzzeln, Strategie, und Interaktion um Lernen mittels Gamification zu unterstützen [106]

5.2   Gesundheitswesen

In der Gesundheitsbranche wird Gamification eingesetzt, um Patienten bei der Verwaltung ihrer Gesundheit zu unterstützen. Apps, die Punkte und Belohnungen für das Einhalten von Medikationsplänen oder für körperliche Aktivitäten vergeben, sind Beispiele dafür, wie Gamification genutzt wird, um gesundheitsbewusstes Verhalten zu fördern. Eine gute Übersicht hierzu wird von Pereira [107] gegeben. Pereira identifiziert eine Reihe von Kernbereichen, in denen Gamification im Gesundheitswesen (engl. Healthcare) eingesetzt wird und zu denen bereits belastbare Ergebnisse vorliegen. Diese dienen als Unterteilung der nachfolgenden Abschnitte. Bei den vorgestellten Beispielen handelt es sich jedoch um aktuelle, ausgewählte Systeme.

5.2.1   Körperliche Aktivität

In diesem Bereich gibt es eine Vielzahl von Anwendungen, die darauf abzielen, die Gesundheit und das Wohlbefinden der Nutzer zu verbessern. Diese Apps nutzen oft Technologien wie GPS, Beschleunigungssensoren und Herzfrequenzmesser, um körperliche Aktivitäten zu verfolgen und Nutzer auf ihrem Weg zu einem gesünderen Lebensstil zu unterstützen. Hier sind einige wichtige Funktionen und Typen solcher Anwendungen, in denen Gamification-Elemente eingesetzt werden:

Eine sehr weitverbreitete Kategorie sind die sog. **Aktivitätstracker.** Diese Apps verfolgen die tägliche körperliche Aktivität eines Nutzers, wie Schritte, gelaufene Distanz, verbrannte Kalorien und manchmal auch die Schlafqualität. Beispiele hierfür sind Fitbit (siehe Abb. 5.9), Google Fit und Apple Health. Sie motivieren Nutzer durch das Setzen und Verfolgen von Fitnesszielen und das Bereitstellen von regelmäßigem Feedback.

Fitness- und Trainings-Apps bieten strukturierte Trainingspläne, Übungsroutinen und manchmal auch personalisierte Coaching-Services. Sie können spezifische Ziele haben, wie Gewichtsverlust, Muskelgewinn oder Verbesserung der allgemeinen Fitness (siehe Abb. 5.10). Apps wie Nike Training Club, MyFitnessPal, Gymhero und Strava bieten Benutzern umfangreiche Daten zu ihren Workouts und Fortschritten sowie die Möglichkeit, sich mit einer Community zu verbinden.

Einige Apps sind speziell darauf ausgerichtet, den **Gesundheitszustand** der Nutzer zu überwachen und zu verwalten. Diese können Funktionen zur Überwachung von Herzfrequenz, Blutdruck, Blutzucker und anderen vitalen Parametern beinhalten. Apps wie Samsung Health und Apple Health integrieren oft Daten aus verschiedenen Gesundheits- und Fitnessquellen, um Nutzern ein umfassendes Bild ihrer Gesundheit zu geben. Diese können dann auch mit Angehörigen oder Freunden geteilt werden (Abb. 5.11).

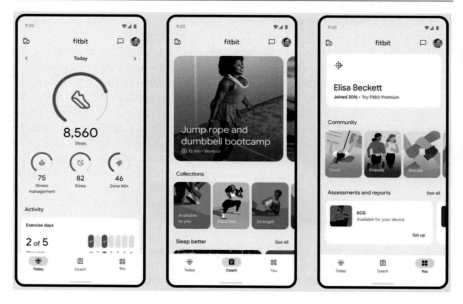

Abb. 5.9 Die Fitbit-App zeigt Bewegungsdaten an. Sie nutzt Gamification zur Fortschrittsmessung, Sozialisierung und als Narrativ [108]

Apps aus dem Bereich **Yoga und Meditation** zielen darauf ab, nicht nur die körperliche, sondern auch die psychische Gesundheit zu verbessern. Diese Apps bieten Sessions unterschiedlicher Länge und Schwierigkeit, die Nutzer je nach ihrem Bedarf und ihrer Erfahrung auswählen können. Hier kann Gamification in ganz unterschiedlicher Art eingesetzt werden, wie die Beispiele in Abb. 5.12 und 5.13 zeigen.

Einige Anwendungen in diesem Bereich nutzen Gamification, um Nutzer durch **virtuelle Wettbewerbe,** Belohnungen, Punktesysteme oder soziale Herausforderungen zu motivieren. Zum Beispiel können Nutzer in der App Zwift in einer virtuellen Umgebung gegen andere Radfahrer oder Läufer antreten, was das Training unterhaltsamer und wettbewerbsfähiger macht (siehe Abb. 5.14).

Spezialisierte Gesundheits- und Fitnessplattformen wie Peloton bieten eine Kombination aus Hardware und Software, um ein interaktives Fitneserlebnis zu Hause zu schaffen. Nutzer können an Liveklassen teilnehmen oder aufgezeichnete Kurse in Disziplinen wie Indoorcycling, Laufbandtraining oder Krafttraining absolvieren.

Diese Anwendungen spielen eine zunehmend wichtige Rolle im Gesundheitsbereich, indem sie Nutzern die Werkzeuge und Informationen an die Hand geben, die sie benötigen, um ihre Gesundheit aktiv zu managen und ihre Lebensqualität zu verbessern. Gamification verstärkt und unterstützt hier die Motivation und führt zu besseren und nachhaltigeren Ergebnissen.

Abb. 5.10 Die Gymhero-App verwendet Trainings, Tutorials, Narrative und Fortschrittsmessung, um Nutzer zu motivieren [109]

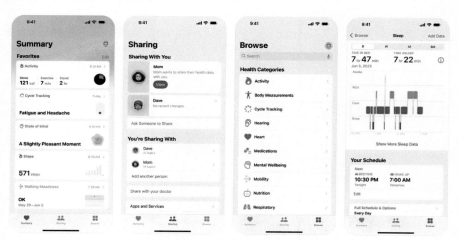

Abb. 5.11 Apple Health zeigt eine Vielzahl von Gesundheits- und Körperfunktionen übersichtlich an. Sie nutzt Gamification zur Visualisierung, Fortschrittsmessung und Sozialisierung [38]

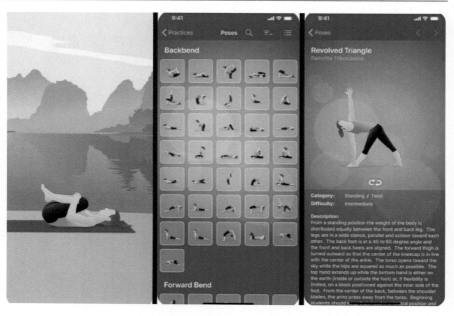

Abb. 5.12 Pocket Yoga nutzt animierte Avatare und spielähnliche Visualisierungen [110]

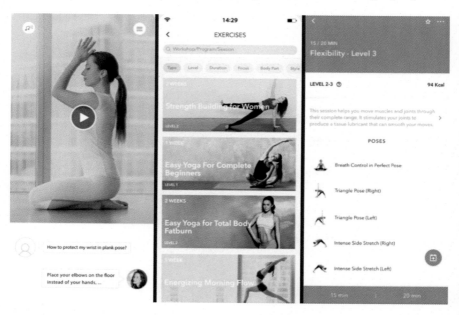

Abb. 5.13 Daily Yoga nutzt anmutige Bilder und digitale Assistenten (links unten), sowie ein Levelsystem [111]

Abb. 5.14 Mit Zwift können Sie gegen virtuelle Fahrradfahrgegner antreten. Hier stehen Wettbewerb, Visualisierung und Sozialisierung im Vordergrund [112]

5.2.2 Ernährung und Gewichtsverlust

In diesem Bereich gibt es viele innovative Anwendungen, die darauf abzielen, Nutzer bei der Erreichung ihrer Gesundheits- und Fitnessziele zu unterstützen. Diese Apps bieten oft personalisierte Ernährungspläne, Trackingfunktionen für Kalorien und Nährstoffe sowie Motivationshilfen.

Kalorienzähler und Ernährungstagebücher wie MyFitnessPal und Lose It! helfen Nutzern, ihre tägliche Nahrungsaufnahme zu überwachen, indem sie ihnen ermöglichen, alle verzehrten Lebensmittel und Getränke zu erfassen. Diese Apps verfügen über umfangreiche Datenbanken mit Nährwertinformationen zu Tausenden von Lebensmitteln und können automatisch die aufgenommenen Kalorien sowie Makro- und Mikronährstoffe berechnen. In diesem Zusammenhang bieten viele Apps spezielle Funktionen, um den **Gewichtsverlust** zu verfolgen und grafisch darzustellen. Nutzer können ihre Gewichtsziele eingeben und Fortschritte über Wochen und Monate hinweg verfolgen. Beispiele hierfür sind Weight Watchers und Noom, die auch psychologische Techniken nutzen, um langfristige Verhaltensänderungen zu fördern.

Apps wie Mealime und Eat-This-Much helfen bei der **Planung von Mahlzeiten** basierend auf den Ernährungszielen und Vorlieben des Nutzers. Sie können automatisch Einkaufslisten erstellen und Rezepte vorschlagen, die den diätetischen Anforderungen entsprechen, was besonders nützlich für Personen ist, die wenig Zeit haben oder spezielle Ernährungsbedürfnisse haben. Einige Apps bieten Zugang zu Ernährungsberatern oder automatisierten Beratungsdiensten. Nutzer können Fragen stellen und individuelle Empfehlungen erhalten. Zum Beispiel bietet die App Rise die Möglichkeit, täglich Fotos von Mahlzeiten zu senden, die dann von professionellen Ernährungsberatern bewertet werden (Abb. 5.15 und 5.16).

Abb. 5.15 Die App LoseIt nutzt Fortschrittsanzeigen und Visualisierungen aus der Gamification. Als Narrativ werden hier umfangreiche Datenbanken mit Kalorien einzelner Nahrungsmittel integriert (rechts) [113]

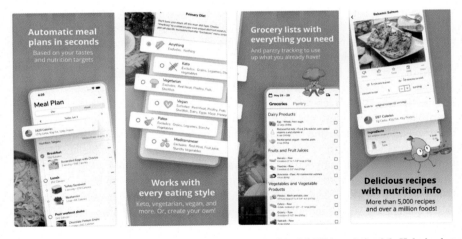

Abb. 5.16 Die App Eat-This-Much nutzt Gamification im Bereich Bildung (wie viele Kalorien hat ein Nahrungsmittel), Fortschrittsmessung (Diät) und Visualisierung [114]

Apps wie SparkPeople und FatSecret fördern die **Bildung von Gemeinschaften,** in denen Nutzer sich gegenseitig unterstützen können. Sie bieten Foren, Gruppen-herausforderungen und die Möglichkeit, Erfolge in sozialen Netzwerken zu teilen, was die Motivation steigern kann. Viele Apps bieten auch **Bildungsressourcen,** wie Artikel, Videos und Tutorials, die Wissen über gesunde Ernährung, Kochtechniken und die Wissenschaft hinter Gewichtsverlust vermitteln. Apps wie Fooducate analysieren darüber hinaus die Qualität der verzehrten Lebensmittel und geben Feedback, um das Ernährungswissen zu verbessern.

Diese Apps sind wertvolle Werkzeuge für Menschen, die ihre Ernährungsgewohnheiten verbessern, Gewicht verlieren oder einfach gesünder leben möchten. Sie bieten gamifizierte Ansätze, die auf die individuellen Bedürfnisse und Ziele der Nutzer zugeschnitten sind und nutzen die Gamification, um den Prozess des Gewichtsverlusts und der Ernährungsumstellung zu vereinfachen und effektiver zu gestalten.

5.2.3 Persönliche Hygiene

In diesem Bereich fokussieren sich Anwendungen darauf, das Bewusstsein und die Routinen bezüglich täglicher Körperpflege zu verbessern, indem sie interaktive Technologien und Gamification nutzen, um Nutzer über wichtige Hygienepraktiken zu informieren und sie zur Einhaltung gesunder Gewohnheiten zu motivieren.

Anwendungen zur Handhygiene sind besonders wichtig im Gesundheitswesen, in Bildungseinrichtungen und in der Lebensmittelindustrie. Sie bieten Anleitungen und Erinnerungen zum richtigen Händewaschen, was in Zeiten erhöhter Gesundheitsrisiken, wie während einer Grippe- oder COVID-19-Pandemie, besonders nützlich sein kann. Beispielsweise kann eine App wie „Wash Your Hands" (siehe Abb. 5.17) Nutzer daran erinnern, regelmäßig ihre Hände zu waschen, und Techniken für effektives Händewaschen vermitteln.

Zahnpflege-Apps helfen Nutzern, ihre Zahnputzgewohnheiten zu verbessern, indem sie Timer für das Zähneputzen bereitstellen, Tipps zur oralen Gesundheit geben und Erinnerungen für Zahnarzttermine setzen. Hautpflege-Apps bieten personalisierte Beratung basierend auf dem Hauttyp des Nutzers, überwachen den UV-Index und geben Produktvorschläge. **Menstruationshygiene-Apps** wie „Clue" (siehe Abb. 5.18) und „Flo" bieten Trackingfunktionen für Menstruationszyklen, Symptome und Fruchtbarkeitsfenster, die Nutzerinnen helfen, ihren Körper besser

Abb. 5.17 Wash your hands nutzt Gamification zur Erinnerung, Zielerreichung und nutzt Spielzeuge (in diesem Fall eine Smartwatch und deren Sensoren) [115]

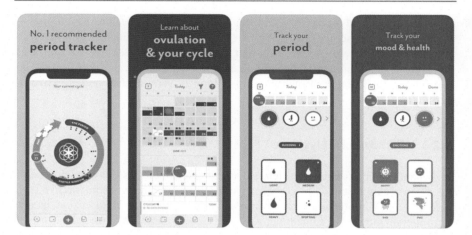

Abb. 5.18 Clu stellt den Menstruationszyklus dar, nutzt gezielte Visualisierungen und Tracking-funktionen aus der Gamification [116]

zu verstehen und ihre Monatshygiene zu verwalten. Für Kinder gibt es interaktive Apps, die spielerisch Wissen über persönliche Hygiene vermitteln. Apps wie „Brush Up" und „Ella's Hand Washing Adventure" nutzen Spiele und Animationen, um Kinder zum regelmäßigen Zähneputzen und Händewaschen zu motivieren.

Zusätzlich enthalten viele Hygiene-Apps **Bildungsressourcen,** die Informationen über die Bedeutung von Hygiene, übertragbare Krankheiten und präventive Maßnahmen bereitstellen, was sie besonders nützlich für Schulen und andere Bildungsein-richtungen macht. Durch regelmäßige Nutzung können diese Apps dazu beitragen, das Bewusstsein zu schärfen und langfristige gesundheitsfördernde Gewohnheiten zu etablieren.

5.2.4   Hygiene für das Personal

Anwendungen aus diesem Bereich sind entscheidend für die Aufrechterhaltung von Sicherheit und Gesundheit sowohl für das Personal im Gesundheitswesen als auch für die Patienten. Derartige Anwendungen zielen darauf ab, das Bewusstsein und die Einhaltung von Hygienepraktiken zu verbessern, was besonders in Umgebungen mit hohem Infektionsrisiko wie Krankenhäusern, Kliniken und Pflegeeinrichtungen wichtig ist. Gamification unterstützt – wie auch in den bereits genannten Bereichen – durch Motivation, Nachverfolgung, Information. Allerdings haben wir es in diesem Bereich mit internen Anwendungen zu tun, d. h. mit Anwendungen die für Mitarbeiter bereitgestellt werden. Aus Sicht des Anwendungsdesigns muss also weniger Wert auf die Discovery gelegt werden, Mitarbeiter müssen die Anwendungen schließlich ohnehin nutzen.

Viele Anwendungen bieten **Hygiene-Schulungen und -Fortbildungsmodule,** die auf die spezifischen Bedürfnisse des Gesundheitspersonals zugeschnitten sind.

Abb. 5.19 Die Anwendung PTA-Heute ist eine interaktive Fortbildungsplattform für Pharmazeutisch/Technische Angestellte. Gamification wird zur Vermittlung und auch für das Sammeln von Punkten genutzt. Ebenso können Zertifikate erworben werden [117]

Diese Module können interaktive Kurse, Videos und Quizze enthalten, die Themen wie Händehygiene, korrekter Gebrauch von Schutzausrüstung und Verfahren zur Infektionskontrolle abdecken (siehe Abb. 5.19). Ziel ist es, das Personal kontinuierlich über die besten Praktiken und neuesten Protokolle auf dem Laufenden zu halten.

Apps können dazu dienen, Personal an wichtige **Hygiene- oder Compliancemaßnahmen** zu erinnern, z. B. an regelmäßiges Händewaschen oder Desinfizieren zwischen Patientenkontakten. Einige Apps ermöglichen auch das Tracking der Complianceraten in Echtzeit, was Krankenhauseinrichtungen helfen kann, Bereiche zu identifizieren, in denen Verbesserungen notwendig sind. In diesem Zusammenhang werden natürlich viele Daten gesammelt (Achtung: rechtliche Rahmenbedingungen beachten), die dann für die **Analyse der Hygienepraktiken** herangezogen werden können. Solche Daten sind wertvoll für das Management, um gezielte Maßnahmen zur Verbesserung der Patientensicherheit und des Infektionsschutzes zu entwickeln.

Um das Engagement des Personals zu erhöhen und die Einhaltung der Hygieneprotokolle zu fördern, integrieren einige Anwendungen Gamification-Elemente wie Punktesysteme, Auszeichnungen und Wettbewerbe oder nutzen grafische Darstellungen aus der Gamification (siehe Abb. 5.20). Diese spielerischen Elemente können das Lernen und die Befolgung von Richtlinien und organisatorischen Prozessen unterhaltsamer und motivierender machen.

Diese technologischen Lösungen sind von großer Bedeutung, da sie dazu beitragen, die Ausbreitung von Infektionen in medizinischen Einrichtungen zu reduzieren und eine sichere Umgebung für Patienten und Personal zu gewährleisten. Durch den Einsatz dieser Anwendungen kann das Bewusstsein für Hygiene gestärkt und die Einhaltung von Hygienestandards verbessert werden, was letztlich zu einer höheren Patientensicherheit und geringeren Infektionsraten führt. Außerdem werden organisatorische Prozesse unterstützt, Mitarbeiter besser und schneller geschult und somit auch die Effizienz der Gesundheitsprozesse gesteigert.

Abb. 5.20 Selbst die „langweilige" Verwaltung von Wartelisten kann gamifiziert werden – hier am Beispiel von Buddy Healthcare [118]

5.2.5 Medikation und medizinische Behandlung

In dieser Kategorie gibt es eine Vielzahl von Apps, Ratgebern, Self-Service-Anwendungen, die Nutzern helfen sollen, medizinische Einschätzungen zu treffen, ihre Medikation zu überwachen u. v. a. m. Um die bereits bekannten Techniken nicht erneut zu wiederholen, die selbstverständlich auch in dieser Kategorie Einsatz finden, werden in diesem Abschnitt zwei Anwendungen vorgestellt, die auf Basis von KI helfen, die medizinische Behandlung zu optimieren (siehe Abb. 5.21).

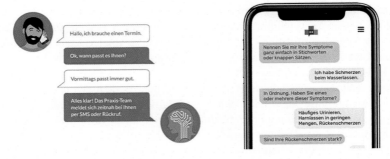

Abb. 5.21 Der Telefonassistent Aaron.ai kann selbstständig Anrufe annehmen (links), die App Docyet gibt Nutzern eine medizinische Ersteinschätzung (rechts) [119]

5.3 Unternehmensanwendungen

Viele Unternehmen wenden Gamification-Techniken an, um Mitarbeiter zu motivieren und ihr Engagement zu erhöhen. Dies kann durch Wettbewerbe, Level-Up-Systeme und Belohnungen erfolgen, die auf die Erreichung beruflicher Ziele ausgerichtet sind. Gamification wird auch für Schulungen, Leistungsmanagement und Teambuilding-Aktivitäten eingesetzt. Durch die Integration von Spielelementen in nichtspielbezogene Kontexte können Unternehmen die Motivation ihrer Mitarbeiter steigern und komplexe Aufgaben vereinfachen. Ein großer Vorteil ist es hier, dass Sie die Nutzer Ihrer Anwendungen nicht erst gewinnen müssen – es sind Ihre Mitarbeiter, die quasi via Dienstanweisung dazu verpflichtet werden, Anwendungen zu nutzen. Dies kann aber gleichzeitig auch ein Nachteil sein, weil die Nutzer sich die Anwendungen nicht aus freien Stücken ausgesucht haben. Gamification kann hier eingesetzt werden, um dauerhaft für Motivation und Engagement zu sorgen.

5.3.1 Mitarbeitertraining und -entwicklung

Gamification wird häufig verwendet, um **Lern- und Entwicklungsprogramme** ansprechender zu gestalten. Durch interaktive Lernspiele, Fortschrittsanzeige und Belohnungen für das Erreichen von Lernzielen wird die Beteiligung und das Engagement der Mitarbeiter erhöht. Dies kann insbesondere in Bereichen wie Compliancetraining, Softwareschulungen und Führungskräfteentwicklung effektiv sein.

Ein herausragendes Beispiel für eine solche Anwendung ist SAP SuccessFactors. Diese integrierte Lösung bietet umfangreiche Werkzeuge für das Management von Mitarbeitererfahrungen, einschließlich Lernmanagementsystemen (LMS), die speziell darauf ausgerichtet sind, die Mitarbeiterentwicklung zu unterstützen. Durch interaktive Onlinekurse und personalisierte Lernpfade ermöglicht SAP SuccessFactors den Mitarbeitern, ihre Fähigkeiten kontinuierlich zu verbessern und sich an neue Geschäftsanforderungen anzupassen. Abb. 5.22 zeigt einen Screenshot.

Ein weiteres Beispiel ist der Adobe Learning Manager (ehemals Adobe Captivate Prime), ein Lernmanagementsystem, das eine personalisierte Lernerfahrung bietet. Es nutzt künstliche Intelligenz, um jedem Mitarbeiter maßgeschneiderte Inhalte zu empfehlen, basierend auf bisherigen Lernaktivitäten und Leistungsdaten. Adobe Captivate Prime fördert das Engagement durch gamifizierte Elemente wie Abzeichen, Punkte und Leaderboards, die Mitarbeiter dazu motivieren, sich weiterzubilden und gleichzeitig im Wettbewerb mit ihren Kollegen zu stehen. Ähnlich wie andere Anwendungen aus dem Bildungsbereich (siehe Abschn. 5.1), gelten auch für unternehmensinterne Anwendungen die Regeln der Gamification.

Ein weiteres, weitverbreitetes Produkt ist Workday Learning, das ebenfalls Lernen und Entwicklung in den Workflow der Mitarbeiter integriert. Es bietet nicht nur traditionelle Schulungsressourcen, sondern auch Videoinhalte von Kollegen, die praktische Einblicke und Wissen teilen. Durch die Einbettung des Lernens in den täglichen Arbeitsprozess hilft Workday, das Engagement zu fördern und eine Kultur des kontinuierlichen Lernens zu schaffen.

Abb. 5.22 SAP SuccessFactors nutzt Gamification-Elemente zur Mitarbeiterqualifikation [120]

Diese und viele weitere Beispiele verdeutlichen, wie Unternehmen durch den Einsatz fortschrittlicher Lernplattformen und -tools eine Umgebung schaffen können, in der Mitarbeiter motiviert sind, sich weiterzuentwickeln und aktiv am Unternehmenserfolg teilzuhaben. Indem sie Mitarbeitertraining und -engagement mit technologischen Lösungen verbessern, können Unternehmen nicht nur die Fähigkeiten ihrer Teams erweitern, sondern auch eine stärkere Bindung und Zufriedenheit am Arbeitsplatz fördern.

5.3.2 Produktivitätssteigerung

Unternehmen setzen Gamification-Techniken ein, um die Produktivität am Arbeitsplatz zu steigern. Indem sie alltägliche Aufgaben wie das Erfassen von Arbeitszeiten, das Erreichen von Verkaufszielen oder das Abschließen von Projektaufgaben gamifizieren, können sie Mitarbeiter motivieren, ihre Leistung zu verbessern. Leaderboards, Punktesysteme und Auszeichnungen werden genutzt, um einen gesunden Wettbewerb unter den Mitarbeitern zu fördern. Diese Anwendungen decken eine breite Palette von Funktionen ab, von der Verbesserung der Kommunikation bis hin zur Optimierung von Arbeitsabläufen und der Automatisierung von Routinetätigkeiten.

Ein prägnantes Beispiel für eine solche Plattform ist Slack. Slack revolutioniert die Kommunikation in Unternehmen durch die Bereitstellung eines vielseitigen Messaging Tools, das Teamkommunikation in Kanälen organisiert, was die Informationsüberflutung reduziert und sicherstellt, dass relevante Informationen schnell und effizient ausgetauscht werden können (siehe Abb. 5.23). Slack integriert auch zahlreiche Drittanbieter-Apps, wodurch es zu einer zentralen Plattform wird, die es den Mitarbeitern ermöglicht, verschiedene Aufgaben direkt innerhalb der Kommunikationsumgebung zu verwalten.

Abb. 5.23 Slack fokussiert auf schnelle und einfache Kommunikation und Interaktion [121]

Abb. 5.24 Asana nutzt Elemente aus der Gamification, um den Fortschritt zu visualisieren und Ziele festzuhalten [122]

Ein weiteres mächtiges Tool zur Steigerung der Produktivität ist Asana, ein Projektmanagementtool, das Teams hilft, ihre Projekte und Aufgaben zu organisieren und zu verfolgen (siehe Abb. 5.24). Asana ermöglicht es Managern und Teammitgliedern, Arbeitsabläufe zu visualisieren, Fristen zu setzen und den Fortschritt von Projekten in Echtzeit zu überwachen. Die klare gamifizierte Darstellung von Verantwortlichkeiten und Zeitlinien hilft dabei, die Effizienz zu steigern und sicherzustellen, dass Projekte termingerecht abgeschlossen werden.

Das allseits bekannte und fast überall eingesetzte Microsoft Teams ist ein weiteres Beispiel für eine Anwendung, die die Produktivität durch die Integration von Kommunikationswerkzeugen und Kollaborationsfunktionen steigert. Teams vereint Chat, Videokonferenzen, Dateispeicherung und Anwendungszugriff in einem einzigen, nahtlosen Interface. Die Integration mit dem Microsoft-365-Ökosystem ermöglicht es den Benutzern, Dokumente zu bearbeiten, Notizen zu teilen und Meetings innerhalb einer einzigen Anwendung zu planen, wodurch die Notwendigkeit, zwischen verschiedenen Tools zu wechseln, verringert wird und letztendlich Zeit gespart wird.

Diese Beispiele zeigen, wie moderne Unternehmensanwendungen die Produktivität am Arbeitsplatz steigern können, indem sie Kommunikation vereinfachen, Prozesse optimieren und eine nahtlose Zusammenarbeit ermöglichen. Durch die Einführung solcher Technologien können Unternehmen nicht nur die Arbeitslast ihrer Mitarbeiter effizienter gestalten, sondern auch eine dynamischere und vernetztere Arbeitsumgebung schaffen.

5.3.3 Kundenbetreuung und Support

Gamification kann auch in Kundenbeziehungsmanagement-Systemen (CRM) eingesetzt werden, um die Interaktionen mit Kunden zu verbessern. Mitarbeiter, die in Callcentern und Kundensupportzentren arbeiten, können durch Gamification dazu motiviert werden, Kundenanfragen effizient und effektiv zu bearbeiten. Belohnungen für hohe Kundenzufriedenheitswerte oder schnelle Lösung von Problemen können dazu beitragen, die Servicequalität zu verbessern.

Moderne Technologien bieten vielfältige Lösungen, um den Kundenservice zu verbessern und die Effizienz der Supportteams zu steigern.

Ein gutes Beispiel ist Salesforce Service Cloud, eine Plattform, die Kundenserviceprozesse durch Automatisierung und intelligente Workflows optimiert. Service Cloud ermöglicht eine 360-Grad-Sicht auf jeden Kunden, was Supportmitarbeitern hilft, personalisierte und konsistente Serviceerlebnisse zu bieten. Die Plattform unterstützt auch die Integration von KI-gestützten Chatbots, die Routineanfragen automatisieren und den Agenten ermöglichen, sich auf komplexere Fälle zu konzentrieren (Abb. 5.25).

Ein anderes Beispiel für eine fortschrittliche Kundenbetreuungsplattform ist Zendesk. Diese Software bietet eine umfassende Suite von Tools zur Optimierung des Kundenservice, darunter Ticketingsysteme, Live-Chat und eine Wissensdatenbank. Zendesk ermöglicht es Unternehmen, Supportanfragen effizient zu verwalten und zu priorisieren, was zu schnelleren Antwortzeiten und einer verbesserten Kundenzufriedenheit führt. Die Plattform bietet auch eine Analysefunktion, die Einblicke in Kundeninteraktionen gibt und hilft, die Servicequalität kontinuierlich zu verbessern.

LivePerson ist ein weiteres innovatives Tool, das Künstliche Intelligenz nutzt, um die Kundenkommunikation zu revolutionieren. Es ermöglicht Unternehmen, mit Kunden über die bevorzugten Messagingdienste wie WhatsApp, Facebook Messenger oder SMS in Kontakt zu treten. LivePerson integriert KI-basierte Chatbots, die in

Abb. 5.25 Salesforce nutzt den KI-Assistenten „Einstein" als gamifiziertes Element zur Effizienz-steigerung [123]

der Lage sind, einfache Anfragen selbständig zu bearbeiten, während komplexere Probleme nahtlos an menschliche Agenten weitergeleitet werden.

Diese und viele weitere Beispiele illustrieren, wie durch den Einsatz gamifizier-ter Technologien im Bereich Kundenbetreuung und Support sowohl die Effizienz als auch die Effektivität des Kundenservice verbessert werden können. Diese Technolo-gien ermöglichen eine schnellere und präzisere Reaktion auf Kundenanfragen, bieten personalisierten Service und tragen dazu bei, die allgemeine Kundenzufriedenheit zu steigern. Dadurch können Unternehmen eine stärkere Kundenbindung und eine positive Markenwahrnehmung aufbauen.

5.3.4 Kreativprozesse

Gamification kann genutzt werden, um Mitarbeiter zur Teilnahme an **Innovations-initiativen und Ideengenerierungsprozessen** zu motivieren. Durch Mechanismen wie Ideenwettbewerbe, bei denen Punkte und Belohnungen für Beiträge vergeben werden, können Unternehmen das kreative Denken und die Innovationskraft ihrer Mitarbeiter fördern. Ein Tool, das die Ideengenerierung unterstützt, ist IdeaScale. IdeaScale ist eine cloudbasierte Innovationsmanagement-Plattform, die es Organi-sationen ermöglicht, Ideenwettbewerbe zu veranstalten und die besten Vorschläge durch Abstimmungen und Kommentare der Gemeinschaft zu erkennen. Die Platt-form bietet Analysetools, die Trends und Muster in den Vorschlägen erkennen, was Führungskräften hilft, informierte Entscheidungen über die Umsetzung von Ideen zu treffen.

Gamification in Unternehmensanwendungen bietet somit eine Reihe von Vortei-len, darunter erhöhte Mitarbeitermotivation, verbesserte Trainingsergebnisse, geste-gerte Produktivität und eine stärkere Beteiligung der Mitarbeiter an Unternehmens-zielen. Durch die spielerische Gestaltung von Arbeitsabläufen können Unternehmen eine Kultur fördern, die sowohl leistungs- als auch mitarbeiterorientiert ist. Auch Marketingabteilungen profitieren durch den Einsatz von Gamification.

5.4   Marketing und Kundenbindung

Marken nutzen Gamification, um das Engagement der Kunden zu erhöhen und sie zur Interaktion mit Produkten oder Dienstleistungen zu ermutigen. Durch das Sammeln von Punkten, das Erreichen von Levels und das Freischalten von Belohnungen werden Kunden animiert, wiederholt mit einer Marke zu interagieren, was die Kundenbindung und -loyalität erhöhen kann. Durch das Einführen von Unterhaltung und Interaktion in Marketingstrategien können Unternehmen die Kundeninteraktionen verstärken und wertvolle Kundendaten sammeln.

5.4.1 Treueprogramme

Viele Unternehmen integrieren Gamification-Elemente in ihre Treueprogramme, um Kunden zu motivieren, wiederholt Käufe zu tätigen. Durch das Sammeln von Punkten, das Erreichen von Levels und das Freischalten von Belohnungen können Kunden dazu angeregt werden, mehr zu kaufen und sich stärker mit der Marke zu identifizieren.

Im Verlauf dieses Buches wurden hierzu bereits mehrfach Payback, Starbucks, McDonald's oder Miles&More erwähnt. Ein weiteres Beispiel ist das Programm MyPanera von Panera Bread, das Kunden für ihre Treue mit personalisierten Belohnungen belohnt. Kunden können ihre Bestellungen über die App nachverfolgen, Punkte sammeln und personalisierte Angebote erhalten, die auf ihren vorherigen Kaufgewohnheiten basieren. Dieses Programm fördert nicht nur die Kundentreue, sondern motiviert die Kunden auch, häufiger bei Panera Bread einzukaufen (siehe Abb. 5.26).

Auch Amazon Prime bietet, obwohl es nicht als traditionelles Treueprogramm gestartet ist, ähnliche Vorteile. Mitglieder genießen exklusive Vorteile wie kostenlosen Versand, Zugang zu Streamingdiensten und spezielle Angebote. Diese Vorteile

Abb. 5.26 Die App MyPanera belohnt Nutzer durch Gamification [124]

schaffen einen starken Anreiz für Kunden, wiederholt bei Amazon zu kaufen und tragen erheblich zur Kundenbindung bei.

5.4.2   Interaktive Werbekampagnen

Unternehmen verwenden Gamification-Techniken, um interaktive und eingängige Werbekampagnen zu erstellen, die über traditionelle Werbemethoden hinausgehen. Zum Beispiel können Marken Wettbewerbe und Herausforderungen durchführen, bei denen Kunden durch die Teilnahme Preise gewinnen können. Dies steigert nicht nur die Markenwahrnehmung, sondern fördert auch das Teilen in sozialen Netzwerken.

Ein Beispiel für eine erfolgreiche interaktive Kampagne ist die „Share a Coke"-Kampagne von Coca-Cola. Ursprünglich gestartet, um individuelle Flaschen mit beliebten Namen zu versehen, entwickelte sich die Kampagne schnell zu einer interaktiven Erfahrung, bei der Kunden ihre eigenen Namen auf die Flaschen drucken lassen konnten (siehe Abb. 5.27). Dies wurde durch Onlineplattformen und mobile Apps unterstützt, wo Benutzer virtuelle Flaschen erstellen und diese in sozialen Netzwerken teilen konnten. Die Kampagne nutzte die persönliche Note, um eine Verbindung zum Kunden herzustellen, und förderte gleichzeitig die soziale Interaktion und das Teilen, wodurch die Reichweite und das Engagement der Marke signifikant erhöht wurden.

Ein weiteres Beispiel ist die „Go Back to Africa"-Kampagne von Black & Abroad, die soziale Medien nutzte, um eine positive Botschaft gegen rassistische Stereotype zu senden. Die Kampagne verwendete eine Kombination aus künstlicher Intelligenz und Echtzeitdaten, um negative Tweets über Afrika zu erfassen und sie in schöne, ansprechende Inhalte über den Kontinent umzuwandeln. Durch die Integration von Echtzeit-Social-Media-Feeds auf ihrer Plattform ermöglichte die Kampagne eine dynamische Interaktion mit den Nutzern und transformierte gleichzeitig negative Vorurteile in positive Affirmationen. Aus der Gamification wurden hierfür die Konzepte für Wertebelegung, Echtzeit, Personalisierung und Narrative genutzt.

Abb. 5.27 Share a Coke nutzt Personalisierung, Individualisierung, Geschenke und Überraschungen – Gamification in der Werbung [125]

5.4.3 Social Media Engagement

Gamification kann genutzt werden, um das Engagement in sozialen Medien zu fördern. Durch das Erstellen von Spielen oder Herausforderungen, die Nutzer dazu anregen, Inhalte zu teilen, zu kommentieren oder zu liken, können Unternehmen ihre Reichweite und Sichtbarkeit erhöhen. Beispielsweise könnten Hashtag-Wettbewerbe oder Fotoherausforderungen Nutzer dazu bringen, mit der Marke auf Plattformen wie Instagram oder Twitter zu interagieren.

Ein gutes Beispiel ist die „Your Shot" Kampagne von National Geographic. Nutzer wurden dazu eingeladen, ihre besten Fotografien auf einer dedizierten Plattform zu teilen, wo sie von der Community und einer Jury bewertet wurden. Die besten Beiträge hatten die Chance, in der National Geographic Zeitschrift veröffentlicht zu werden. Diese Kampagne nutzte die Elemente der Gamification, indem sie Wettbewerb und Belohnung einsetzte, um Engagement und User-Generated Content zu fördern, was die Interaktion auf der Plattform erheblich steigerte.

Ein weiteres Beispiel dafür ist die Kampagne von Nike mit der App Nike+, die Nutzer dazu anregt, ihre sportlichen Aktivitäten zu teilen und an Herausforderungen teilzunehmen. Nutzer können ihre Laufstrecken aufzeichnen, Fortschritte mit Freunden teilen und sich in virtuellen Wettläufen messen. Diese Art der Gamification fördert nicht nur die Markenbindung, indem sie ein Gemeinschaftsgefühl schafft, sondern erhöht auch die Sichtbarkeit der Marke durch die geteilten Beiträge der Nutzer.

In all diesen Fällen wird die Soziale Interaktion der Nutzer angespornt, ihr Engagement gefördert, aber auch der Wettbewerbsgedanke gestärkt.

5.4.4 Produktentdeckung und -demonstrationen

Einige Unternehmen nutzen Gamification, um Kunden auf neue Produkte aufmerksam zu machen oder die Besonderheiten von Produkten auf spielerische Weise zu demonstrieren. Virtuelle Schatzsuchen oder Rätselspiele können Kunden dazu bringen, mehr über ein Produkt zu erfahren und seine Funktionen auf unterhaltsame Weise zu erkunden.

Ein herausragendes Beispiel für die Nutzung von Gamification in diesem Bereich ist die Einführung des virtuellen Showrooms von IKEA. IKEA hat eine App entwickelt, in der Kunden ihre Wohnräume virtuell einrichten können, indem sie Möbelstücke in einer Augmented-Reality(AR)-Umgebung platzieren. Diese spielerische Interaktion ermöglicht es den Kunden, Produkte in ihrer eigenen Wohnsituation zu visualisieren, bevor sie einen Kauf tätigen. Diese Art der Produktdemonstration macht nicht nur Spaß, sondern hilft den Kunden auch, eine informierte Kaufentscheidung zu treffen (siehe Abb. 5.28). Dies ist nur eines von mittlerweile vielen Beispielen für virtuelle oder augmented Showrooms, die die Techniken der Augmented Reality und der Gamification einsetzen, um das Nutzererlebnis zu optimieren.

Ein weiteres Beispiel ist die „Scan, Shop, Play"-Kampagne von Target, die eine mobile App nutzte, um Kunden im Laden über QR-Codes auf eine spielerische

Abb. 5.28 Mittels AR können IKEA Produkte in der eigenen Wohnung platziert werden [126]

Schatzsuche zu schicken. Kunden konnten die Codes scannen, die an verschiedenen Stellen im Geschäft platziert waren, um exklusive Angebote und Inhalte freizuschalten. Diese Art der Gamification förderte nicht nur das Kundenerlebnis im Laden, sondern erhöhte auch die Verweildauer und die Interaktion mit einer breiteren Palette von Produkten.

Solche Ansätze nutzen Gamification, um das Einkaufserlebnis zu verbessern und gleichzeitig das Engagement der Kunden zu fördern. Indem sie den Kunden erlauben, Produkte auf eine neue und ansprechende Weise zu entdecken und zu erleben, können Unternehmen nicht nur die Attraktivität ihrer Angebote steigern, sondern auch tiefere Kundenbeziehungen aufbauen. Dies führt letztlich zu einer höheren Kundenzufriedenheit und potenziell zu gesteigerten Verkaufszahlen.

5.4.5 Kundenfeedback und Marktforschung

Gamification kann auch eingesetzt werden, um Kundenfeedback und Daten für Marktforschungszwecke zu sammeln. Durch das Anbieten von Belohnungen für das Ausfüllen von Umfragen oder das Teilnehmen an Feedbackrunden können Unternehmen wertvolle Einblicke in Kundenpräferenzen und Verhaltensweisen gewinnen.

Ein innovatives Beispiel dafür ist die Nutzung von gamifizierten Umfragen, bei denen Kunden Punkte oder Belohnungen für ihre Teilnahme an Marktforschungsaktivitäten erhalten. Diese Belohnungen können Rabatte, Gutscheine oder die Chance auf Gewinne in einem Wettbewerb umfassen. Solche Anreize erhöhen nicht nur die Antwortraten, sondern können auch zu ehrlicheren und ausführlicheren Rückmeldungen führen, da die Teilnehmer motiviert sind, sich intensiver mit den Fragen auseinanderzusetzen. Dies wird beispielsweise auch von Starbucks oder in der mobilen App von McDonald's gemacht. In der App können Kunden ihre Erfahrungen nach jedem Besuch bewerten und erhalten im Gegenzug Treuepunkte, die gegen Getränke und andere Belohnungen eingetauscht werden können. Dies fördert nicht nur regelmäßiges Feedback, sondern bindet die Kunden auch durch fortlaufende Interaktionen an die Marke.

Häufig werden auch interaktive, spielerische Quizze und Abstimmungen auf Social-Media-Plattformen eingesetzt, um Meinungen und Präferenzen der Verbraucher zu sammeln. Unternehmen wie BuzzFeed nutzen solche Formate, um spielerisch Daten zu sammeln, während Nutzer Inhalte genießen, die unterhaltsam und engaging sind. Diese Art der Datenakquise ermöglicht es, schnell große Mengen an Feedback zu erhalten, was besonders wertvoll für Marktforschungszwecke ist.

5.4.6 Event- und Erlebnismarketing

Bei Veranstaltungen und Messen kann Gamification dazu beitragen, Besucher zu aktivieren und die Verweildauer am Stand zu erhöhen. Spiele, die auf Veranstaltungen integriert sind, können Besucher unterhalten und gleichzeitig über Produkte und Dienstleistungen informieren.

Ein nahe liegendes Beispiel für die Anwendung von Gamification im Eventmarketing ist die Nutzung von mobilen Apps bei Konferenzen und Messen, die Elemente wie Punktesysteme, Herausforderungen und Belohnungen integrieren. Diese Apps können dazu genutzt werden, die Teilnehmer zu motivieren, verschiedene Stände zu besuchen, an Umfragen teilzunehmen oder Networking-Aktivitäten zu betreiben. Beispielsweise könnten Teilnehmer Punkte sammeln, indem sie QR-Codes an verschiedenen Ständen scannen oder durch die Teilnahme an Diskussionsrunden und Workshops. Diese Punkte könnten dann gegen Preise oder exklusive Zugänge zu bestimmten Veranstaltungsteilen eingetauscht werden.

Auch die Unterstützung von Veranstaltungen durch Live-Polling und Quizzen kann hilfreich sein, um die Aufmerksamkeit und das Engagement der Teilnehmer zu steigern. Solche interaktiven Elemente können in Echtzeit über Großbildschirme oder über mobile Endgeräte der Teilnehmer durchgeführt werden, wobei Ergebnisse sofort angezeigt werden. Dies fördert eine dynamische Beteiligung und schafft ein Gefühl der Gemeinschaft und des Wettbewerbs unter den Anwesenden. Ein gutes Beispiel dafür ist Slido (siehe Abb. 5.29).

Darüber hinaus setzen einige Veranstalter auf virtuelle und erweiterte Realitätserlebnisse, um das Publikum zu fesseln. Beispielsweise könnten bei einer Produktlaunchveranstaltung die Teilnehmer mittels VR-Headsets in eine vollständig immersive Umgebung eintauchen, in der sie das neue Produkt in einer simulierten Welt testen können. Durch das gamifizierte Element des Erkundens und Interagierens in einer virtuellen Welt wird das Produktverständnis vertieft und gleichzeitig ein unvergessliches Erlebnis geschaffen.

Durch die Integration von Gamification in das Eventmarketing können Veranstalter nicht nur das Engagement und die Zufriedenheit der Teilnehmer steigern, sondern auch detaillierte Einblicke in das Verhalten und die Präferenzen ihres Publikums gewinnen. Diese Strategien machen Veranstaltungen nicht nur informativer und unterhaltsamer, sondern auch wirkungsvoller in Bezug auf die Erreichung der Marketingziele.

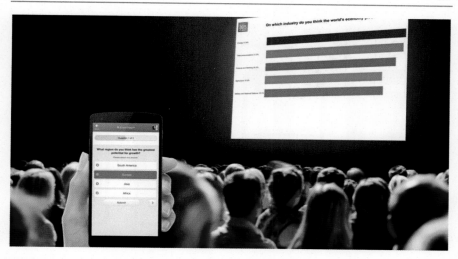

Abb. 5.29 Slido ermöglicht interaktive Elemente während Livepräsentationen oder Events [127]

5.5 Umweltschutz und Nachhaltigkeit

Einige Organisationen nutzen Gamification, um das Bewusstsein für Umweltfragen zu schärfen und nachhaltiges Verhalten zu fördern. Beispielsweise können Nutzer Punkte für Recycling oder energiesparende Maßnahmen sammeln. Durch das Hinzufügen von Spielelementen zu Umweltschutzaktivitäten können individuelle und kollektive Anstrengungen auf eine unterhaltsame und einbindende Weise gefördert werden. Dieser Aspekt spricht natürlich ganz klar die höheren Werte und Bedürfnisse auf den diversen Skalen an.

5.5.1 Recycling und Abfallmanagement

Gamification kann dazu verwendet werden, das Recyclingverhalten zu fördern, indem Punkte, Belohnungen oder Auszeichnungen für das korrekte Recycling von Materialien vergeben werden. Apps und Systeme können Nutzer dafür belohnen, dass sie Recyclingstationen nutzen, bestimmte Mengen recyceln oder sich an lokalen Sauberkeitsaktionen beteiligen.

Ein prägnantes Beispiel dafür ist die Verwendung von gamifizierten Recyclingstationen, die Feedback in Echtzeit geben. Diese Stationen können den Nutzern sofortige Rückmeldungen zu der Menge des recycelten Materials geben und dafür Punkte vergeben, die gegen Belohnungen eingetauscht werden können. Solche Systeme machen das Recycling nicht nur sichtbarer und greifbarer, sondern bieten auch einen Anreiz, regelmäßig zu recyceln. In New Hampshire wurde bspw. die BetterBin-App entwickelt, die derartige Anreize bietet (siehe Abb. 5.30).

Abb. 5.30 Selbst beim Recycling von Produkten können dank Gamification in der App BetterBin Punkte gesammelt werden [128]

In einigen Städten werden spezielle Apps eingesetzt, die Bürger dafür belohnen, dass sie ihren Müll ordnungsgemäß trennen und recyceln. Nutzer dieser Apps können Punkte sammeln, indem sie Fotos von ihren Recyclingbemühungen hochladen oder an lokalen sauberen Initiativen teilnehmen. Diese Punkte können dann für Rabatte bei lokalen Geschäften oder für Dienstleistungen innerhalb der Gemeinde eingelöst werden. Dies fördert nicht nur umweltfreundliche Praktiken, sondern stärkt auch das Gemeinschaftsgefühl.

Ein letztes Beispiel aus diesem Sektor sind Onlineplattformen, die Wettbewerbe und Herausforderungen für Schulen und Organisationen anbieten, um ihre Recyclingbemühungen zu steigern. Teilnehmer können ihre Fortschritte in einer App verfolgen und sehen, wie sie im Vergleich zu anderen Schulen oder Gruppen stehen. Diese Wettbewerbe können große Gruppen motivieren und gleichzeitig das Bewusstsein für die Bedeutung des Recyclings schärfen. All diese Aspekte sind Gamification.

5.5.2 Energie und Wasser sparen

Energieeffizienz-Apps nutzen Gamification, um Nutzer dazu zu ermutigen, ihren Stromverbrauch zu reduzieren. Dies kann durch Herausforderungen, bei denen Haushalte oder Unternehmen gegeneinander antreten, um den geringsten Energieverbrauch zu erzielen, oder durch Belohnungen für das Erreichen bestimmter Energieeinsparziele geschehen.

Ein Beispiel hierfür ist die Nutzung von Smart-Home-Technologie, die mit einer App verbunden ist, welche den Nutzern spielerische Herausforderungen bietet. Diese Herausforderungen können darin bestehen, bestimmte Einsparziele bei Strom oder Heizenergie zu erreichen. Nutzer erhalten Punkte oder Auszeichnungen für erreichte Ziele, die möglicherweise gegen Gutscheine oder Rabatte bei Energieversorgern

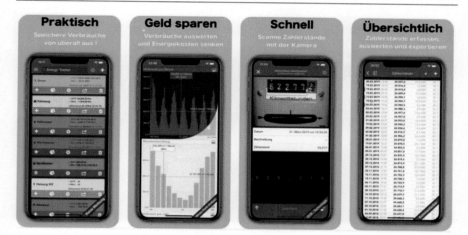

Abb. 5.31 Die Polarstern-App nutzt echtes Geld als Währung [129]

eingetauscht werden können. Durch diese Form der Gamification wird das tägliche Verhalten im Umgang mit Energie visualisiert und Nutzer werden dafür belohnt, wenn sie energieeffizient handeln. Die Währung, die derartige Apps verwenden, ist meist echtes Geld, da das Energiesparen gleichzeitig die Kosten des Stromverbrauchs reduziert. Eine darüber hinausgehende Motivation durch Punkte ist meist nicht nötig (siehe Polarstern App in Abb. 5.31).

Ähnlich wie bei Energieeinsparungen können gamifizierte Lösungen dazu beitragen, den Wasserverbrauch zu reduzieren. Nutzer können Punkte sammeln oder Level aufsteigen, indem sie wassersparende Praktiken anwenden, wie kürzere Duschen nehmen oder wassereffiziente Geräte verwenden.

Ein praxisnahes Beispiel dafür ist der Einsatz von Smart-Water-Metern, die mit einer mobilen App verbunden sind. Diese Apps können den Nutzern Herausforderungen bieten, ihren täglichen oder wöchentlichen Wasserverbrauch zu senken. Nutzer können auch hier ihren Fortschritt in Echtzeit verfolgen und erhalten Belohnungen oder Punkte, wenn sie ihre Ziele erreichen. Diese Punkte könnten für Rabatte auf Wasserrechnungen oder für gemeinnützige Zwecke, die auf Wasserschutz abzielen, eingelöst werden.

In einigen Regionen werden auch Wettbewerbe zwischen Haushalten oder sogar Stadtvierteln organisiert, bei denen es darum geht, wer den Wasserverbrauch am stärksten reduzieren kann. Solche Kampagnen nutzen oft öffentliche Anzeigetafeln oder Online Dashboards, um Ranglisten zu zeigen und die Gemeinschaft zu motivieren. Der Wettbewerb fügt eine soziale Dimension hinzu, die das Engagement und das Bewusstsein für Wassersparmaßnahmen verstärkt.

Darüber hinaus gibt es Bildungsprogramme in Schulen, die Gamification nutzen, um jüngeren Generationen die Bedeutung von Wasserersparnis nahezubringen. Durch interaktive Spiele und Aktivitäten lernen Kinder, wie sie Wasser im Alltag

Abb. 5.32 Punkte sammeln für die Nutzung des öffentlichen Nahverkehrs [130]

sparen können. Diese Programme sind oft mit praktischen Demonstrationen verbunden, die den Kindern zeigen, wie ihre Aktionen direkt zu Wasserersparnissen führen.

5.5.3 Öffentlicher Nahverkehr und Fahrradfahren

Um die Nutzung umweltfreundlicherer Transportmittel zu fördern, können Städte und Unternehmen Apps einsetzen, die Punkte oder Gutscheine für die Nutzung des öffentlichen Nahverkehrs oder Fahrradfahrens vergeben. Diese Apps können den Fortschritt verfolgen und Nutzer für ihre Entscheidungen belohnen. In dem von der EU geförderten Reactivity Projekt können Nutzer bspw. Punkte für Fahrten mit öffentlichen Verkehrsmitteln oder Fahrrädern sammeln, die sich dann wiederum in Rabatte oder Gutscheine der öffentlichen Verwaltung umwandeln lassen (Abb. 5.32).

Durch die Nutzung von Gamification im Bereich Umweltschutz und Nachhaltigkeit können komplexe und manchmal entmutigende Herausforderungen in erreichbare und unterhaltsame Aktivitäten umgewandelt werden, die das Engagement der Menschen erhöhen und zu echten Veränderungen führen. Diese Ansätze tragen dazu bei, dass Nachhaltigkeit nicht nur als notwendige Pflicht, sondern als eine freudvolle Erfahrung, die belohnt wird wahrgenommen wird.

5.6 Zusammenfassung

In diesem Kapitel haben wir eine Reihe von Anwendungsbereichen betrachtet, in denen Gamification zielführend und motivierend eingesetzt werden kann. Die Vielzahl von Beispielen aus den unterschiedlichsten Bereichen zeigt einmal mehr, dass Gamification längst in der Anwendungsentwicklung angekommen ist und in vielen

Bereichen eingesetzt wird. Die Beispiele zeigen allerdings auch, wie unterschied-lich die Ausprägung von Gamification abhängig vom Ziel der Anwendung sein kann. Sie sollten die Beispiele aus diesem Kapitel daher als Ideengeber, Denkanregung, Möglichkeit betrachten, um Ihre eigenen Anwendungen sinnvoll anzureichern.

Wirkung und Ausblick

In diesem letzten Kapitel des Buches werden wir uns mit den Ergebnissen von Gamification und einem Ausblick auf künftige Entwicklungen wagen. Hierzu werden in Abschn. 6.1 eine Reihe aktueller Zahlen, Daten und Fakten vorgestellt, die die Wichtigkeit und Sinnhaftigkeit von Gamification untermauern. Es gibt mittlerweile eine Reihe von Studien, die die Vorteile eines Einsatzes eindeutig belegen, es stellt sich allerdings immer auch die Frage nach Zielsetzung, Zielgruppe und Rentabilität, denn der Einsatz von Gamification kostet auch Zeit und Geld. Im Abschn. 6.2 werden eine Reihe aktueller und künftiger Ansätze gezeigt, die ggf. die Richtung und Ausrichtung von gamifizierten Anwendungen beeinflussen können. Das Fazit in Abschn. 6.3 rundet dieses Kapitel schließlich ab.

6.1   Die Auswirkungen von Gamification

Es gibt eine Vielzahl von Studien und Untersuchungen, die die verschiedenen Effekte des Einsatzes von Gamification in den unterschiedlichen Bereichen beschreiben. Eine umfangreiche und aktuelle Übersicht der durchgeführten Studien in verschiedenen Bereichen wurde kürzlich von Cavus [131] veröffentlicht. Grundsätzlich sind sich alle vorgenommen Studien darin einig, dass Gamification einen positiven Effekt auf Motivation und Engagement haben kann und je nach Anwendungsbereich zu deutlich besseren Ergebnissen führt. In einigen der erwähnten Studien wurden natürlich auch negative Punkte in Bezug auf Gamification genannt. So wurde bspw. der übermäßige Einsatz von Gamification als „nervend" empfunden oder die grafische Umsetzung als „zu Game-Lastig" kritisiert. Sofern Gamification aber passend zur Anwendung eingesetzt und optisch umgesetzt wird, waren die Effekte nahezu uneingeschränkt positiv.

© Der/die Autor(en), exklusiv lizenziert an Springer-Verlag GmbH, DE, ein Teil von Springer Nature 2025
S. Wagenpfeil, *Gamification Design*,
https://doi.org/10.1007/978-3-662-69842-6_6

Um dies an einem konkreten Beispiel zu demonstrieren, wird im Folgenden die Studie von Lampropoulos aus dem Bereich Education herangezogen, die einen umfassenden Einblick in die Vorteile von Gamification bietet und über mehrere Jahre und mit über 1000 Probanden durchgeführt wurde [132]. Insofern stellt diese Studie eine der umfangreichsten und relevantesten Analysen in diesem Bereich und somit ein hervorragendes Beispiel aus diesem Bereich dar. Im Rahmen dieser Studie ging es um die Analyse, wie sich Onlinelernen, klassisches Lernen und Gamification-Lernen im Laufe von vier Jahren auf die Noten der Studierenden auswirkt. Die Noten wurden durch eine Skala von 0 (schlecht) bis 10 (sehr gut mit Auszeichnung) normalisiert. Abb. 6.1 und Tab. 6.1 zeigt zunächst das Gesamtergebnis.

Auf den ersten Blick lässt sich erkennen, dass Gamification einen positiven Effekt hat. Im Detail sind jedoch folgende Aspekte herauszuheben:

Beim Einsatz von Gamification konnte die **Erfolgsquote,** d. h. der Prozentsatz der Studenten, die ihr Studium erfolgreich abschließen, von 78 % auf 90 % erhöht werden. 12 % mehr Studierende schaffen also ihr Studium, wenn Gamification eingesetzt wird. Ein Blick auf die **Bestnoten** ist ebenfalls sehr spannend. Hier wurden die Notenbereiche 8–10 aufsummiert und es zeigt sich, dass im reinen Onlinelernen 18 % der Studierenden in diesem Bereich landen. Das traditionelle Lernen führt bereits zu 24 %, aber der Einsatz von Gamification zündet quasi einen regelrechten „Booster" und führt 41 % der Studierenden in den Bereich von exzellenten Noten.

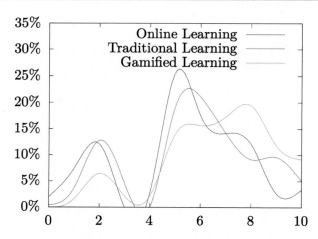

Abb. 6.1 Verbesserung von Noten durch den Einsatz von Gamification (10 sehr gut mit Auszeichnung) [132]

Tab. 6.1 Notenverteilung beim Einsatz von Gamification [132]

Methode/Note	0	1	2	3	4	5	6	7	8	9	10	Erfolgreich	Exzellent
Online Lernen	0%	7%	12%	5%	0%	26%	18%	14%	12%	3%	3%	78%	18%
Traditionelles Lernen	0%	4%	13%	2%	2%	19%	21%	14%	9%	10%	5%	78%	24%
Gamifiziertes Lernen	0%	2%	6%	0%	0%	14%	16%	17%	19%	12%	9%	90%	41%

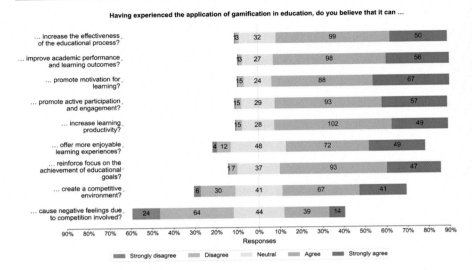

Abb. 6.2 Umfrage zur Integration von Gamification in der Lehre [132]

Ein weiterer Aspekt ist die Fragestellung nach der persönlichen Wahrnehmung der Teilnehmer an dieser Studie. Daher wurden die Studierenden nach ihrer Einschätzung in Bezug auf die Gamification in der Lehre gefragt (siehe Abb. 6.2).

In diesem Rahmen gaben über 80 % der Befragten an, dass Gamification sowohl die Effektivität als auch die Produktivität des Lernens verbessert. 65 % haben angegeben, dass das Lernen darüber hinaus mehr Spaß gemacht hat. Ebenfalls über 80 % der Studierenden geben an, dass Gamification ein Ansatz ist, der die Motivation beim Lernen steuert und auch die aktive Teilnahme und das Engagement erhöht. Der Wunsch, Lernziele zu erreichen wird durch Gamification verstärkt (75 %) und knapp 60 % sind der Meinung, dass Wettbewerb ebenfalls positive Effekte darauf hat. Interessant daran ist auch, dass diese Form von Wettbewerb offenbar keine negativen Gefühle oder negativen Stress bei den Studierenden ausgelöst hat. Im Rahmen der Befragung hat sich auch gezeigt, dass sowohl Gamification zu 33 % die intrinsische und zu 16 % die extrinsische Motivation anregt, dass allerdings gerade die Kombination von beidem (45 %) den besten Effekt verursacht.

> Die Mischung aus intrinsischer und extrinsischer Motivation ist am erfolgreichsten.

Darüber hinaus lassen sich aus der Studie auch eine Reihe von Bedürfnissen ableiten, die im Kontext der Gamification häufig durchaus kritisch betrachtet werden. Abb. 6.3 zeigt die Einschätzung der Studierenden inwieweit sich Gamification auf die Bereiche Autonomie, Kompetenz und Zugehörigkeit auswirkt.

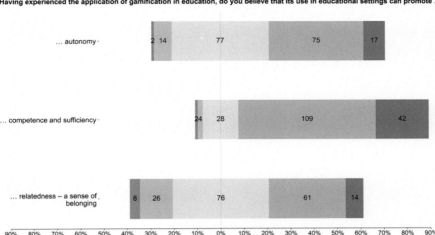

Abb. 6.3 Bedürfnisse von Studierenden [132]

Hier erkennt man, dass die meisten Studierenden eine positive oder neutrale Meinung bzgl. Autonomie und Zugehörigkeit haben. Die Mehrheit der Studierenden (81 %) ist allerdings der Meinung, dass ihre eigene Kompetenz durch Gamification erhöht, bzw. deutlich erhöht wurde. Betrachtet man nunmehr noch die Fragestellung, inwiefern Gamification Vorteile beim Lernen bringt, so ist das Bild ziemlich eindeutig (siehe Abb. 6.4). Die große Mehrheit (über 75 %) gibt an, dass Gamification signifikante Vorteile bringt. Sie geben an, dass dadurch eine studierendenzentrierte Lernumgebung geschaffen werden kann und dass Gamification eine Motivationsquelle für bessere Ergebnisse ist (78 %).

Gamification erhöht die Kompetenz und ist eine Motivationsquelle.

Wie bereits angemerkt, so ist dies nur eine von vielen Studien im Umfeld der Gamification. Sie zeigt jedoch sehr gut, dass die in diesem Buch besprochenen Elemente, Vorgehensweisen und Konzepte nicht nur in der Theorie, sondern vor allem auch in der Praxis signifikante Effekte auf die Motivation, das Engagement und auf die Ergebnisse haben können.

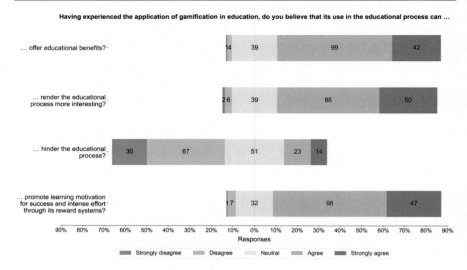

Abb. 6.4 Vorteile durch den Einsatz von Gamification [132]

6.2 Ausblick, künftige Entwicklungen

Nachdem wir nunmehr nicht nur die Theorie und Praxis, sondern auch einige konkrete Auswirkungen von Gamification kennengelernt haben, werfen wir in diesem letzten Abschnitt des Buches noch einen Blick in die Zukunft und versuchen, anhand belastbarer Fakten eine Einschätzung zu erlangen, in welche Richtung sich Gamification entwickeln wird. Ganz generell ist zu erkennen, dass Gamification in jeder Art von Anwendung einen Platz finden wird und bereits heute kein exotisches Konzept mehr ist. Dieser Trend wird sich weiterhin fortsetzen und dadurch auch Auswirkungen auf den Markt gamifizierter Anwendungen haben. Eine Analyse von Growth Squad [133] zeigt bspw. dass sich der Gamification Markt in den nächsten Jahren weiter vergrößern wird (siehe Abb. 6.5) und in allen Bereichen der Welt für deutlich höhere Umsätze sorgen wird. Für 2025 werden hier 30 Mrd. US$ prognostiziert, eine Verdreifachung im Vergleich zu 2020.

Betrachtet man die einzelnen Marktanteile, so stellt sich heraus, dass der Einzelhandel weiterhin einer der wichtigsten Einsatzbereiche von Gamification bleiben wird – dicht gefolgt vom Bildungsbereich. Erstaunlich ist auch, dass immer mehr Anwendungen aus dem Bereich Verwaltung/Regierung gamifiziert werden. Dies lässt sich dadurch begründen, dass diese typischerweise eher langweilig, datenorientiert und zweckmäßig gestaltet sind, dennoch aber von Nutzern sorgfältig mit Daten befüllt werden sollen. Gamification wird hier eingesetzt, um die Motivation zu erhöhen und die Nutzer auch bei langweiligen Verwaltungsaufgaben „bei der Stange" zu halten (siehe Abb. 6.6). Die Verbreitung von Gamification in weitere Sektoren ist zu erwarten. Beispiele könnten z. B. das Militär, Recruiting, Kunst und Kreativität sein.

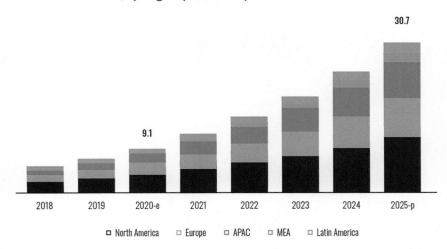

Gamification Market, by Region (USD Billion)

30.7

9.1

2018   2019   2020-e   2021   2022   2023   2024   2025-p

□ North America   □ Europe   □ APAC   □ MEA   □ Latin America

Source: MarketsandMarkets Analysis

Abb. 6.5 Entwicklung des Gamification Marktes (Prognose) [134]

Als die größten Vorteile von Gamification können auch in Zukunft Mitarbeiter-motivation und die höhere Individualisierung von Anwendungen genannt werden. Moderne Möglichkeiten im Bereich KI gestatten es bspw. mehr und mehr, perso-nalisiert und individualisiert Anwendungen zu gestalten. So können Nutzer, ihre Bedürfnisse, ihre Persönlichkeitstypen und auch ihr aktueller Kenntnisstand noch passgenauer erfasst und adressiert werden. Dieser Trend ist bereits im Marketing sichtbar, wird sich aber auch in den Bereich Gamification fortsetzen und dann jede Art von Anwendung erfassen.

Durch Gamification entstehen Daten. Daten über Nutzer, Anwendungsverhalten, Wissen und Information sowie soziale Interaktionen in den Netzwerken der Nutzer. Da Daten eine wichtige Währung geworden sind, kann Gamification hier eine Viel-zahl neuer Möglichkeiten liefern. Eine aktuelle Studie von Miller zeigt, dass bereits 5 min in einer VR-Umgebung ausreichen, um anhand der Bewegungen, Reaktionen, Blickwinkel und Gesten einen Benutzer mit 95 %iger Sicherheit zu identifizieren [136]. Diese Beispiel zeigt einerseits, wie unfassbar viele Daten in gamifizierten Anwendungen erfasst werden können, andererseits, wie viel diese Daten über die Nutzer preisgeben. Auch in browser- oder appbasierten Anwendungen entstehen diese Daten im Rahmen der Gamification. Wie lange braucht ein Nutzer, um eine Frage zu beantworten, wie viele Punkte sammelt er, wo klickt er, wie lange liest er, wie viele Kontakte baut er auf usw.? Gamification geht nicht nur auf die Nutzerbe-dürfnisse ein, sie kann auch eingesetzt werden, um diese Bedürfnisse zu erkennen, zu analysieren und diese Erkenntnisse dann für weitere Maßnahmen einzusetzen. Dies ist sowohl ein gefährliches, aber auch ein sehr lohnendes Modell für viele Anwendungen.

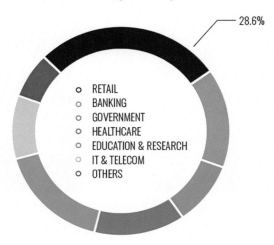

Global Market Share by Industry

28.6%

○ RETAIL
○ BANKING
○ GOVERNMENT
○ HEALTHCARE
○ EDUCATION & RESEARCH
○ IT & TELECOM
○ OTHERS

Source: Fortune Business Insights (2019)

Abb. 6.6 Marktanteile des einzelnen Sektoren (Prognose) [135]

Demografische Untersuchen zeigen, dass der Boom von Gamification kurz bevor steht. Eine der Hauptzielgruppen sind die heute 15- bis 25-Jährigen, die entweder noch zur Schule gehen oder kürzlich ein Studium oder eine Ausbildung abgeschlossen haben. In beiden Fällen sind das die Arbeitskräfte der Zukunft, die Arbeitgeber immer wieder durch moderne Vorstellungen einer Work-Life-Balance und auch bezüglich des Arbeitsumfeldes herausfordern. Da diese Personengruppe technikaffin, social-media-affin und auch erfahren im Umgang mit diesen Technologien ist, bietet sich Gamification hier besonders gut an, um Motivation und das Engagement zu erhöhen und zusätzliche Anreize zu schaffen.

Auch im Bereich Social Media sind größere Auswirkungen durch Gamification zu erwarten. Abb. 6.7 zeigt bspw., dass Gamification genutzt werden kann, um das Kommentieren (um 13 %), das Teilen (bis zu 22 %) und generell auch das Konsumieren von Inhalten (68 %) zu erhöhen. Auch normale Webseiten können ihre Nutzerakzeptanz deutlich verbessern, wenn Gamification eingesetzt wird. Die Verbindung von Virtual Reality, Augmented Reality, Spatial Computing und Gamification wird ebenfalls deutlich zunehmen. Mehrere Branchen setzen bereits immersive Technologien ein, um Onboarding- und Schulungsaktivitäten durchzuführen. Exxon Mobil beispielsweise nutzt gamifizierte VR, um Sicherheitsunterweisungen für ihre Mitarbeiter bereitzustellen. Im Einzelhandel hat der weltweite Einzelhändler Walmart AR implementiert, um das Einkaufserlebnis zu revolutionieren. Im Jahr 2012 haben sie sich mit Marvel zusammengetan, um Super Hero AR zu erstellen. Dies ist eine Augmented Reality Mobile-App, die entwickelt wurde, um den In-Store-Verkehr zu steigern und mehr Verkäufe zu generieren. Das Spiel lud Avenger-Fans ein, Walmart-

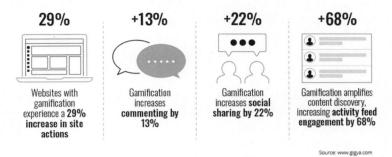

The Impact of Gamification on Social Media

29%   **+13%**   **+22%**   **+68%**

Websites with
gamification
experience a **29%**
increase in site
actions

Gamification
increases
commenting by
13%

Gamification
increases **social**
sharing by 22%

Gamification amplifies
content discovery,
increasing **activity feed**
engagement by 68%

Source: www.gigya.com

Abb. 6.7 Auswirkungen der Gamification auf Social Media (Prognose) [137]

Filialen zu besuchen und Superheldenkräfte mit der AR-Technologie der App freizuschalten. Nutzer sammelten Siegpunkte, nachdem sie alle fünf Superheldenkräfte
gesammelt hatten. Mit der Verbesserung der Kapazitäten immersiver Technologien
werden auch bessere gamifizierte Erfahrungen unterstützt. Diese Erfahrungen werden das Engagement in verschiedenen Bereichen fördern und könnten sich als bahn-
brechend für den Gamifizierungsmarkt erweisen.

Auch der Bereich der künstlichen Intelligenz – einer der Wachstumsbereiche
überhaupt – wird durch den Einsatz von Gamification zusätzliche Anwendungs-
felder erhalten. Tatsächlich wird der Wert der KI-Industrie bis 2025 voraussicht-
lich 190 Mrd. US$ betragen. Schon jetzt betrachten 83 % der Führungskräfte KI
als strategische Priorität für ihre Unternehmen. Zudem gibt es bereits viele Unternehmen, die KI und Gamifizierung in Kombination einsetzen. Procter & Gamble
beispielsweise nutzte KI in ihrem gamifizierten Rekrutierungsprozess. Bewertungs-
tests nutzten KI, um eine bewerberzentrierte Erfahrung zu schaffen. Die Prüfungen
passten sich dynamisch an die Leistung der Kandidaten an. Die Ergebnisse über-
trafen die Prognosen und führten zu einem Anstieg positiver Mitarbeiterergebnisse
um 300 %. KI-gesteuerte gamifizierte Systeme ermöglichen es Organisationen auch,
bessere Onboarding- und Schulungsprogramme anzupassen. Datenbasierte Erkenntnisse und Empfehlungen können in Echtzeit von KI-Engines bereitgestellt werden.
Lernende erhalten dann maßgeschneiderte Schulungsmodule, die zu jedem Zeitpunkt
ihres Programms ihren Vorlieben entsprechen. Auch die Erstellung und Verwaltung
von Schulungsmaterialien wird zunehmend mithilfe von KI automatisiert. Dies hilft
Fachleuten, mehr Zeit zu sparen, damit sie ihre Energie auf Aufgaben konzentrieren
können, die wirklich einen Unterschied im Unternehmen machen. Alles in allem ist
das Potenzial für durch KI unterstützte Gamifizierung grenzenlos. Mit zunehmender
Raffinesse dieser Technologie können wir nur noch mehr Vorteile und Möglichkeiten
für deren Einsatz erwarten.

Schließlich kann noch angemerkt werden, dass die immer weiter steigende Nutzung von Smartphones und dem Internet of Things, in dem bspw. Smart-Home-
Anwendungen, Lichtschalter, Thermostate und viele weitere Sensoren angesiedelt

sind, eine Vielzahl von Einsatzmöglichkeiten für Gamification hervorbringen wird.
Hier lassen sich die Ideen der Nachhaltigkeit mit Technikverliebtheit und dem Sammeln von Rabatten wunderbar verbinden.

6.3   Fazit

Dieser letzte Abschnitt zeigt nochmals verdeutlicht, in wie vielen unterschiedlichen
Bereichen Gamification eingesetzt werden kann und wird. Wenn Sie sich unter die-
sem Eindruck nochmals die Inhalte dieses Buches ins Gedächtnis rufen, werden Sie
feststellen, dass Sie mit Gamification ein sehr universelles Werkzeug zur Steigerung
von Motivation und Engagement in der Hand halten, mit dem Sie die Nutzer Ihrer
Anwendungen gezielt führen und steuern können. Die richtige Balance zwischen
Motivieren und „auf die Nerven gehen" spielt hierbei immer eine wichtige Rolle.
Der zentrale Begriff des Flows fasst diesen Balanceakt sehr gut zusammen. Wenn
Sie es schaffen, Ihre Nutzer im Flow zu halten, haben Sie loyale, motivierte und
engagierte Anwender, die Ihre Lösungen gerne nutzen. Sie haben es geschafft, denn
mehr kann man in der Anwendungsentwicklung fast schon nicht erreichen!

Die zahlreichen Screenshots und Beispiele in diesem Buch haben Ihnen demonstriert, wie vielfältig Gamification ausgeprägt sein kann und in wie vielen Bereichen
sie bereits heute eingesetzt wird. Nutzen Sie diese Beispiele als Anregung, als Ideengeber, für Ihren Kreativprozess, um zu entscheiden, welche Elemente und welche
optischen Umsetzungen sich für Ihre Nutzer und Ihre Anwendungsziele am besten
eignen. Versuchen Sie, es nicht zu übertreiben, aber lassen Sie auch nicht locker. Es
wird einige Zeit dauern, bis Sie die perfekte Abstimmung der Elemente, Ziele und
Nutzer gefunden haben.

In jedem Fall haben Sie nunmehr gesehen, was Gamification bewirken kann,
wie sie geplant, umgesetzt, angewandt wird und welche Elemente, Möglichkeiten,
Rahmenbedingungen Sie dabei nutzen können oder beachten müssen. Im Sinne des
Flows haben Sie somit den Meisterstatus erlangt und können sich entscheiden, ob es
für Sie nun „Game Over" heißt oder ob Sie sich beflügeln lassen und die nächsten
Herausforderungen in diesem spannenden Gebiet annehmen.

Vielen Dank!

Lösungen

7

7.1 Lösungen zu Kap. 1

1.1 – Spielzeuge

Was zeichnet Spielzeuge aus?

Spielzeuge sind Objekte oder deren Repräsentation, die eigene Regeln haben. Sie sind häufig Mittel zum Zweck.

1.2 – Wettkampf

Was ist Unterschied zwischen Spiel und Wettkampf.

Während ein Spiel ziellos sein kann, zeichnen sich Wettkämpfe immer durch Ziele, Regeln und Herausforderungen aus.

1.3 – Handlung

Welche Elemente können genutzt werden, um die Handlung eines Spiels voranzutreiben?

Herausforderungen, Quests oder Missionen treiben die Handlung voran.

1.4 – Game Design

Welche Bestandteile gibt es im Game Design Framework?

© Der/die Autor(en), exklusiv lizenziert an Springer-Verlag GmbH, DE, ein Teil von
Springer Nature 2025
S. Wagenpfeil, *Gamification Design*,
https://doi.org/10.1007/978-3-662-69842-6_7

Die Bestandteile zwischen Benutzer und System sind: Mechanik, Plan, Dynamik, Feedback, Tokens, Interaktion und Ästhetik.

1.5 – Spaß

Welche Emotionen kann Spaß hervorrufen?

Sensation, Fellowship, Fantasy, Discovery, Narrative, Expression, Challenge, Submission.

1.6 – Narrative

Was sind Narrative?

Geschichten und Erzählungen, die die Handlung vorantreiben.

1.7 – Ethik

Warum ist Community Management wichtig?

Damit Sie Onlinebelästigungen frühzeitig erkennen und den Nutzern einen gesicherten, positiven Raum geben können.

1.8 – Game Based Solution Design

Welche Dimensionen können zur Differenzierung des Game Based Solution Design genutzt werden?

Spielverlauf, Spaß und Unterhaltung, Sinn und Zweck.

1.9 – Game Kategorien

Welche Kategorisierungsmöglichkeiten gibt es für Games?

Games können nach Genre, Spielmechanik, Plattform, Zweck und dem visuellen Stil klassifiziert werden.

1.10 – Playful Design

Welche Aufgabe hat Game-Inspired/Playful Design?

Hier geht es darum, Leichtigkeit und Spaß in den Mittelpunkt zu stellen.

1.11 – Serious Gaming

Welche beiden Dimensionen der Differenzierung werden im Serious Gaming ausgeprägt?

Die Verbindung von konventionellen Videospielen mit dem Ziel, spezifische Lernergebnisse zu erreichen.

1.12 – Gamification

Wodurch zeichnet sich Gamification aus?

Durch den Einsatz spieltypischer Elemente in Nichtspielkontexten.

7.2   Lösungen zu Kap. 2

2.1 – Motivation

Welche Ebenen der Motivation kennen Sie?

Überleben, Sicherheit, Zugehörigkeit, Bedeutung, Verwirklichung.

2.2 – Bedeutung

Was charakterisiert die Motivationsebene der „Bedeutung"?

Das Streben nach einem höheren Sinn.

2.3 – Bedürfnisse

Auf welchen Ebenen der Maslow-Pyramide findet Gamification normalerweise statt?

In den mittleren Ebenen, Zugehörigkeit und Bedeutung.

2.4 – Flow

Welche Dimensionen zieht man zur Formalisierung des Flow heran?

Die Fähigkeiten und die Herausforderungen.

2.5 – Flowphasen

Was sind die typischen vier Phasen im Flowzyklus?

Testen, Meistern, Üben, Steigern.

2.6 – Mastering

Welche Phasen sind am Mastering beteiligt?

Testen, Steigern, Meistern.

2.7 – Persönlichkeitstypen

Nennen Sie die Dimensionen für die Einordnung von Persönlichkeiten.

Aktion, Interaktion, Nutzer, System.

2.8 – Nutzertypen

Welche intrinsisch motivierten Nutzertypen kennen Sie?

Philanthropen, Achiever, Socializer und Freigeist.

2.9 – Zerstörer

Was zeichnet den „Zerstörer" aus?

Er versucht, Systeme kaputt zu machen, die Ordnung zu zerstören.

2.10 – Player Journey

Welche initialen Phasen hat die Player Journey nach Kim?

Onboarding, Habit-Building und Mastery.

2.11 – Punkte

Welche Aufgabe erfüllen Punkte?

Sie stellen die virtuelle Währung jedes Spiels dar.

2.12 – Abzeichen

Warum sind Abzeichen wichtig?

Sie sind sichtbare Elemente des Erfolges.

2.13 – Achievement vs. Status

Erklären Sie den Unterschied zwischen Abzeichen für Achievements und Statusabzeichen.

Achievements sind Abzeichen, die verliehen werden, weil der Nutzer bestimmte Herausforderungen gemeistert hat. Statusabzeichen werden für besondere Verdienste verliehen.

2.14 – Ranglisten

Was sind relative Leaderboards?

Hier werden nur die umliegenden Positionen angezeigt und nicht die komplette Rangliste.

2.15 – Personalisierung

Nennen Sie Beispiele für die Klassifikation von Avataren.

Fotoreal, Stilhaft, Menschlich, Nichtmenschlich, Fantastisch, Realistisch.

2.16 – Soziale Interaktion

Nennen Sie Gründe, warum sich soziale Interaktion positiv auswirken kann.

Sie spricht bestimmte Nutzertypen direkt an und führt zu großer Dynamik.

7.3   Lösungen zu Kap. 3

3.1 – Ziele

Wodurch lassen sich große Ziele leichter lösen?

Durch die Aufteilung in Teilziele.

3.2 – Feedback

Warum sind Feedbackfunktionen wichtig?

Es zeigt dem Nutzer transparent seinen Stand und sogt für Motivation.

3.3 – Erreichbarkeit

Erläutern Sie die SMART-Methode.

Erreichbare Ziele sind Specific (klar umrissener Umfang), Measurable (messbar), Attainable (grundsätzlich erreichbar), Relevant (haben eine Bedeutung) und Time-Bound (mit Terminen belegt).

3.4 – Fehler

Warum sind Fehler für gamifizierte Anwendungen wichtig?

Aus Fehlern lernt man. Sie helfen, die einzelnen Flowphasen zu meistern.

3.5 – Taktik

Wofür können Sie Verzögerungen bei Belohnungen nutzen?

Um den subjektiven Wert von Belohnungen zu steigern.

3.6 – Verhältnismäßigkeit

Welche Dimensionen werden für die Ermittlung der Verhältnismäßigkeit von Belohnungen genutzt?

Der persönliche Aufwand und der Wert der Belohnung für das System.

3.7 – Wertemodell

Welche Aufgabe haben Wertemodelle?

Sie sorgen für Balance im Belohnungssystem.

3.8 – Überbelohnung

Welche Auswirkung kann Überbelohnung haben?

Zu viel Belohnung von einfachen Dingen führt zum Wertverlust.

3.9 – Browseranwendungen

Wodurch zeichnen sich browserbasierte Anwendungen aus?

Die Anwendung läuft ausschließlich internetbasiert im Browser.

3.10 – Web 3

Welche Kriterien erfüllen Web-3-Anwendungen?

Dezentralisierung, Digitale Identität und Eigentumsrechte, Smart Contracts, Interoperabilität.

3.11 – Sensorik

Nennen Sie verschiedene Sensoren, die für Gamification relevant sein können.

GPS, Kamera, Bewegungssensoren, Benachrichtigungen.

3.12 – Augmented Reality

Was ist Augmented Reality?

Die Anreicherung der Realität durch digital visualisierte Elemente.

3.13 – Echtzeitkommunikation

Welche Rolle spielt Echtzeitkommunikation in der Gamification?

Nur dadurch können Multiplayerspiele und unmittelbares Feedback realisiert werden.

3.14 – NPC

Was ist ein NPC?

Non Player Character, ein automatisch gesteuerter Mitspieler.

3.15 – Multiplayer Online Games

Welche Eigenschaften bieten MMORPGs?

Eine umfangreiche Welt, tausende gleichzeitiger Spieler, gemeinsame Herausforderungen, Online Game.

3.16 – Mechanik

Nennen Sie die wichtigsten Elemente der Gamification

Wegweiser, Narrativ, Punkte und Belohnungen, Fortschritt, Zeitdruck, Neugier, Tutorials, Verknappung, Konsequenzen.

3.17 – Personengruppen

Für welche Personengruppen gibt es gesonderte Empfehlungen in der Gamification?

Socializer, Freigeist, Achiever, Philanthrop, Player, Disruptor.

3.18 – Philanthrop

Wodurch können Sie Philanthropen zusätzlich motivieren?

Indem Sie seine Hilfsbereitschaft nutzen und ihn zum Unterstützer für andere Nutzer machen.

7.4   Lösungen zu Kap. 4

4.1 – Softwareengineering

Welche Phasen im Softwareengineering kennen Sie?

Planung, Analyse, Entwurf, Entwicklung, Verifikation

4.2 – User Stories

Welche Aufgabe übernehmen User Stories?

Sie beschreiben einzelnen Funktionalitäten einer Anwendung.

4.3 – Use Case

Welche Rolle spielen Akteure in Use Cases?

Sie bündeln bestimmte Verantwortlichkeiten.

4.4 – Wireframe

Warum werden Wireframes genutzt?

Zur Visualisierung von Oberflächen.

4.5 – Geschäftsprozesse

Wodurch zeichnen sich Geschäftsprozesse aus?

Sie haben einen definierten Start und ein definiertes Ende und decken die vollständigen Möglichkeiten der Zielerreichung ab.

4.6 – BPMN

Was ist die BPMN?

Business Process Modeling and Notation – eine grafische Beschreibungssprache für Businessprozesse.

4.7 – Daten

Welche Rolle spielen Daten in der Gamification?

Sie repräsentieren Fortschritt und Veränderung.

4.8 – Zielsetzung

Warum ist es wichtig, eine klare Zielsetzung zu formulieren?

Je genauer Ziele und Nutzer bekannt sind, desto besser lässt sich Gamification einsetzen.

4.9 – Messgrößen

Wie können Sie Messgrößen initial erfassen?

Festlegen, welche Aktionen Punkte liefern und welche nicht.

4.10 – Normalisierung und Gewichtung

Welches Ziel verfolgt man durch Normalisierung und Gewichtung?

Hier werden Messwerte in Punkte übersetzt und anhand ihrer Wichtigkeit gewichtet.

4.11 – Abzeichen

Welche Eingangsgrößen für Abzeichen gibt es?

Die Punkteart, eigene Punkte, fremde Punkte, Teampunkte.

4.12 – Narrative Atome

Was ist ein Narratives Atom?

Ein einzelner, kleiner aber in sich abgeschlossener Bestandteil einer größeren Erzählung.

4.13 – Wahlmöglichkeiten

Was ist eine unechte Wahlmöglichkeit?

Wenn jede Entscheidung eines Nutzers bei demselben Gesamtziel endet.

4.14 – User Journey

Aus welchen Phasen besteht die Gamification User Journey?

Discover, Onboarding, Habit-Building, Mastery, Rewards, Immerse, Replay.

4.15 – Immersion

Was findet in der Phase der Immersion statt?

Hier ist der Nutzer im Flow und verfeinert seine Fähigkeiten.

4.16 – Game Over

Welche Möglichkeiten haben Sie, wenn die Anwendung/das Spiel vorbei ist?

Zusätzliche Abzeichen, Mitarbeit am Spiel, Vorschläge für ähnliche Spiele.

4.17 – Schummeln

Welche Arten von Betrug kennen Sie?

Exploiting, Farming, Cheating, Collusion, Account Hijacking, False Representation, Data Manipulation, Social Engineering.

4.18 – Farming

Was zeichnet die Betrugsform „Farming" aus?

Nutzer sammeln in repetitiver Weise Ressourcen durch monotone Wiederholung.

4.19 – Rechtliche Rahmenbedingungen

Welche rechtlichen Rahmenwerke spielen im Kontext von Gamification eine Rolle?

Der European AI-Act, die Datenschutz-Grundverordnung, Jugendschutzgesetz, Gewinn- und Glücksspielgesetze.

4.20 – Jugendschutz

Warum ist Jugendschutz in der Gamification so wichtig?

Gamification findet oft in anonymen Räumen oder mit Elementen des Glücksspiels statt.

4.21 – Nutzer gewinnen

Nennen Sie Möglichkeiten, in denen Gamification zur Nutzergewinnung eingesetzt werden kann.

App-Store-Werbung, Soziale Medien, Reward-Modelle, Rabatte, Influencer, Partnerschaften, Anzeigen, Freemium-Modelle, Referral-Programme.

4.22 – Referral-Programme

Was sind Referral-Programme?

Empfehlungsprogramme, die sowohl dem Empfehlenden als auch dem Empfohlenen Vergünstigungen ermöglichen.

4.23 – Projektsetup

Welche Strukturen sollten Sie in Projekten mit Gamification vorsehen?

Verantwortlichkeiten, Planung, Budget, Mitarbeiter, Information und Dokumentation.

Literatur

1. S. GmbH. „Prognose zu nutzerzahlen von videospielen nach segmenten in deutschland für die jahre 2019 bis 2027.". https://de.statista.com/prognosen/455985/videospiele-nutzer-in-deutschland-prognose.
2. N. Pelling. „The (short) prehistory of gamification." (2011). https://nanodome.wordpress.com/2011/08/09/the-short-prehistory-of-gamification.
3. S. Deterding, „From game design to gamefulness: Defining „gamification"," *Envisioning Future Media Environments 9-11, 2011*. https://doi.org/10.1145/2181037.2181040.
4. K. Werbach, „Redefining gamification: A process approach," *Lecture Notes in Computer Science 8462 LNCS, Springer Verlag*, S. 266–272, 2014.
5. A. Marczewski, *The Gamification Design Handbook*. 2023, ISBN: 9798397032292.
6. Duden. *Spielen*, https://www.duden.de/rechtschreibung/spielen, 2023.
7. Duden. *Spielerisch*, https://www.duden.de/rechtschreibung/spielerisch, 2023.
8. E. E. P. Ltd. „Envato elements." (2024). https://elements.envato.com/.
9. G. Bateson, *A Theory of Play and Fantasy*. 1972, S. 177–193. https://doi.org/10.1016/0732-118X(91)90042-K.
10. K. Hirsh-Pasek and R. M. Golinkoff, „Why play = learning," in *Encyclopedia on Early Childhood Development*, 2008, S. 1–7.
11. C. Crwaford, „Chris crawford on game design," *Computer, 2006*, 2003.
12. K. Salen and E. Zimmerman, „Rules of play: Fundamentals of game design," *Leonardo*, vol. 37, 2004.
13. M. Minsky, „Jokes and the cognitive unconscious," in *Cognitive Constraints on Communication – Representations*, L. Vaina and J. Hintikka, Hrsg., Reidel, Boston, 1984, S. 175–200.
14. A. Rollings and D. Morris, *Game Architecture and Design*. 1999.
15. J. Schell, *The Art of Game Design: A book of lenses*. Morgan Kaufmann, 2008.
16. M. L. R. Hunicke and R. Zubek, „Mda: A formal approach to game design and game research," *Work. Challenges Game AI*, S. 1–4, 2004. https://doi.org/10.1.1.79.4561.
17. Duden. *Spaß*, https://www.duden.de/rechtschreibung/Spasz, 2023.
18. *Fun – definition of fun in english from the oxford dictionary*. Accessed: 8th July 2015. http://www.oxforddictionaries.com/definition/english/fun.
19. Facts.net. „Feelings are facts." (2015). https://facts.net/feelings-are-facts/.
20. M. LeBlanc. „Eight kinds of fun." (2015). http://8kindsoffun.com/.
21. B. R. Paul and L. Elder, *Miniature Guide to Ethical Reasoning*, ser. Found. Crit. Think. 2003, S. 1–45

S. Wagenpfeil, *Gamification Design*,
https://doi.org/10.1007/978-3-662-69842-6

22. A. Marczewski and A. Andrzej, „The ethics of gamification," *XRDS Cross-roads, ACM Mag. Students*, vol. 24, S. 56–59, 2017.
23. K. Werbach and D. Hunter, *For the Win: How Game Based Solution Design Can Revolutionize Your Business*. Wharton Digital Press, 2012.
24. C. Crawford, *Chris Crawford on Game Design*. Computer Graphics, 2003.
25. S. GmbH. „Beliebteste videospiel-genres auf smartphone und tablet in deutschland im jahr 2022.". https://de.statista.com/prognosen/1327539/umfrage-in-deutschland-zu-den-beliebtesten-mobile-gaming-genres.
26. S. GmbH., „Prognose zum umsatz mit videospielen nach segmenten in deutschland für die jahre 2019 bis 2027.". https://de.statista.com/prognosen/455549/videospiele-umsatz-in-deutschland-prognose.
27. D. H. Pink, *Drive: The surprising truth about what motivates us*. Canongate, 2009. https://doi.org/10.1002/casp.
28. J. D. Salamone and M. Correa, „The mysterious motivational functions of mesolimbic dopamine," *Neuron*, vol. 76, S. 470–485, 2012.
29. A. Maslow, „A theory of human motivation," *Psychological Review*, S. 370–396, 1943.
30. M. Csikszentmihalyi, „Beyond boredom and anxiety," *Jossey-Bass*, 1975.
31. A. D. O. Korn A. Rees, „Designing a system for playful coached learning in the stem curriculum," *Proceedings of the 2017 ACM workshop on intelligent interfaces for ubiquitous and smart learning*, S3R. 31–37, 2017. https://doi.org/10.1145/3038535.3038538.
32. J Kumar, „Gamification at work: Designing engaging business software," *Design, user experience, and usability. Health, learning, playing, cultural, and cross-cultural user experience*, S. 528–537, 2013. https://doi.org/10.1007/978-3-642-39241-2_58.
33. X. B. K. Y. Jia Y. „Personality-targeted gamification: A survey study on personality traits and motivational affordances," *Proceedings of the 2016 CHI conference on human factors in computing systems*, 2006. https://doi.org/10.1145/2858036.2858515.
34. R. M. Ryan and E. L. Deci, „Intrinsic and extrinsic motivations: Classic definitions and new directions," *Contemp. Educ. Psychol.*, Bd. 25, S. 54–67, 2000.
35. R. K. E. L. Deci and R. M. Ryan, „A meta-analytic review of experiments examining the effects of extrinsic rewards on intrinsic motivation," *Psychol. Bull.*, Bd. 125, S. 627–668, 1999.
36. A. E. GmbH. „Abriss – build to destroy: Preisgekröntes physik-zerstörungs-puzzlespiel ab sofort erhältlich." (2024). https://www.astragon.de/news/detail/abriss-build-to-destroy-reisgekroentes-physik-zerstoerungs-puzzlespiel-ab-sofort-erhaeltlich-pr-1.
37. Nintendo Creatures Inc. „Pokemon, the official website." (Oct. 2020). https://www.pokemo.com/ Download: 14.10.2020.
38. Apple Inc. „Apple iphone 12." (Oct. 2020). https://www.apple.com/iphone/. Download: 13.10.2020.
39. T. S. M. Examiner. „How to use linkedin to build a powerful network." (2024). https://www.socialmediaexaminer.com/how-to-use-linkedin-to-build-powerful-network/.
40. Twitter International Company. „Twitter." (Oct. 2020). http://www.twitter.com, Download: 13.10.2020.
41. Wikidata.com. „Wikidata - the free knowledgebase." (Mar. 2021). https://www.wikidata.org/wiki/Wikidata:Main_Page.
42. A. J. Kim. „The player's journey: Designing over time." (2015). http://amyjokim.com/2012/09/14/the-players-journey-designing-over-time/.
43. K. Woolley and A. Fishbach, „Immediate rewards predict adherence to long-term goals," *Personal. Soc. Psychol. Bull.*, Bd. 43, S. 151–162, 2017.
44. C. Bühren and M. Pleßner, „The trophy effect," *Journal of Behavioral Decision Making*, 2013. https://doi.org/10.1002/bdm.1812.
45. J. H. K. I. M. K. Robson K. Plangger and L. Pitt, „Is it all a game? understanding the principles of gamification," *Bus. Horiz.*, Bd. 58, S. 411–420, 2015.
46. J. Antin and E. F. Churchill, „Badges in social media: A social psychological perspective," in *CHI 2011*, 2011, S. 1–4.

47. S. S. Canada. „Top reasons to join starbucks rewards." (2024). https://stories.starbucks.ca/en-ca/stories/2020/how-to-join-starbucks-rewards/

48. Payback. „Punkte sammeln, von coupons profitieren und mit attraktiven prämien belohnen." (2024). https://www.payback.de/.

49. R. A. Korn O, „Designing a system for playful coached learning in the stem curriculum," *Proceedings of the 2017 ACM workshop on intelligent interfaces for ubiquitous and smart learning*, S. 31–37, 2017. https://doi.org/10.1145/3038535.3038538.

50. T. A. Marketplace. „Improve your users engagement and productivity with gamification." (2024). https://marketplace.atlassian.com/apps/1211379/jiraffe-for-jira.

51. W. Becker, *Digitale Lernwelten – Serious Games und Gamification*. Springer VS, 2022, ISBN: 978-3-658-35058-1.

52. A. Behance. „Nike run club app redesign." (2024). https://www.behance.net/gallery/113833635/Nike-Run-Club-App-Redesign.

53. U. Labs. „Duolingo redesign concept app." (2024). https://www.uplabs.com/posts/duolingo-redesign-concept-app.

54. T. Nguyen, *Hacking into your happy chemicals: Dopamine, serotonin, endorphins and oxytocin*, Accessed: 22nd March 2015, 2015. http://www.huffingtonpost.com/thai-nguyen/hacking-into-your-happy-c_b_6007660.html.

55. Instagram.com. „Instagram." (Oct. 2020). http://www.instagram.com, Download: 02.10.2020

56. Y. Trope and N. Lieberman, „Construal-level theory of psychological distance," *Psychological Review 117*, S. 440–463, 2010.

57. C. Stein, *Präventionsarbeit an Schulen in Deutschland. Handlungsfelder und räumliche Implikationen*. Jan. 2009, ISBN: 978-3-935918-13-8.

58. G. Doran, „There's a s.m.a.r.t. way to write management's goals and objectives," *Management Review 70*, S. 35, 1981

59. Farmville. (2024). Farmville 3. https://farmville3.com/de/.

60. Microsoft. „Microsoft inc.," Microsoft Inc. (Oct. 2020). https://www.microsoft.com. Download: 11.07.2021.

61. E. E. B. E. W. Mischel and A. R. Zeiss, „Cognitive and attentional mechanisms in delay of gratification," *J. Pers. Soc. Psychol.*, Bd. 21, S. 204–218, 1972.

62. B. J. C. et al., „Behavioral and neural correlates of delay of gratification 40 years later," *Proc. Natl. Acad. Sci. U. S. A.*, Bd. 108, S. 14 998–15 003, 2011.

63. E. Mischel W. Ebbesen, „Cognitive and attentinal mechanisms in delay of gratification," *J. Pers. Soc. Psychol. 21*, S. 204–218, 1972.

64. H. P. C. Kidd and R. N. Aslin, „Rational snacking: Young children's decision-making on the marshmallow task is moderated by beliefs about environmental reliability," *Cognition*, Bd. 126, S. 109–114, 2013.

65. R. H. Thaler, „Toward a positive theory of consumer choice," *J. Econ. Behav. Organ.*, Bd. 1, S. 39–60, 1980.

66. J. Schell, *The Art of Game Design: A book of lenses*. Morgan Kauffmann, 2008.

67. M. R. Lepper, „Undermining children's intrinsic interest with extrinsic reward: A test of the overjustification hypothesis," *J. Pers. Soc. Psychol. 28*, S. 129–137, 1973.

68. R. Games. „Grand theft auto 6." (2024). https://www.rockstargames.com/de/VI.

69. H. Online. „E-learning." (2024). https://www.heise.de/thema/E_Learning.

70. M. D. D. LLC. „Mc donald's." (2024). https://www.mcdonalds.com/de/de-de.html.

71. C. Daily. „In a first, three surgeries conducted using robots, 5g." (2024). https://img2.chinadaily.com.cn/images/201908/29/5d670e17a310cf3e979988ff.jpeg.

72. P. Milgram, „Augmented reality: A class of displays on the reality- virtuality continuum," *SPIE*, 282–292, 1995.

73. V. Speech. „Augmented and virtual reality: The future of learning experiences." (2024). https://virtualspeech.com/blog/augmented-virtual-reality-future-of-learning-experience.

74. Apple Inc. „Apple Development Programme." (Nov. 2020). http://developer.apple.com. Download: 23.04.2021.

75. R. P. M. Inc. „Integrate customizable avatars into your game or app in minutes." (2024). https://readyplayer.me/de.

76. B. of Apps. „Minecraft revenue and usage statistics (2024)." https://www.businessofapps.com/data/minecraft-statistics/.

77. B. E. Inc. „World of warcraft." (2024). https://worldofwarcraft.blizzard.com/de-de/.

78. C. Zanettini, „Effects of endocannabinoid system modulation on cognitive and emotional behavior," *Frontiers in Behavioral Neuroscience*, vol. 5, 2011.

79. A. Kuszewski, *You can increase your intelligence: 5 ways to maximize your cognitive potential*, Accessed: 22nd March 2015, 2011. http://www.scientificamerican.com/blog/post.cfm?id=you-can-increase-your-intelligence-2011-03-07&WT.mc_id=SA_WR_20110309.

80. P. Ekman, „An argument for basic emotions," *Cogn. Emot.*, Bd. 6, S. 169–200, 1992.

81. R. M. Ryan and E. L. Deci, „Self-determination theory and the facilitation of intrinsic motivation, social development, and well-being," *Am. Psychol.*, Bd. 55, S. 68–78, 2000.

82. A. Fishbach and J. Choi, „When thinking about goals undermines goal pursuit," *Organ. Behav. Hum. Decis. Process.*, Bd. 118, S. 99–107, 2012.

83. H. Balzert and P. Liggesmeyer, *Lehrbuch der Softwaretechnik. 2: Entwurf, Implementierung, Installation und Betrieb/Helmut Balzert. Unter Mitw. von Peter Liggesmeyer*, 3. Auflage, ser. Lehrbücher der Informatik. Heidelberg: Spektrum, Akademischer Verlag, 2011, 596 S., ISBN: 978-3-8274-1706-0.

84. M. Fowler, *UML Distilled – A Brief Guide to the Standard Object Modeling Language*. Boston: Addison-Wesley Professional, 2004, ISBN: 978-0-321-19368-1.

85. Medium. „Everyone has a story to tell." (2024). https://uxdesign.cc/how-much-time-does-it-take-to-create-personas-6ea0354ed259

86. D. Inc. „Organisiere arbeit und leben. endlich." (2024). https://todoist.com/de.

87. Miles and M. GmbH. „Prämien erleben und den sommer genießen." (2024). https://www.miles-and-more.com/de/de.html.

88. E. G. Inc. „Fortnite." (2024). https://www.fortnite.com.

89. M. Weldon, *Your brain on story: Why narratives win our hearts and minds*, Accessed: 22nd March 2015, 2014. http://www.psmag.com/books-and-culture/pulitzer-prizes-journalism-reporting-your-brain-on-story-why-narratives-win-our-hearts-and-minds-79824.

90. L. K., „The hero with a thousand faces." *J. Am. Folk*, p. 121, 1950

91. foodora AB. „Because you want to." (2024). https://www.foodora.com.

92. A. Inc. „Shazam – musik entdecken, charts & songtexte finden." (2024). https://www.shazam.com/de-de.

93. Socialpoint. „Dots – verbinde die punkte." (2024). https://www.socialpoint.es.

94. C. Ebermann, *UI/UX Design – Vorlesung*. PFH Göttingen, 2024.

95. S. GmbH. „Ein datenleck schließen dauert in deutschland 160 tage." https://de.statista.com/infografik/19071/finanzieller-schaden-fuer-unternehmen-durch-datenlecks/.

96. S. GmbH., „Polizeilich erfasste fälle von cyberkriminalität in deutschland von 2007 bis 2023." https://de.statista.com/statistik/daten/studie/295265/umfrage/polizeilich-erfasste-faelle-von-cyberkriminalitaet-im-engeren-sinne-in-deutschland/.

97. S. GmbH., „Ein datenleck schließen dauert in deutschland 160 tage." https://de.statista.com/prognosen/953348/umfrage-in-deutschland-zu-betroffenen-geraeten-und-diensten-durch-unerlaubte-zugriffe.

98. Adobe Systems Software Ireland Ltd. „Creative journeys start here." (Feb. 2022). http://www.adobe.com, Download: 14.12.2020.

99. R. E. S. r.l. „Hast du schon cashback oder zahlst du noch vollpreis?" (2024). https://rakuten.de.

100. I. Quizlet. „Übernimm die kontrolle über dein lernen mit karteikarten und unseren lernmodi." (2024). https://quizlet.com/de.

101. A. Inc. „There's more to learn ultra." (2024). https://www.anthology.com/learn-ultra.

102. D. Learning. „Welcome to dreambox learning." (2024). https://dreamboxlearning.zendesk.com/hc/us.

103. K. Group. „The global learning and engagement platform." (2024). https://kahoot.it.

104. T. LLC. „Befähigen sie studierende, ihre beste, eigenständige arbeit zu leisten." (2024). https://www.turnitin.de.
105. A. of Learning Inc. „Abc mouse - age of learning." (2024). https://www.abcmouse.com/abc/.
106. O. Inc. „Endless alphabet." (2024). https://www.originatorkids.com/endless-alphabet/.
107. P. Pereira, „A review of gamification for health-related contexts," in *Design, User Experience, and Usability. User Experience Design for Diverse Interaction Platforms and Environments*, A. Marcus, Ed., Cham: Springer International Publishing, 2014, pp. 742–753, ISBN: 978-3-319-07626-3
108. F. I. Limited. „Motivation von fitbit. innovation von google." (2024). https://www.fitbit.com/global/de/home.
109. B. M. A. UG. „Trainiere besser und erfolgreicher." (2024). https://gymhero.me/de/.
110. R. LLC. „Practice yoga anywhere at any time." (2024). https://www.pocketyoga.com.
111. DailyYoga.com. „Personalized yoga plan." (2024). https://www.dailyyoga.com.
112. Z. Inc. „Die radfahr app 1. wahl." (2024). https://www.zwift.com/eu-de.
113. F. N. Inc. „Top rated weight loss plan." (2024). https://www.loseit.com.
114. E. T. M. Inc. „Put your diet on autopilot." (2024). https://www.eatthismuch.com.
115. Samsung Inc. „Samsung Galaxy S20 Ultra 5G." (Oct. 2020). https://www.samsung.com/de/smartphones/galaxy-s20/, Download: 13.10.2020.
116. C. von der Biowink GmbH. „Lebe im einklang mit dem zyklus." (2024). https://helloclue.com/de.
117. D. A. V. D. R. S. G. C. KG. „So funktioniert die neue ptaheute-fortbildung." (2024).https://www.ptaheute.de.
118. B. H. L. Oy. „Transform your care pathways." (2024). https://www.buddyhealthcare.com/en/.
119. A. GmbH. „Ihr digitaler mitarbeiter fürs praxistelefon." (2024). https://www.aaron.ai.
120. S. AG. „Adopt the latest in hr innovation with sap successfactors hcm." (2024). https://www.sap.com/products/hcm.html.
121. L. Slack Technologies. „Für menschen gemacht. für produktivität entwickelt." (2024). https://slack.com/intl/de-de
122. I. Asana. „A smarter way to work." (2024). https://asana.com/.
123. I. Salesforce. „Testen sie die salesforce starter suite – kostenlos." (2024). https://www.salesforce.com/de/.
124. P. Bread. „Extra rewarding. extra delicious." (2024). https://www.panerabread.com.
125. T. C. Company. „Entdecke unsere marken." (2024). https://www.coca-cola.com/de/de.
126. I. Deutschland. „Willkommen bei ikea deutschland." (2024), [Online]. Available: https://www.ikea.com/de/de/.
127. I. Cisco Systems. „Die einfachste art meetings interaktiv zu gestalten." (2024). https://www.slido.com/de.
128. C. of Lebanon. „Betterbin recycling app." (2024). https://lebanonnh.gov/1524/Try-our-Recycling-App.
129. P. GmbH. „Energiesparen per app." (2024). https://www.polarstern-energie.de.
130. U. Mobility. „The reactivity project rewards public transport and active mobility to reduce emissions." (2024). https://www.eiturbanmobility.eu/projects/reactivity/.
131. N. Cavus, I. Ibrahim, M. Ogbonna Okonkwo, N. Bode Ayansina, and T. Modupeola, „The effects of gamification in education: A systematic literature review," *BRAIN. Broad Research in Artificial Intelligence and Neuroscience*, vol. 14, no. 2, pp. 211–241, 2023. https://doi.org/10.18662/brain/14.2/452. https://lumenpublishing.com/journals/index.php/brain/article/view/6086.
132. G. Lampropoulos and A. Sidiropoulos, „Impact of gamification on students' learning outcomes and academic performance: A longitudinal study comparing online, traditional, and gamified learning," *Education Sciences*, Bd. 14, no. 4, 2024, ISSN: 2227–7102. https://doi.org/10.3390/educsci14040367. https://www.mdpi.com/2227-7102/14/4/367.
133. G. Squad. „19 gamification trends for 2023-2025: Top stats, facts examples .". https://www.growthengineering.co.uk/19-gamification-trends-for-2022-2025-top-stats-facts-examples/.

134. M. R. P. Ltd. „Marketsandmarkets is a competitive intelligence and market research platform."
     (2024). https://www.marketsandmarkets.com.
135. F. B. Insights. „Lassen sie uns ein schutzengel sein für ihre erfolgsgeschichte." (2024). https://
     www.fortunebusinessinsights.com/de/.
136. e. a. Miller M.R., „Personal identifiability of user tracking data during observation of 360-
     degree vr video," *Sci Rep 10, 17404 (2020).* https://doi.org/10.1038/s41598-020-74486-y.
137. W. Insights. „Points, badges, and leaderboards are addictive." (2024). https://www.linkedin.
     com/pulse/points-badges-leaderboards-addictive-hashtagweb3-th3sc/.

Stichwortverzeichnis